JN062709

“革命の書”『創価教育学体系』発刊と不服従の戦い

新 牧口常三郎伝 2

まえがき

創価学会の初代会長・牧口常三郎先生の初めての本格的な伝記となる『新牧口常三郎伝』第1巻（七草書房）を発刊してはや2年になる。

この第1巻のまえがきで書かせてもらったように、この本の淵源は創価学会の第3代会長・池田大作先生から「創価学会の歴史を書いてみてはどうか」とのご提案を今から50年以上も前にいただき、大野靖之氏との共編『革命の大河～創価学会四十五年史』（聖教新聞社、1975年）が誕生したことから始まる。

幸いにも同書は出版された昭和50年度ノンフィクション部門ベストセラー第1位に輝き、多くの方に読んでいただいた。ご提案いただいた池田先生と読者の皆様に心から感謝申し上げたい。

しかし、その時にほとんどわからなかった牧口初代会長の少年・青年時代の歴史を約50年かけて探し求めるうちに今まで全く分からなかったことが僅かながら見えてきた。

それを取材し思索し追究し考えて10年がかりで執筆したのが『新　牧口常三郎伝』第1巻である。

だから今まで全く語られなかった牧口先生の生涯の一端を始めて明らかにできたと自負している。

例えば、生まれ故郷・荒浜の伝説「北海道に渡った牧口の妹が時の北海道開拓使長官・黒田清隆により誤殺された」という伝説、これは全く根拠のない、荒唐無稽な話なのだが、実はある歴史的な事実の上に作られ語り伝えられてきたものだということを初めて明らかにすることができた。

その他にも牧口少年を札幌へ連れて行き北海道師範学校に入学する機縁となった小樽警察の警察署署長が誰かということを初めて突き止める事もできた。

また牧口畢生の大著『人生地理学』を奇跡的に出版可能にした背景や人物、

歴史なども初めて明らかにした。

また貧しさゆえに学ぶことができなかった少女たちに学ぶ喜びを教えた通信制高等学校の創立と興廃の秘密、その真実もある程度突き止めることができたと思う。

そして文部省に入りながら左遷され、それでも信念を曲げず不服従の姿勢で前に進んだ牧口常三郎の生き方を改めて明確にすることができたと自負する。

以上が第1巻の概略だが、この第2巻では小学校の校長として多くの父兄から期待され大きな実績を上げながら、しかし権力者によって左遷に次ぐ左遷をされるという数奇な運命を経てついに行き着いた先は、首切り学校と言われた悲惨な特殊小学校の校長だった。だがそこで不屈の思いで児童を守り戦うという牧口の不服従の闘いを先ず描いた。

しかしそこで牧口は、東京では初めてと言われる学校給食の原型となるものを始め、それはやがて東京の、いや日本全国の全ての子供たちのための給食へと発展していくという歴史的な経緯を初めて究明した。

さらに牧口が北海道時代から学び、思索しつくりあげた「価値論」、「創価教育学」、そして全人類の希望の曙光となる日蓮仏法との出会い、それによって自らの夢を実現する大きな原動力として、牧口価値論を根底にした革命の書『創価教育学体系』を全ての子供たち、全世界の教育革命のために出版する。

その時、牧口の唯一の弟子、戸田城聖創価学会第2代会長と共に創価教育学会を創立、日本史上初めての教育革命に挑戦する。

しかしその前に立ちはだかる当時の軍国主義教育・天皇制ファシズムの前に何度も挫折し何度も立ち止まる。が、しかし、不服従の闘いを続けてついには超宗教革命宣言とも言うべき全世界の人々のための「超宗教革命」を宣言して新たな戦いを始める。

それはまさに超巨大で鉄壁の天皇制ファシズムとの戦いであろうことは想像

に難くない。

その戦いへ出発するまでを今回は伝記として描いた。

また､牧口自筆の報告書「(関東大震災下の）小善会の活動」を初めて発見し、そこから、最悪の被災地、東京江東地区への具体的救護活動を初めて明らかにすることができた。

伝記の執筆については、創価教育研究所の元事務長・塩原氏の先行研究には大きなヒントをもらい、また､「創価教育の源流」編纂委員会編『評伝　牧口常三郎』が多くの問題点を含んでいることを明らかにしたうえで大変に参考にさせてもらった。その問題点を一つ一つ検証するなかで、より真実に近づくことができたと確信する。

そして最後に一言。牧口価値論は自然破壊と環境問題により行き詰まった現代資本主義文明を根本的に乗り越えるパラダイムの変換、すなわち新しい価値観となる可能性があるということを強調しておきたい。

北海道の牧口研究者・信本俊一氏、聖教新聞社の先輩で伝記の資料を紹介していただき、また貴重なアドバイスをいただいた大村浩二氏、そして多忙な中、応援していただいた多くの方に深く御礼を申し上げたい。

以上の方々の応援なしにはこの伝記は世に出なかったかもしれない。

2023年1月

上藤和之

目　次

まえがき……3

第1章　左遷、左遷にも不服従をつらぬく

柳田国男と郷土会で野外研究……13
市民による校長引き抜き……16
対中国「21か条の要求」にみる日本人の傲慢……19
劣等生をなくす教育をめざす……22
郷土会による大規模農村調査に参加……23
農村調査の限界！と柳田が身を退く……25
激動する世界の民衆運動と教育改革……30
襲いかかる権力の魔性と不服従の精神……32
権威と権力が大嫌いだった牧口……34
子供たちも抵抗に立ち上がる……35
明治時代から非暴力不服従の姿勢を貫く……36
戸田城外との出会い、経歴と人生が重なる……39
貧しさから進学の夢果たせず……41
大実業家の夢を追い、上京……41
わずか6か月でまた左遷の運命……43
衛生状態の悪い官舎に転居して教える……46
東京では初めての学校給食を開始……50
絶望的状況下でも改革の灯を燃やす……54

第2章　理想の教育～子供の幸福を第一にめざす

運命の大逆転……57
養母の死去と戸田の教員生活決別……58

保健衛生にも尽力、児童の入浴料半額に……59
アインシュタイン講演など最新の科学知識学ぶ……63
山本五十六と共通する教育観……64
関東大震災の悲劇に遭遇……66
小学校児童が救援活動に立ち上がる……70
消滅した三笠小学校の惨状……73
受験地獄、進学予備校の需要拡大を予測した牧口の慧眼……77
病身の戸田と牧口の師弟愛……78
全国大会優勝などスポーツでも躍進……83
普通選挙法と共に天下の悪法・治安維持法が成立……84
中国民衆のナショナリズムの挑戦と応戦……86
新しい教育学の理論的な構築を始める……88

第3章　日蓮仏法との出会いと新たな出発

池田大作誕生と戦争の足音……93
合理主義者がなぜ日蓮仏法を信奉したか……95
入信動機に関する柳田国男の誤謬……99
牧口と禊（みそぎ）の会（稜威会）の関係……100
明治期に衰退した日本仏教……103
張作霖爆殺、「赤旗」創刊と初の普通選挙……104
教育改造の根拠地・時習学館の発展……107
体系発刊の決定はいつだったか……109
戸田の初めての著書序文の問題……113
戦前最後の政党内閣・犬養首相の書が物語るもの……116
牧口の起訴状に昭和4年「創価」命名の証拠……118
戸田の事業拡大の時期が示唆する昭和4年説……119
女性教員窃盗事件から牧口に危機が迫る……121
師弟の峻厳な共戦譜と戸田城外の激闘……123
誰も知らなかった師を守る戦い……126
世界大恐慌により日本経済は壊滅状態に……127
東海道を歩いて帰郷する失業者の列……128

最悪の環境で『創価教育学体系』発刊準備を進める……130
政治の腐敗に対して青年将校が蠢動……132
農村地域の小学校教員が左翼運動に……133

第4章　革命の書『創価教育学体系』発刊と昭和の動乱

世界を変える革命的な牧口価値論……137
教育権の国家からの独立を主張……141
どこまでも現場を重視した教育理論……142
人間を幸福にする教育をめざす「革命宣言」……143
欧米の教育学は面白いだけで無用……145
牧口を顕彰する戸田の闘い……147
東京帝大の教育学懇話会に招かれ講演……154
生命を基準にした画期的な価値論……158
ひとつの価値説は世界を変える……159
牧口の価値に対する格付けと弁証法的発展……163
マルクス「労働価値説」の致命的弱点……165
廃校決定の学校へ牧口追放の謀略……168
新教育学を宣揚する不服従の活動……172
タブーだった軍人の政治関与が覆る……174
日本の空気を変えた大新聞の戦争協力……176
戦争という最大の悪に国家全体が突入……177
創価教育学会の機関誌の卵を創刊……179
創価教育学支援会の犬養毅が総理大臣に……181
満州国の建国から亡国の歴史が始まる……184
中国民衆と堅く連帯した犬養首相の抵抗……185
校長生活の最後を迎えた麻布新堀尋常小学校……186
5・15事件と政党政治の終焉……189
新渡戸稲造もアメリカで苦闘……191
脚光浴びる牧口の「郷土科教育」……193
故郷・荒浜を訪れ郷土教育の講演も……196
巻き起こる郷土教育ブームに待ったをかける……197

第５章　『教育改造論』を発刊し教育革命の旗を立てる

「教育改造論」の刊行と、校長登用試験制度の一部実現へ……204
中国国内に侵攻、国連脱退により世界の孤児に……207
嵐のように続出する転向と左翼運動の衰微……208
学問の自由も吹き消されるなかを進む……211
新渡戸稲造などの味方を失う……213
世界全体が戦争の準備に入る……216
教育革命に向けて教員結集を開始……219
「日本小学教育研究会」の活動と挫折……220
挫折と再起を繰り返しながら前進……223
長野県教員赤化事件関係者を受け入れる……226
天皇機関説排撃と奪われる思想・信教の自由……228
牧口のもとに結集する青年教師たち……230
元外交官・秋月左都夫が応援……232
『創価教育学体系梗概』を著し教育革命を推進……233

第６章　教育・宗教革命への旅立ち

教育革命を担う青年教師の拡大進める……238
教育学会の機関誌『新教』を改題刊行……242
天皇の絶対化が更に進む……244
大本教への熾烈な弾圧と信教の自由の最後……247

第７章　教育革命へ！青年の熱と力を結集

暗黒時代を前に不服従を貫く……251
長野県教育界への弘教拡大に綿密な準備……253
厳寒の長野県で弘教拡大の先頭に立つ……255
特高警察刑事をも折伏の対象に……257
2・26事件であらわになった日本の教育制度の限界……258
テロへの恐怖が言論・思想統制をさらに強める……262
戒厳令下でも弘教拡大……263

創価教育学会綱領を発表……267
教員以外にも急増する会員……268
研究部総会で教育学会の会長について語る……272
機関誌の内容充実へ編集部を激励叱咤……275
文部省への挑戦……278
改題した機関誌の後続巻が消えた謎……280
長野県の元赤化教員たちが消えた謎……283
相次ぐ戦地への出征……286
秋月の経済的支援で研究生制度が発足……288

第８章　根源の革命・超宗教革命をめざして

天皇絶対主義が強制される時代を超えて……293
日中戦争の火ぶたが切られる……294
宗教革命宣言の書『創価教育法の科学的超宗教的実験証明』刊行……296
創立から7年、宗教革命への路線転換……298
教育者の宗教革命断行……300
全体主義、平等主義を否定……302
自然科学の方法から根本原理に迫る……304
「超宗教革命宣言」の驚異的内容……306
国家・社会の超宗教革命を訴える……307
教育の力の限界を超え、超宗教革命を推進……309
超宗教革命、すなわち日蓮仏法の拡大が主要な活動に……310
幻の創価教育学会発会式……311
近衛内閣に「教育改造案」を提出か……313
戦争協力の御用審議会の実態……316
ガンディーの心に重なる不服従の精神……317

主な参照文献・参考資料……321

あとがき……333

第1章

左遷、左遷にも不服従をつらぬく

柳田国男と郷土会で野外研究

牧口常三郎はその一生を通じて、決して書斎にこもらず、現場に立ち、現場で考え、現場で教え、あらゆる人から学び、そして権威や権力にはどこまでも不服従で対応し闘い続ける人だった。

文部省で左遷されながらも一歩も引かず、重要な著作を完成させ、東京市内の小学校校長として新たな道に進んだ。その1913年（大正2年）の1月29日、新渡戸稲造宅で、郷土会第14回の例会が開催され会員20人中14人が参加した。精励な会員と称賛されていた牧口も参加していた可能性が高い。

そして3月、春の到来に合わせるかのように郷土会第16回例会がフィールドワークとして屋外で開催された。29日から1泊2日の旅程で武蔵野——埼玉県南部の新座（現在の埼玉県新座市）から東京・北多摩方面にかけて農村学術調査が行われた。

参加者名簿はないが、柳田国男をはじめ小田内通敏など牧口と常に行動した郷土会会員が参加しているので当然、精励な会員として評価の高い牧口も参加していたと考えられる。

埼玉県北足立郡（当時）の野火止

郷土会メンバーが訪ねた野火止用水は1655年に川越藩主・松平信綱が開削した。有名な玉川上水から分水して新河岸川に至る用水。今もとうとうと流れてやまない（新座市野火止4丁目付近）

（現・新座市内）を訪ねて「野火止用水」の状況を調査し、北足立郡の郡書記、大和田町の町長、小学校校長などから現地の状況について聞き取り調査をした。

そして新座・野火止の大百姓・正親（おおぎみ）宅に宿泊して現地の人と懇談した。

2日目は江戸時代・寛政の改革で有名な松平定信の墓所がある平林寺（現・新座市役所に隣接して現存）の広大な境内を訪問し、そこからすぐ近くの清戸（現・東京・清瀬市内）、さらに久留米村（現・東久留米市）を調査し、田無に出て、そこから鉄道を利用し帰途についている。旅行中、会員間ではさまざまな議論がはじけたことと思われる（柳田国男『郷土会記録』大岡山書店）。

牧口はこの研究旅行の直後の1913年（大正2年）4月4日、東京市東盛尋常小学校第6代校長に就任した。（以下、便宜上、東盛小学校と呼ぶ）

文部省文部属を退官した牧口は東京の下町にあった小学校校長として新たな出発をしたのである。

もともと中学校教員の資格を持っていたので（『官報』第5003号）、より待遇

広大な敷地にたたずむ新座市内の寺院、平林寺。郷土会メンバーが訪れた。

の良い、中学校教師になる道もあったが、文部省でついに果たせなかった小学校地理教育の革新のため、あえて小学校の教育現場に立ち、研究を深め、牧口がめざす理想の地理教育の実証をしようとしたのかもしれない。

あるいは半生をかけて追い求めた子供たちを幸せにするための教育、それを実践・追求するために、最も子供たちとよりそえる小学校を選んだのかもしれない。

それだけでなく、実はこの転進により、やがて牧口はさらに壮大な教育改革、いや教育革命に乗り出すことになる。その出発点がこの東盛小学校だったと考えられる。

その内容は牧口のその後の行動と実績が我々に教えてくれるだろう。

この転進に合わせるようにこの年、牧口一家は東京市牛込区原町から東京府北豊島郡高田村大字高田大原1647番地（昭和7年に地名変更で東京市豊島区目白町2丁目1666番地）に移転している（『日本紳士録』第23版、交詢社）。

当時、東京市下谷区龍泉寺町（現在の台東区三ノ輪）にあったその東盛小学校は決して恵まれた教育現場ではなかった。

この「東盛」の名前は、1888年（明治21年）開校当時の学校立地が、北豊島郡の東にあたり北豊島郡東端の隆盛を願って「東盛」と名付けられたという。

木造平屋建ての築25年の古い校舎に児童数は494人、教員は牧口を含めて13人だった（『下谷区史』東京市下谷区役所、『下谷繁昌記』明治教育社編）。

同時に牧口は東盛尋常夜学校の校長も引き受けた。

夜学校は、義務教育期間でありながら家庭の事情で昼間は働き、夜間にやっと学校に行ける児童たちのために東京市が1906年（明治39年）5月に市内4校に開設したのを皮切りに各地に開設していた（『墨田区史　上』、墨田区役所）。

夜学校の児童たちは昼間、家業を手伝ったり、商業見習い、職工見習い、給仕などとして働き、女子は子守・お手伝いなどとして働き、それを終えて学校に来て夜9時過ぎまで学んでいた。

修業年限は3年で、これを6学期に分け、教科も促成的内容におさめ、卒業生は3年間の修学だけで義務教育修了者と認定された。

その夜学校の校長をあえて兼任したのは、最も弱い立場の児童にどこまでも寄り添い、最良の学びの機会を作ろうとしたからではなかったか。北海道師範学校付属小学校訓導の時代から変わらぬ牧口の子供たちへの深い愛情や思いが浮かび上がる。

それは昼も夜も休むことなく児童の教育のために働き続けることを意味していた。

市民による校長引き抜き

この小学校の周辺に住む住民の多くは、当時、人夫、日雇いと呼ばれたその日暮らしの仕事で生計を立てる人々だった。毎朝、さまざまな仕事が募集されるのに応募して日給を稼がなければならず、長雨に見舞われるとたちまち生活が困窮するというありさまだった。

ためにこの小学校の児童のほとんどはまともな勉強机はおろか学用品も事欠くありさまで、親を助けて働くときもあり勉学の意欲を失う児童も多かった。

牧口は昼も夜も働きながら、時間を見つけては、児童の家を一軒一軒訪問して両親と対話し、学ぶことの重要性を訴えて児童を登校させた。

また貧しい家庭の児童のため、あちこちの文具店にかけあって大量一括購入による廉価な学習教材、文具を確保して児童に配布した（美坂房洋編『牧口常三郎』聖教新聞社刊）。

同時に、牧口はいい教育には優秀な教員が必要だとして、この東盛小学校やのちに赴任する大正尋常小学校などでも全国から広く人材を集めた（『都市教育』第167号）。これによって、教員の質はもちろん、児童の学力はいやまして向上した。

こうした努力により東盛小学校の児童の学力はもとよりさまざまな面での成長・進歩が近隣住民に高く評価された。

3年間のその評判から、人口急増により、この1916年（大正5年）9月に同じ下谷区に開校予定だった東京市大正尋常小学校（当時の下谷区、現在の台東区入谷町）の初代校長にぜひなってほしいとの要望が区の学事係などから強くなされた（灯台刊行会『灯台』第三文明社、第100号）。

まだ新校舎の建設中だったにもかかわらず、また、東盛小学校の父兄の熱烈な留任運動にもかかわらず同年5月2日には大正尋常小学校の新校長に就任した（『東京府市自治大鑑』後巻、東京府市政通信社。大正小学校『わたしたちの入谷』創立70周年記念事業協賛会）。

市民による校長引き抜きである。実に異例中の異例の校長就任だった。（以下、便宜上、大正小学校と呼ぶ）

任期途中の東盛小学校校長も兼任しながら大正小学校の新校長として開校準備に奔走という超多忙な日々が、すでに下谷区区民の牧口に対する圧倒的な評価を物語る。

8月29日に木造二階建て新校舎が新築落成、同年9月1日、大正小学校で早くも新校舎での授業開始、10月26日に開校式が挙行された（『下谷区史』東京市下谷区役所）。

児童数1140人、教室数27、教職員24人という大規模な小学校で、当時の大正小学校の写真をみると校庭に全校児童が集まると立錐の余地がないほどだった。

ところが驚くことに、超多忙だったその時期、9月25日に牧口は『地理教授の方法及内容の研究』（目黒書店）を発刊している。

北海道時代から地理教科の教授法に問題を感じ、文部省で国定の地理教科書などの編纂に携わった経験から当時の地理教育の実態は、あまりにお粗末にしかうつらなかったはずである。

牧口からみれば子供たちの宇宙観・世界観をつくる最も重要な基礎・基本と

なるのが地理教育であり、それに対応できない当時の地理教科の限界を見極めてその革新の必要性を強烈に訴えたのがこの『地理教授の方法及内容の研究』であった。

内容的には、時代と世界の潮流の激しい変化のなかで現今の学校教育に何が求められているのか、そして学校教育はそれにどのように応えるのかを問い、地理教授の目的がはるかに高い地平にあることを示そうとしている。

さらにその目的のためには地理教科書の改造が必至であると訴え、現場教師が主役となって教科書の編纂をすることを求め、ついには地理教授の主な教科書を地図とせよ、と思い切った主張をしている。

いずれも当時の文部省官僚が卒倒するような革命的な発想といえた。

そしてその地図を目の前にして子供たちが何を感じ、考えるのか。

その直観、思考、記憶、応用が子供はもちろん、大人にも重要であり、牧口の『人生地理学』、『郷土科教育』が明らかにした観察眼により、近隣・郷土から始めて、社会、国家、世界へと子供たちが観察、直観、思考と発想を広げ、ついには子供たちがその独自の世界観・宇宙観を作り上げることができると訴えている。

それほど重要な地理教育の現場で教師がどのように児童に教授するのがベストか、それをまとめたのが、まさに現場から生まれたこの『地理教授の方法及内容の研究』だった。反響は大きく、早くも5か月後には再版され、さらに翌年2月には3版がでた。

2つの小学校の校長を掛け持ちして、そのうち一つは開校準備を進めながら、なお新著を刊行する。驚くべき行動力ではある。

それだけではない。前年（大正4年）8月、牧口は夏休みを利用してなつかしい北海道に渡っている。

8月19日から北海道・檜山教育会の教育品展覧会賞状授与式（瀬棚村瀬棚尋常小学校、現・瀬棚町）に出席し、祝辞を述べ、さらに檜山教育会の教員夏季講習会（27日まで瀬棚尋常小学校で開催）に参加し、多くの地元教育者を前に講演もした（「函館新聞」1915年8月20日付）。

当時の檜山教育会の会長が北海道師範学校における牧口の同級生であり、なつかしい旧友との再会も楽しみに招待されて参加した。講習会の講演テーマは、4年前に発刊した『教授の統合中心としての郷土科研究』だったようである。

同時に牧口は瀬棚郡・瀬棚村の漁村調査を行っている。そして、8月22日には郷土会同志の柳田国男に近況報告を兼ねた残暑見舞いはがきを送った。

今も残るはがきには「国縫駅より約十四里利別川の渓谷の新開村をガタ馬車にて縦貫し当地に参り約一週間滞在　月末迄に帰京可仕候へば何奉拝趨御報告申上べく候（月末までに東京に帰り、報告したいと思うの意：筆者注）」とある[1]。

常に現場に赴き、『人生地理学』の方法論で、現地の人々、産業、交通、経済などを観察し、特徴をつかみ、新しい見解や仮説を構築しようとする姿がそこにあった。それは終生変わらなかった。

付け加えるなら、この翌年の1917年（大正6年）8月12日にも北海道に渡り、空知教育会夏期講習会で郷土科教育について講演[2]している。毎年の様に夏季休暇を活用して大正期もまた北海道でも活躍していた（『空知教育』第80号、空知教育会）。

北海道は、まさに牧口の第二の故郷だった。

対中国「21か条の要求」にみる日本人の傲慢

1914年（大正3年）に欧州を中心に勃発した第一次世界大戦に対して日本は特別の理由もなく強引に参戦した。欧州における戦争に日本はいかなる意味でも参加の理由はない。だから帝国主義的利益が戦争目的としか考えられない。

火事場どろぼうのような参戦だったといえよう。

そしてたちまち中国・山東半島のドイツ租借地・青島（チンタオ）を攻略、

1　翌1916年（大正5年）1月12日の郷土会第37回例会（新渡戸宅）で、牧口はこの瀬棚村の調査報告を行っている。

2　『空知教育』第80号、空知教育会、1917年9月

さらに赤道以北のドイツ領南洋諸島を日本軍が占領した。

ヨーロッパ全域にひろがった戦況はドイツを中心とする三国同盟に対して英国、フランス、ロシアの大国が同盟（三国協商）して領土と植民地をめぐって戦い、飛行機、戦車、毒ガスなどの新兵器が大量殺りく兵器として使われ、国家あげての総力戦の様相を呈していた。

つまり、国民は兵士として最前線に送られて殺しあうか、銃後で軍需物資の生産に動員されるかのどちらかになった。有史以来の総力戦だった。それは牧口が『人生地理学』でも警告した帝国主義の時代が最高潮に達した戦いだった。

消耗戦を戦うため1000万人近い兵士が命を失い、それに倍する数の兵士が負傷したといわれる。未曽有の犠牲、被害が派生していた。

ために列強の眼はアジアから一時的に離れた。その機を逃さず、ドイツの租借地と植民地を日本が占領した（中山治一『帝国主義の開幕　世界の歴史21』河出書房新社）。

さらに1915年（大正4年）1月、日本政府は革命後数年しか経っていない弱体政権・中華民国政府に対して対中華21か条の要求を突きつける。

その内容は、日本がドイツの権益を譲り受け、満州の特殊権益を100年近く伸ばすこと、中国に日本人の政治顧問・財政顧問・軍事顧問を置き、日本人の警察官、官吏、技師を採用させることを求めるなどなど21か条の過酷な要求で、武力の威嚇によりこれを無理やりに認めさせた。

あたかも中国政府を日本に従属させるかのような露骨な要求だった。

後に創価教育学支援会の一員となり牧口を応援することになる犬養毅と、のちに平民宰相となる原敬は帝国議会で「こういう拙劣で威嚇的なやり方は中国国民の強い反発を招く」と21か条の要求を批判した。当然の批判であり、その予測は的中する。

だが、帝国主義の空気に染まってきた国民の大半は21か条要求を支持し、マスコミの多くも率先してこの要求を支持した（正村公宏『日本の近代と現代～歴史をどう読むか』NTT出版）。

しかし、これは中国の歴史始まって以来の屈辱的事件として中国の民衆のなかから凄まじい反日感情が爆発的に噴き上がってくる。日本の帝国主義的挑戦に対する中国民衆の応戦が、やがて日本を泥沼の敗戦にまで導いていく。

牧口が『人生地理学』で明らかにした「軍事的競争時代」と「経済的競争時代」から一歩も前に進まない日本人の精神的貧しさを物語る事件だった。

牧口の生活は超多忙だったはずである。だが、どんなに多忙でも、新しい知見には貪欲なまでに興味、好奇心を燃やして接し、吸収するのが牧口の姿勢、生き方だった。この大正年間、校長の業務に忙殺されながら新しい教育学構築をめざし、研鑽を続ける。

例えばちょうどこの1916年（大正5年）ころ、大正小学校にほど近い東京・鶯谷には「日蓮主義」で有名な国柱会・田中智学の国柱会館が開設[3]され、そこで行われた講演会に多数の聴衆が詰めかけた。牧口もこれに何度か参加していると美坂房洋編『牧口常三郎』に書かれている。

この日蓮主義は宮沢賢治、高山樗牛、あるいは昭和初期の「世界大戦争論」「大東亜共栄圏構想」などを提唱して満州事変を起こし関東軍独走をリードした石原莞爾、あるいは「二・二六事件」の理論的指導者・北一輝など、日本の日蓮主義者に多大な影響を及ぼし、悪い意味で日本の歴史を動かした思想のひとつである。

だが、当時の『牧口常三郎』編集記者に確認したところ、裏付け史料はなく伝聞とのことだった。

もしそうだとしても牧口の新しいものへのあくなき探求心、終生変わらなかった求道精神から考えれば当然、奉職する学校のすぐ近くにできた国柱会館に、当時有名になった田中智学の話を聞きに行った可能性は大きいと思われる。

ところがこの記事をもとに、牧口が「日蓮主義」に染まったなどという全く

3　当時の国柱会館は東京大空襲で焼失し、正確な場所は不明だが、鶯谷に近い台東区上野桜木町にあったとされる。

裏付けのない悪意の書が近年出ているが見当違いもはなはだしいと言わざるをえない。

劣等生をなくす教育をめざす

この大正小学校では、牧口がその北海道師範学校生徒時代から工夫して創りあげた教育技術、例えばだれでも作文・綴り方が上達する「文型応用主義」、そしてだれでも習字が上達する「骨書き主義」など、いわば劣等生をなくす作文・綴り方、習字の教育技術をさらに深める努力を教師たちとともに進めた。

牧口校長を全面的に信頼する父兄たちと、全国から集めた優秀な教師陣、こうした人たちとともに理想の教育の追求をしたのがこの大正小学校の時代だった。牧口は一歩一歩、着実に夢の教育革命をめざす試みを現場から進めていった。

北海道時代をやがて牧口が完成する創価教育学の揺籃期とすれば、この大正小学校時代は黎明期となろうか。

やがてこの大正小学校が東京を代表する有名校になったのは当然だったかもしれない[4]。

1918年（大正7年）5月11日には、沢柳政太郎文学博士が会長を務める教育教授研究会[5]から地理教授に関する研究発表の依頼があり、それを受けて、牧口は自ら大正小学校で「地理教授の革新」と題して「台湾の地理」の研究授業を行った。

小学校校長として5年間、その活躍はそこまで注目を集めていた。

そして聴講した沢柳から「過去十数年、全国の諸学校の実際授業を見たが、今日のごとき会心の授業を見たことがない」と激賞された（牧口常三郎「創価教育法の科学的超宗教的実験証明」『牧口常三郎全集』第8巻、第三文明社）。

この研究授業は「東京朝日新聞」「東京日日新聞」「万朝報」など主要新聞に

4　大正期の東京観光の案内書『東京視察案内』明治図書会社刊、1922年には「有名な前校長牧口氏の経営せる学校で、地理と綴方教授に就いて特別の施設がある」と書かれている。

5　牧口は1910年からこの会員になって研究している。『東亜の光』第5巻第3号、1910年3月

予告記事が掲載されたこともあり、授業の参観には、各区から教師はもちろんのこと、東京市教育課長、下谷区長、東京府立第一高等女学校長、日本女子大学教授、東京高師訓導、さらに数人の雑誌記者も取材に集まり、立錐の余地もない盛況だった。

こうした成功に支えられて牧口のめざす教育改革に向けた現場での研鑽、理論構築が着々と進められていく。

全ての子供が劣等感をもつことなく、幸福な学校生活が送れるようにしたいとの激しい情熱に支えられた研鑽と努力。その着実な積み重ねは、のちに「創価教育学」として大きく実をむすぶことになる。

郷土会による大規模農村調査に参加

一方で、この1918年（大正7年）夏、7月くらいから東京の各新聞やその神奈川県版に連日のように報道された「郷土会」による大規模な農山村調査でも牧口は活躍した。

すなわち、8月15日から約10日間、柳田国男を中心に牧口をはじめ郷土会のメンバー10数人（日によって参加者に増減があった）による神奈川県津久井郡内郷村（現在の相模湖近辺）の共同農村調査が行われている。

牧口は「村の交通関係」、柳田国男は「村の沿革」、小田内通敏は「村人の衣食住」、石黒忠篤は「村の農業その他」、ほか大学教授や各分野専門家によって日本の郷土研究史上、初の本格的な農村実地調査が行われ大きな話題になった（「津久井の山村より」柳田国男『定本　柳田国男集』第3巻、筑摩書房。後藤総一郎監修『柳田国男伝』　柳田国男研究会編著、三一書房刊。小田内通敏『聚落と地理』古今書院）。

宿泊所は内郷村・阿津に立つ正覚寺という禅宗の寺で、全員が朝四時半に起床、日中は野外踏査、そして夕刻に帰るとその日の成果について夜遅くまで懇談という強行軍で、その熱心な研究ぶりに村人は驚いたという。

しかし、食事は寺の住職が出すかぼちゃと「お麩（ふ）」の精進料理の連続。これに一部参加者から不満がでたようで、それを漏れ聞いた新聞記者が「麩（ふ）と南瓜（かぼちゃ）の一週間」という記事を書いたため村人が怒ったという事件もあった（「東京朝日新聞」1918年9月5日付）。

実際は寺の精進料理だけでは申し訳ないと、素朴な村人の好意で手打ちそばや、鮎料理、小麦饅頭も食卓に供されたので貧しい農村では精一杯のもてなしだった。

しかもちょうど日本全国では米価高騰による「米騒動」が起きていたさなかであり、新聞を読んだ村人が怒るのは当然だったといえよう。

しかし、牧口だけは食事について一切不満を言わなかった。毎日、感謝して食事する姿に全員が感心したという（美坂房洋編『牧口常三郎』、柳田国男研究会『柳田国男伝』三一書房）。

毎晩、報告的な談話に花が咲き深夜まで話がつきなかったが、思いがけない議論が起きた。村内の増原集落を貫流する小川が自然の流れか、それとも人工のそれかについて二日連続、夜中の十二時過ぎまで激論がかわされたという。

牧口は毎日、その川に行き、人生地理学の方法で一つの川と村落と人々の関係性を調べて一つの結論を導く報告をした。

それを聞いて、一つの問題にさまざまな角度からアプローチする牧口の『人生地理学』の応用に「研究というものはこういうものなのだ」と参加者が教えられたという話も残っている。

この日本初といってよい本格的な農村共同調査に刺激されマスコミ各紙が取り上げている。「東京日日新聞」「東京朝日新聞」や神奈川県の有力新聞「横浜貿易新報」、あるいは雑誌『都会及農村』などで何回も報道された。

その関連報道は年末まで続き、当時の首都圏では大きな話題になった。柳田や牧口の名前も何度も紹介されている。

9月21日にはその内郷村調査報告会が東京・新渡戸稲造宅で「郷土会」の例会として開催され牧口も出席した。

出席者は、牧口、柳田、新渡戸のほか、草野俊助、石黒忠篤、小田内通敏、正木助次郎、中桐確太郎、今和次郎など十数人だった（柳田国男「大正七年日記」『定本　柳田国男集』別巻第4、筑摩書房）。このころが「郷土会」の活動の絶頂期だったといってよい。

なぜなら、この調査の評価が郷土会の内部では割れたからだった。

つまり主役の一人、柳田国男がこの調査について、「非常に面白かったけれども、我々の内郷村行きは学問上先ず失敗でありました」と調査が総花的であり統一性を欠くとして失敗と評価したからだった（柳田国男「村を観んとする人の為に」『定本　柳田国男集』第25巻）。

結局、当初予定されていた調査報告書の作成については「誰が読むのか」と柳田が厳しく切り捨て、報告書作成作業は未完に終わっている。

農村調査の限界！と柳田が身を退く

柳田はもともと日本の山村、農村にのこる地名、土俗信仰、伝説、民俗、風習、歌謡などをもとに、古代からの日本民族や日本原住民の痕跡、村落の発生と成り立ち、歴史を見ようとしていた。

一方、牧口は農村・山村などの郷土を徹底的にみつめ直し、そこから日本、そして世界まで広がる宇宙観、世界観をつくりあげようとしていた。だから二人の方向性はある部分一致していた。

柳田は農山村に歴史を発見しようとし、牧口はそこに世界を発見しようとした。だから二人は意気投合したといえる。

ところが、ほかの研究者はまず、農村の細部にわたる実態に焦点を当て部門別に徹底調査しようとしていた。それは、柳田などが最初につくった「村落調査様式」によるものだった。

たとえばこのあと、小田内通敏は『聚落と地理』（古今書院刊）で日本の農村共同体の分析、また今和次郎は『今和次郎集』第2巻「日本の民家」で日本の民家の実態調査などを部門別に細かく専門的に農村の実態を詳しく分析して高く評価されている。

だがそれは柳田の視点とは明らかに異なる。

結論して言うと、日本の農山村共同体の構造をとらえる理論と方法を郷土会の参加メンバーが共有していなかったことが柳田を失望させたにすぎず、日本学術界では初めての大々的な農山村調査は各参加者には大きな成果をもたらし結果的には大成功したといえよう。

さらに筆者がみるところ、この農村をとらえる理論と方法は牧口著『人生地理学』と『教授の統合中心としての郷土科研究』で確立されていて、柳田がもし牧口の著書を精読し、牧口に報告書の作成を依頼すれば大きな成果が生まれたのではないかと考える。

拙著『新　牧口常三郎伝～日本の夜明けに躍り出た教育革命の獅子』第1巻（七草書房）で紹介したように、山梨県道志村の農山村調査報告書、九州の農山村調査報告書（現在は行方不明）は現代でも高く評価されるなど、牧口の『人生地理学』、『郷土科研究』は当時の農村共同体をとらえる最先端の理論的武器だったはずである。

だが、このころ先述したように牧口は大正尋常小学校の優秀な教員とともに東京府下で開催される「教育教授研究会」に毎月参加するなど教育方法の研究に没頭していた。

そのため郷土調査研究には一会員以上の立場で積極的にかかわることは難しい境遇にあったと、のちにこのころを回想して『教授の統合中心としての郷土科研究』（改訂増補版）に書いている。

同時に、柳田には牧口の力を借りて郷土会をさらに大きく発展させるだけの懐の深さはなかったようである。

そしてこのあと、郷土会の後見役・精神的支柱だった新渡戸稲造が、第一次世界大戦終了後世界の平和をめざし史上初めて結成された国際連盟の事務次長に就任したため1919年（大正8年）3月にヨーロッパに旅立ち、長期間不在になった。さらに柳田が上記の理由で身を退く形になった[6]ため、しばらく郷土会の活動は停滞することになる。

この内郷村農村調査が行われていた丁度同じころ、日本全国では前述した「米騒動」という大騒乱事件が起きていた。

この前年の1917年（大正6年）2月と10月にロシア革命が勃発、左右両翼、国王派、ブルジョア政党などが激しく争う中、職業革命家集団で少数派だったボリシェビイキが武力で政権を奪取した（松田道雄『ロシアの革命～世界の歴史22』河出書房新社）。

この世界初の共産主義革命に対し、革命の波及を恐れる欧米各国の連合軍が革命に圧力をかけて干渉。日本に対しても「シベリア出兵」を求めてきた。

1918年（大正7年）1月、日本政府は居留民保護を理由にウラジオストクに陸戦隊を上陸させ、9月4日にはロシアの沿海州ハバロフスクを占領している。いずれも世界初の共産主義革命に対する恐怖と警戒心がもたらしたものだった。

出兵となれば兵糧弾薬はじめ軍需物資の需要が急速に高まる。その影響もあり、1918年（大正7年）に入って国内物価が高騰を始めた。

第一次世界大戦の戦時景気下で、就業構造が変化し、都市人口の増加と所得の上昇が米の消費量を大きく増加させた半面、米の生産量は頭打ちで、当然、米価が上昇していた。

そして、特にこの6月ごろから売り惜しみと商人の買い占めで米価が急騰した（正村公宏『日本の近代と現代～歴史をどう読むか』NTT出版）。

7月17日には米価は空前の大暴騰となり、殺到する客で東京・深川市場は大混雑し、警官が出動する騒ぎとなった（「東京朝日新聞」1918年7月18日付）。

あまりの暴騰に7月31日には東京米穀取引所など各取引所が立会停止になる。利にあざとい商社・商人がシベリア出兵を見越しての買い占め・売り惜しみをしたためさらに米価は高騰しようとしていた。

6　前出の『年譜』ではこの年の12月11日、石黒忠篤宅における郷土会例会を最後に消息は消える。

それは全国に波及し、富山県でも前年比較で米価は2・4倍、みそ1・5倍、小麦粉2・2倍に跳ね上がった。これ以上の物価高に耐えられないとして7月23日午前、富山県魚津の漁民主婦たちが、生きるために魚津港からの米の船積みを阻止するとともに米の廉売を求めて立ちあがった。

それまでも魚津をはじめ富山湾沿岸の漁港の主婦たちは、夫や父親が出漁して不在の間は、一家の内政外交を全て担い、米価の高騰が始まると主婦同士で連携し、米屋や富豪の門前で土下座し、米を他国に出さぬよう、米価を値下げするよう哀訴嘆願するのが常だった。いわば年中行事だった。

あるいは彼女たちは、米を輸送船に積み込む港湾労働者たちにそれをやめるように頼み込む程度だった。あくまでも合法的な主婦たちの哀訴・陳情活動に過ぎなかった。

それが証拠に、この米騒動という大騒乱事件の発火点となった富山県では、事件を通して主婦たちから一人の逮捕・起訴されるものはなかった（立花雄一『隠蔽された女米騒動の真相～警察資料・現地検証から見る』日本経済評論社）。

だが、これが地元紙に報道されると、8月2日、日本政府がシベリア出兵を宣言したのに呼応するように、翌日の8月3日、同じ米どころ富山県のほかの漁村の婦人たち、おかみさんたちが、米の船積み阻止のため一斉に立ち上がった。

当時、第一次大戦中にオーストリア軍に組み込まれていたチェコ人がチェコ独立のためロシア軍に投降、そして組織した3万の軍団が、シベリア経由で母国への脱出を試みて東に向かっていた。

それについてアメリカ大統領ウィルソンがアメリカと日本によるその軍団救出を提案。それを受けて寺内内閣が出兵を決断し、7万3千という大軍をシベリアと満州北部に展開したのが震源だった。

それに突き動かされるように、富山湾沿岸の漁村の主婦たちが港からの米の県外移出に反対して突如立ち上がった。

立ち上がったといっても別に武器や竹やりで米穀商や富豪を襲ったわけではなかった。あくまでも、その門前で土下座し哀訴嘆願する戦術だった。

東京朝日新聞　大正七年八月十二日（月曜日）

●關西の米一揆擴大
京都にては軍隊出動
▽名古屋の暴動も益重大となり
▽大阪市にても昨夜大騷擾起る

關西地方に於ける食糧運動は十一日に至り更に一層濃密の度を加へたるものゝ如く地方々々の當局は夫々鎭撫救濟の途を講じつゝあるが就中名古屋、京都の運動最も甚しき模樣にて京都市に於ては十一日夜に至り遂に軍隊の出動を見るに至りたりと報ぜらる、而して又同夜大阪市に於ても同樣の騷動起れり、左に各地よりの報道を摘載す

名古屋大騷擾
警官は拔劍群集は瓦を投げて手鬪す
▽全市の住民燈火を滅し
▽電車は遂に運轉中止す

▲日沒となるや市民
▲乘客も逃げ失せ
▲群衆は俄に激憤し
屋上に陣取り瓦を剝し
拔劍して
▲鯨波を造って吶喊

◇萬歳の叫び◇
浦潮派遣軍隊の見送り

▲目が覺めた
名古屋市長
米廉賣に着手

京都全市混亂
各町に米屋襲撃勃發
橋々を固めて大警戒
▽形勢夜に入り益不穩

▲支出し
▲奉職中
▲絕叫しつゝ
▲三條大橋

▲同町頭役
▲棍棒を携て
倉庫を襲ふ
仲仕等逃走

▲米買入の混亂
死物狂の京都柳原町民
▽各所の米屋に殺到し
▽勝手に米を持ち去る

▲膝詰談判
▲廿二錢にて
▲勝手に持ち
▲切符制度

▲遂に軍隊出動
歩騎兵百七十名
警察力及ばずして
馬淵府知事より請求

▲土工を雇ひ防戰
互に瓦礫を投じて
戰ひ巡査部長負傷
漸く軍隊鎭撫す

▲大阪市にも暴動
米屋廿五軒を襲ふ
在米悉くを買占む

▲防戰の爲
▲一個小隊

▲米屋を破壞し
―洗ひ浚ひ持ち去る
大阪市外今宮の騷亂
誤傳された廉賣決議

▲施米すると
▲群衆殺倒し
▲警戒こそと

▲備中倉敷の騷擾
町民千數百名二手に
別れ米穀商を襲擊す

「米騒動」を報道する新聞（「東京朝日新聞」大正7年8月12日付け）
富山の女性の平和的抗議活動が全国の暴動に発展した。

しかし、この騒ぎが「越中女一揆」として各新聞で伝えられると、たちまち富山県からははるかに遠い高松、徳島の四国各地や岡山に騒動が飛び火する形で波及、8月10日からは京都、名古屋の大都市でも、民衆の蜂起・暴動となってひろがり、数千の群衆が米屋など各所に押しかけ襲撃する事態に発展した（「東京朝日新聞」1918年8月10日付）。

富山県下の「女一揆」群発の情報が日本各地の人々の意識を先鋭なものに変えたのだった。情報が一人歩きした時の怖ろしさをそこにみることができる。

日本各地の群衆は米商に値下げを強要し、受け入れないとたちどころに打ちこわしに発展した。さらに興奮した群衆により警察署、派出所が襲撃されるところも出た。

各地で警官隊が抜刀して突進し鎮圧しようとしたが、群衆の勢いに圧倒され、ついに京都では軍隊が出動。

この騒動は8月中旬には全国の中小都市から炭鉱地帯にまで広がり、炭鉱労働者の騒乱は軍隊によって鎮圧された。

騒動が発生した市町村は全国1道3府32県の500か所に及び、暴動参加の群衆は全国で70万人に達したといわれる。騒擾罪が適用され検事処分を受けたのは死刑を含む4272人にのぼった（正村公宏『日本の近代と現代〜歴史をどう読むか』NTT出版）。もちろん、そのなかに富山の女性は一人もいない。

激動する世界の民衆運動と教育改革

この全国的な暴動は恩賜金配布や外米輸入など政府の必死の緊急対策で終息するが、時の寺内内閣が総辞職し、9月29日には軍部大臣以外は全部、政友会で固めた初めての政党内閣・原敬内閣が成立した。

全国的な米騒動は市民・民衆のエネルギーの沸騰を象徴していて、それを抑え込むため、日本支配層は初めて爵位を持たない平民の原敬による政党内閣の組閣を認めたのである。米騒動は日本支配層の秩序感覚にそこまでの大きな衝撃を与えた。そのきっかけは富山県の名もない主婦たちの非暴力の抵抗運動だった。

この騒動を受けて、日本各地の民衆勢力は一斉に目覚めたかのように澎湃と立ち上がり、全国で各種団体や大衆運動が活発な動きを始める。

1919年（大正8年）から20年にかけては国会に対し普通選挙権獲得運動（普選運動）が、再び都市部を中心に明治以来の大きな盛り上がりを見せ、無産政党も誕生。労働運動も非常な伸長ぶりをみせた。

この自然発生的な民衆運動は不思議にも世界とも連動していた。

1919年3月1日、朝鮮半島ではソウルをはじめ各地で独立運動（万歳事件）がおこり約6か月続いたが、同年4月、インドでもガンディー指導の下、反英独立運動として非暴力不服従運動・サチィアグラハ運動が始まり、同5月4日には中国の学生を中心に日本の侵略に抗議する排日「五・四運動」が起きた。

同月、オスマントルコでも400年間の帝政・圧政を打倒して民衆革命が成功。世界的な英雄ケマル・アタチュルクによるトルコ臨時政府がアンカラに樹立された。

これはイスラム世界においてはじめて政教分離、三権分立の民主制、男女平等、国語革命を確立した歴史的な革命で、宗教裁判、イスラム暦、イスラム教の教育独占、女性の黒いベールを全て廃止してその後のイスラム世界に大きな影響を与える。

エジプトでも英国の植民地支配に対する民衆の蜂起が起きた。

1905年（明治38年）に日本が日本海海戦でバルチック艦隊を撃滅して、アジアの列強植民地の民衆を狂喜させ、虐げられた人々の熱いエネルギーに、列強各国への抵抗の火を点火して15年。そのマグマのような深層底流が今、この時、はっきりと姿を見せ始めた。

同じくこの1919年8月、日本国内でも埼玉県の小学校教員による日本最初の教員組合が結成された。

いわゆる大正デモクラシーの新思潮と運動がいよいよ高まりを見せ始めたのが、まさにこの時だった。

古今の歴史を見るとき、民衆のエネルギーが沸騰し、たぎるときに歴史は変わり始める。

当時の日本がまさにそうだった。牧口周辺もその渦に巻き込まれていく。

まず起きたのは牧口校長排斥の黒い策謀と、それに対する青年教師たちの不当な権力への不服従の戦いである。

襲いかかる権力の魔性と不服従の精神

当時、大正小学校があった東京・下谷区で絶対的な権勢を誇った人物がいた。区会議員、府会議員を経て1908年（明治41年）に衆議院議員になり、恐喝事件を起こして投獄されるも、この1920年（大正9年）5月に再び代議士に選ばれて東京市の参事会員にもなり、東京市、東京市会そして下谷区一帯を牛耳るボス的な存在として周辺から恐れられた高橋義信、それがこの人物だった。

市の幹部や、区長には彼の子分を自称する者までいて、東京市政における勢力は非常なものがあり、“西町御所”とさえ呼ばれた彼の大邸宅に日参するものは昇進し、それをしないものはたちまち左遷されるか馘首されると当時の新聞に書かれている（「東京朝日新聞」1920年11月23日付け）。

高橋議員をバックに、その手先となった一人の大正小学校教員が、牧口の西町尋常小学校校長への転任を画策、その人事申請が東京市教育課に1919年（大正8年）8月に提出された。（以後は西町小学校と表記する）

だれも知らないうちに申請され、それが年末になって突如表面化した（「東京日日新聞」1919年（大正8年）12月16日付け）。

むろん、教員一人でできる仕業ではない。高橋議員の差し金であったのは当然だろうが真相は不明だった[7]。

あるいはこれは筆者の想像だが、この非常に評判の高い校長･牧口を権力者･高橋がわざわざその地元、西町小学校に呼び寄せようと画策した可能性もある。

7　「理由はボスたちがオレの子供を級長にしないとは何事か、とデマを流した」と当時の大正小学校後援会の幹部が述べている（『灯台』第100号67頁）。だが、それを理由に一訓導が転任申請が出せるか非常に疑問が残る。その後の高橋の動きを見れば、その指示に沿って動いた様子が見えてくる。

なんといっても西町小学校は高橋の邸宅“西町御所”の目の前にあった。

牧口の盛名はこの年、ますます高まっていた。前年の5月に続き、この年も10月26日午後1時から綴り方と書き方の教授法研究発表会が大正小学校で開催され多数の一般教員、関係者を集めた。

前田偉男など牧口の薫陶を受けた教員が教授法を実演し、さらにわずか2年で児童の実力がどこまで上達したかを見せる成績品展覧に移り、牧口がまとめの講演を行った。

この催しの予告が26日当日の「東京毎日新聞」「東京日日新聞」「読売新聞」「万朝報」「やまと新聞」「二六新報」「都新聞」と計7紙に掲載された。特に「読売新聞」には同日の朝夕刊にともに掲載。数紙には、説明は校長牧口がすると書いてある。

もちろん、自然に新聞報道されるほどのニュースバリューはない。各新聞社に事前に根回し、つまりニュースレターのようなものを配布しなければ、掲載はないはずだった。それを配布したのは、もちろん、広報渉外の名手、牧口だったろう。

この広報活動により、多数の人が大正小学校に集まった。

世間から注目されればされるほど、その小学校の教員は誇りをもって仕事に取組み、その成功がさらに大きな自信につながり一層大きな結果が生まれる。

北海道師範学校以来、牧口が新聞、マスコミ報道をいかに自在に活用したか、枚挙にいとまがないが、それによって計り知れない多重効果が生まれたのは間違いない。

一方、一連の新聞報道で続々と大きく紹介されることで牧口の名前はいやでも有名になっていったと考えられる。この当時、一小学校の活動がこれほど頻繁に新聞報道されることは、大正小学校以外になかった。

権威と権力が大嫌いだった牧口

その有名な牧口校長を自宅前の西町小学校に呼び、膝下におくことで衆院議員・高橋は地域ボスとしておのれの虚栄の飾りとしようとしたのではないかと筆者は想像する。

少なくとも牧口を下谷区から追放しようとしたわけではない。しかし、これは権威と権力が大嫌いだった牧口が最も嫌うことだった。

権力者への忖度などありえなかった。決してそれになびこうとしなかった。

下谷大正小學の
校長轉校さわぎ
廿七名の教員が留任運動
父兄も連判して之を援く

下谷入谷町大正小學校は大正五年九月一日開校し同時に校長牧口常三郎氏同區龍泉寺町東盛小學校より轉任し來り目下男女教員廿八名にて千五百餘人の兒童を教養し居れるが過日來同校訓導[illegible]一氏は牧口校長の排斥を企て區及市の

▽有力なる　某々氏に運動したる結果區長は牧口校長を西町小學校に西町小學校長を大正小學校に異動を擬し東小學校長に兼職せんとの申請を市教育課に提出したり是を知れる吉田訓導以下男女教員廿七名は大いに憤慨し[illegible]訓導排斥牧口校長留任の運動を起し目下紛爭中なるが

▽多數生徒　の父兄も廿八名の教員側に加擔し連判狀を作り區長市長及び府知事に陳情したるも區長は既に申請後にて致し方なしと言ひ居れば父兄等は本日區長市長及び

▽府知事に　陳情し若し及はざる時は文部大臣に校長留任を陳情し尚聞入れられざる場合には同盟休校をなさしむることになれるが運動効なく男女廿七名の教員も連名辭表を提出すと[illegible]訓導側の有力者は十五日午前中同校に會合協議したり

大正小学校からの牧口追放の動きに対して父兄や子供たちから起きた反対運動を伝える当時の新聞記事（「東京日日新聞」大正8年12月16日付け）

当時の新聞報道によると1919年（大正8年）12月8日、この動きを知った大正小学校の残りの教員全員が、首謀者の訓導あてに絶交状を送り、吉田偉男訓導を中心に27名の教員連判状を造って結束した（「東京毎日新聞」1919年12月19日付け。「東京日日新聞」1919年12月17日付け）。迷惑をかけまいとして一切、牧口に相談をしなかった。

そのうえで入谷区長や市教育課長に抗議し、助役、市長、そしてそのバックにいる有力者・高橋議員を糾弾した。

児童の父母たちも、自分たちが呼び寄せた信頼する有名な校長・牧口の転任情報に驚いた。

ただちに対策集会を開いて代表委員30人が下谷区長、東京市長、さらには東京府知事を訪問して、校長留任の陳情を、そして、もしそれが受け入れられなければ、1700子弟の同盟休校やむなしと決議して行動を開始した。

しかし、高橋議員の影響下にある区長も東京府もこれに応じようとはせず、転任辞令が無情にも下りる。高橋議員にだれも逆らえなかった。

子供たちも抵抗に立ち上がる

ここで子供たちも立ち上がった。小学校6年生の一部児童が血判署名して校長引き留めを父兄会に懇願。12月16日夜には夜6時から父兄200人が集合して翌日までに児童600人の同盟休校届を出すことを決めた。

大正小学校の教員もまた首謀者訓導一人を除く全員が辞表を、そして父兄会も児童600人の同盟休校届を牧口に提出し最後まで抵抗しようとした。

地元出身の代議士・小滝辰男衆議院議員や区議会議長の小川兼広が反対運動に加わり、小滝代議士は街頭で反対演説までして牧口を擁護した（前出『灯台』第100号）。そこまで、牧口は多くの人々から慕われ支持されていた。

28人の教員の辞表、そして、児童600人分の休校届け、沸騰する校長留任の市民運動を前に牧口はどうしたか。

なんと、なにも言わず転任辞令を受け入れて同校を去る決断をする。

大事な児童たちが、大切な勉強を休んで休校、抵抗活動に入ることは、終生、児童を最も大切にした牧口には耐えられなかったのではなかろうか。自ら身を退くことで児童やその父母たちを守る、それが牧口の心ではなかったか。

それは、本書第1巻で紹介した「石狩事件」と同じではなかったかと筆者は考える。

すなわち、1901年（明治34年）2月、北海道師範学校で起きた児童刃傷事件「石狩事件」で、最も責任が軽いはずの牧口が、責任を一身に背負って師範学校教諭を辞任し、それによって全ての関係者を救ったのと同じ行動だったといえよう。

同年12月19日に行われた大正小学校の校長送別式は参加者の泣き声で牧口のあいさつが聞こえないありさまだったと伝えられる（前出　美坂房洋編『牧口常三郎』）。

牧口転任の動きが発覚してからわずか11日で牧口は去っていった。

このスピードは高橋の陰謀の企てが万端だったことをうかがわせるし、牧口の自分を捨てても子供たちを守ろうとする決断の速さがあったといえよう。

自身の過去の歴史を自ら語ることのほとんどなかった牧口ではあるが、のちに政治権力の横暴に立ち向かったこの青年教師たちの留任運動の本質をこう書いている。

「世界大戦（第一次大戦：筆者注）後に世界の至る所に捲き起った所謂民衆運動——従来の支配階級の横暴、それに盲従して居なければならなかつた為政者の圧制政治に反抗した——の一鱗片」である（『教育界』第23巻第5号、明治教育社）と。

つまり、前年の米騒動以降、日本全国で巻き起こった各種市民団体の大衆運動、無産政党の誕生、さらにはこの1919年（大正8年）から同20年にかけて都市部を中心に広がった普通選挙権獲得運動（普選運動）、労働運動、民衆運動と、アジアの独立、革命運動、それらの世界史的な大きな運動がこの青年教師たちの闘いと連動していたと牧口はみていた。

明治時代から非暴力不服従の姿勢を貫く

この翌1920年（大正9年）2月4日には八幡製鉄所で約2万3千人もの労働者が参加する日本最大級のストライキが打たれて史上初めて溶鉱炉の火が消え、2月10日には7万5千人が参加して東京で普選（普通選挙実施要求）大デモ行進が行われた。

さらに5月2日には東京・上野公園に1万人もの労働者を集めて日本最初のメーデーが行われた。

こうした全世界の広範な民衆による帝国主義権力や帝政に対する抵抗運動の本質につながる運動のひとつがこの大正小学校の牧口留任運動だったと牧口自身がみていたことは明らかだった。

牧口常三郎の生きた軌跡をみると、彼は終生、不当な権力はもちろん人間の生命と尊厳を否定するあらゆるものに対して不服従の姿勢を貫いた。それは同時に自己の運命や、環境にも不服従を貫いた人生だったともいえる。

振り返れば、1903年（明治36年）、『人生地理学』の出版にこぎつけるや、牧口は北海道時代の親友で社会主義者・山根吾一を通じて、日露非戦論に立つ幸徳秋水などの社会主義者たちに知己を広げ、当時もっとも先鋭的だった普通選挙運動にも加わり、社会主義者とともに警官監視の中、演説会の演壇に幾度も立った。牧口が国家権力の暴力装置に直接対峙した最初の経験だろう。

この時、彼ら社会主義者はおそらく「社会主義者となって私有財産制という不幸の根源を破壊し、平等な社会、理想社会をめざし一緒に戦おう」と牧口に呼びかけたに違いない。

牧口自身が「当時唯一の左翼新聞たりし『平民新聞』に故伊藤銀月氏が拙著『人生地理学』の新刊を評した頃は、かなり危険圏にまで踏み込んでいたので、彼らから辛辣な宣伝を受けたのであった」と書いているとおりであった。

が、牧口は暴力的な手段で社会主義革命、そして平等な理想社会をめざす彼らとは袂を分かつ。暴力に決して訴えず、権力に対して不服従の姿勢で改革を貫きその理想をめざす非暴力不服従の闘い。それが牧口の戦いであったと思われる。

つまり、牧口は社会にさまざまな欠陥があるのは事実であり、その改革は賛成する。しかし、革命により現在の国家体制を破壊することができたとしてもその後にどのような社会体制をつくるのか。その確かな原案がなければ大混乱が起きるだけで結局、国民は苦しむことになる、と主張した。

富の平等だけでは人間の幸福はもたらされないと主張して、社会主義者の暴力革命路線を拒否した。

この卓見は、のちに20世紀の世界で起きた社会主義革命をみれば、的を射ていることは間違いない。富の平等は形式的に実現はできても、人々の自由は奪われ、独裁体制や血の粛清、大量虐殺などを経て行き詰まり、ほとんどの国が最後は社会主義を捨てて別の体制に移行したことからも裏付けられる。

つまり、20世紀の一時期には世界の三分の一の国が社会主義国家になったが、今は、北朝鮮、キューバなど数えるほどしかいわゆる社会主義国は残っていない。

中国という共産党一党独裁国家も、社会主義市場経済（つまり資本主義）の国となり、人々の貧富の差は驚異的に広がり、たった1％の人が30％の富を独占するまでになった。

さらに人々の言論・思想の自由は奪われ、その権威主義的で強大な国家は覇権国家として世界の脅威となっている。理想の社会にははるかに遠い。

おそらく牧口はロシアのナロードニキ（民衆の中へ）運動をはじめ、それまでの欧州の社会主義運動の悲劇的歴史に学んでいたのではないか。

つまり彼ら急進的な社会主義者たちの、テロや暴力的手段による急進的運動が引き起こした権力側からの弾圧による悲惨な運命、末路を知っていたのではないかと筆者には思われる。

実際、牧口が彼らと袂を分かってから5年後、大逆事件が起こされ、彼ら日本の主要な社会主義者は根こそぎ弾圧され、極刑を受けるなどして社会主義運動の活動家は日本からほぼ姿を消す。同時に社会主義運動自体も全く姿が見えなくなる。

牧口は決して権力に暴力で立ち向かうことはしなかった。権力やお上の権威による押し付けには不服従を貫きながら漸進的に、一歩一歩改革を進める生き方だった。

それは本書第一巻で描いたように北海道教育界のリーダーとなる運命に逆らい、差別と圧政に苦しんできたアイヌ民族と連帯し、出版不可能と思われた『人生地理学』を発刊し、教育は不要とされた貧しい若い女性のために通信制高等女学校を創設。そして入省した文部省では理想の地理科教科書を作ろうとして、左遷されたが、そこで最新の郷土教育の書を編纂、発行した。

まさに不服従の姿勢で永続的に改革を進めることで目的は必ず達成できると信じ、行動し続けた姿が物語っている。

この同じ時代、インドで生まれ、牧口と同じような人生を生きたのが、あのガンディーだった。インド独立の父として有名なガンディーは、インド独立を勝ち取るため非暴力不服従の革命の書『ヒンドスワラージ』を著し、非暴力不服従で宗主国イギリスに戦いを挑み、ついに偉業を達成した（ガンディー『わが非暴力の闘い』森本達雄訳、第三文明社。ガンディー『ヒンド・スワラージ～真の独立への道』田中敏雄訳、岩波書店）。

ほぼ同じ時期に牧口は『人生地理学』を上梓し、27年後には教育革命をめざす革命の書『創価教育学体系』を著し、鉄壁の日本支配構造への挑戦をはじめる。二人には多くの共通点がある。

戸田城外との出会い、経歴と人生が重なる

1919年（大正8年）12月22日、大みそかの迫ったあわただしい年末、牧口は東京市西町尋常小学校（現・台東区の上野公園に近い東上野にあった）の第6代校長に転任した。（以後、便宜上、西町小学校と呼ぶ）

しかしここで、彼は一人の青年と運命的な出会いをする。それが牧口と同じく北海道で青春を過ごし、小学校教員として子供たちの教育に愛情を注いできた戸田城外（後の創価学会第2代会長･戸田城聖）という浪人状態の青年だった。

戸田は1900年（明治33年）2月11日に石川県江沼郡塩屋村（現在の加賀市塩屋）で北前船関係の回漕業者の父・戸田甚七とすえ夫妻の11番目の子として誕生している。甚一と名付けられた。

生まれ故郷の加賀・塩屋の港は水深が浅く、北前船は沖に1日停泊するだけで商品の積みおろしはなかった。

ただ、塩屋近辺出身の船乗りは、大阪で北前船に乗り込み、塩屋沖で船から一時下船して郷里の家族・親戚と交歓し、北海道に向けて再び旅立つのが一般的だった（越崎宗一著『新版　北前船考』北海道出版企画センター）。

牧口の義父と同じく、戸田の父親が関係する北前船交易は鉄道・通信の発達でこのころ全く先の見えない不況に陥り、一家は北海道・石狩川河口に近い鰊（にしん）漁場のひとつ厚田村に移住する。戸田が3歳の時だったという（戸田城聖『信仰への覚悟～人間革命の原形』青娥書房）。

和船の宿命で、風待ち、潮待ちに時間がかかり、早ければ、塩屋から小樽まで15日から20日でついたが、風が悪いと1～2か月もかかる時があった。

牧口常三郎と不二の弟子・戸田城聖（城外）

当時、厚田村をはじめ北海道の各漁場は大漁業経営者にその漁業権が握られており、戸田家も船は持っていたので船と網を持ちこみ、その漁場を借りて操業していたと考えられる。

厚田の大漁業経営者は佐藤松太郎が有名であり、厚田郡のほとんどの漁業権を一手に握っていた。その佐藤は加賀（石川県）の北前船主と共同で北前船を所有するなど深いつながりがあったといわれる（『厚田村史』厚田村）。そうした縁で戸田の一家は厚田に入ったとも考えられる。

当時の漁場賃貸契約によると、戸田家のような小漁業経営者は、ただ単にその海面における漁業権だけを借りるのではなく、海産物の干し場、倉庫、宅地、住宅、従業員（漁夫）宿舎まで借りることができた。

そして年間の漁獲によってその賃料を支払い、生計を立てた。

戸田一家の移住した1897年（明治30年）から、1899年（同32年）ころ、北海道沿岸では、鰊の大漁が続き、日本各地から季節労働者や移住民が大量に北海道に入っていた（「北海道毎日新聞」1898年4月27日付け、1899年5月2日、同5月20日付け）。

まさに厚田の鰊漁の最盛期であり、戸田家も当初は成功したと考えられるが、やがて不漁期に入ると借金経営だけに苦境に陥った可能性が大きい。ただ船を持っていたので回漕業だけでも生活はできた。

貧しさから進学の夢果たせず

戸田家が戸籍を石川県から厚田に移したのは1905年（明治38年）だった。

牧口が貧しい少女たちの為に通信制高等女学校を創立し、一挙に1万もの女生徒が受講者になった年だった。

戸田少年は高等小学校を卒業後、家業をしばらく手伝ったあと、牧口と同様に進学の夢果たせず、15歳の時に、実業家になる大志を抱いて札幌にある小間物問屋に丁稚奉公にでる（西野辰吉『戸田城聖伝』第三文明社）。生家は貧しかった。

早朝から深夜まで店員として働きながら寸暇を惜しんで書物を読み漁ったというが、無理がたたって体を壊し入院。

心機一転、1917年（大正6年）尋常小学校準教員の資格試験に挑戦、一発でこれに合格する（「北海タイムス」1917年6月20日付けの合格者発表欄。戸田城聖履歴書）。

それから夕張の真谷地尋常小学校の準訓導（教員）の職を得て、教育者としての第一歩を記す。1918年（大正7年）7月1日だった。

炭鉱町の住宅に住みこんだ彼の元には子供たちが戸田を慕って次々に集まり、自宅はまるで子供の遊び場のようになったという。

学校で教えながら自宅で深夜まで勉強し、次には尋常小学校正教員の資格、数学、理科の教員資格と次々に勝ちとっていった。

大実業家の夢を追い、上京

さらに夕張の青年たちとも交流、仲間たちとの議論を通じて時の文部大臣への建白書を書いて教員の待遇改善を求める提案をする（前出　西野辰吉『伝記戸田城聖』)。

教育現場から教育制度の改革・改善の提言だった。

その下書きが今も残っていて、それを見ると校長登用試験、教員任用試験の改良など、のちの牧口の「教育改造論」にはまだはるかに及ばないものの、互いに同じ時期に日本の教育改革へ同じ志を共有していたことがわかる。

ここまで、2人の人生は驚くほど共通点があり、人生が重なっていることもわかる。

夕張・真谷地の生活を2年近く続けたのち、大実業家の夢実現のため、せっかく苦労してとった高等小学校正教員の教員資格を放棄[8]して上京した。

そこで牧口に会うことができたのである。

全く縁もゆかりもない戸田がなぜ牧口に出会うことができたのか。一説には「戸田の母親が牧口と知り合いだった」といわれる（戸田城聖『信仰への覚悟～人間革命の原形』青娥書房)。

だが、どのような知り合いだったかは不明であり、裏付け資料はない。

現実的と思われるのは、北海道師範学校の卒業生の間では牧口は北海道から上京した教員の面倒を非常によく見て援助を惜しまぬことで有名だったのでその関係者からのつてをたよった可能性である。

北海道師範学校の卒業生がつくる『北師同窓会会報』第13号には、牧口について「北師の同窓で上京する者は一度きっと訪問する、それには深い訳がある。今日、市（東京のこと：筆者注）の内外で教職に就いている同窓の大部分は直接間接、君（牧口のこと：筆者注）の尽力に依っているという事なので同窓からはもちろん、市の教育者から非常に尊敬を払われている」と書かれている（北師同窓会『北師同窓会会報』第13号「会員の近況（東京通信)」1923年12月)。

実際に戸田自身が第二次大戦後のある会合で、この時、牧口の同窓の後輩から紹介状をもらって牧口を訪ねたという話をしたことが伝わっている。

8　教育令により正当な理由なく教員をやめると道府県の教員資格を喪失した。しかし、実際には1913年（大正2年）7月15日勅令第258号で教育令第40条第2項が改められ全国で資格が有効になる。

出会った牧口の好意で戸田は西町小学校の代用教員に任用される。1920年（大正9年）の新春、戸田はまだ19歳、牧口が48歳の時だった[9]。

わずか6か月でまた左遷の運命

しかし、その牧口は西町小学校校長就任わずか6か月で今度は東京市直営小学校（特殊小学校と当初よばれた極貧地域の小学校）三笠尋常小学校へ左遷された。

（以後、便宜上、三笠小学校と呼ぶ）下谷区から本所区の極貧地域の学校に追放されたことになる。

この異常な早期転任、すなわち左遷の背景は、西町小学校に赴任した校長が第一番に伺候するべきとされた地元西町の実力者、あの政友会代議士の高橋義信の屋敷（通称・西町御所）に、牧口が挨拶に行かなかったためとされる（前出　美坂房洋編『牧口常三郎』）。牧口は生涯、権威とか権力者に媚びたり屈服する姿勢を微塵も見せなかった。

それが牧口の生涯変わらぬ不服従の精神であった。

しかし、自分の屋敷の目の前にある小学校に赴任しながら挨拶にも来ない、それに高橋は激怒したと伝えられる。

再度の高橋の策謀により、西町小学校赴任からわずか半年、6月22日に同校から貧民街の“教員首切り学校”と呼ばれたこの三笠小学校に左遷される（牧口常三郎・窪田正隆『創価教育学入門』東京精文館）。

この学校に赴任させられた教員がそのあまりのひどい環境にすぐにやめることから名づけられたと考えられる。

だが、この時もあの大正小学校と同じく、西町小の教職員それから代用教員に任用されたばかりの戸田による必死の留任運動が行われた。

戸田とほぼ同じ時に同校の訓導に採用された窪田正隆は「同志・戸田甚一先生らと悲涙を流しながら牧口校長の留任運動に、さみだれ降る街を駆け回った」

9　市川喜久郎編『牧口常三郎先生の思い出』聖教新聞社九州編集総局、1976年、7頁

（前出『創価教育学入門』東京精文館）と書いている。

わずか半年でも、牧口膝下にあった西町の教員がどれほど牧口を慕うようになっていたかを物語る事実である。

しかし留任運動はかなわず、牧口は貧民街にあった三笠小学校へ淡々と赴き、それまで通り子供たちにとって最高の教育をしようと戦い続けた。文句もぐちも弱音も一切吐くことなく。

西町小学校の閉校にともない出版された「西町98年のあゆみ」で紹介された第6代校長牧口の写真。当時の授業風景が興味深い。

子供たちの幸福のために、最悪の環境の小学校を最高の場に、それが牧口の不服従の姿勢だった。

一方、狙い通り牧口を「首切り学校」に追いやった権力者・高橋議員だが、それから半年もたたないこの年の11月、東京市で砂利事業、ガス事業にからんで政治家、官僚と業界の間に大規模な贈収賄事件が発覚。関係被告70人という大疑獄事件が起きた。その中心人物こそ高橋義信その人であった。

彼は卑怯にも病気と称して入院したが、強制捜査を受け逮捕・起訴され収監。

一審、二審ともに有罪の判決を受けたもののしぶとく控訴。

だが結局、1925年（大正14年）12月に大審院で懲役2年の実刑、追徴金3万4千円（現在に換算すると約3億数千万円）の最終判決を受け下獄、失脚する。（東京府地方改良協会編『東京市疑獄史』日本魂社）

6月22日、牧口は東京市三笠小学校校長（三笠尋常夜学校校長を兼任）に就任した。同校は当時の本所区三笠町（現・墨田区亀沢町）にあって1903年（明治36年）、つまり牧口が『人生地理学』を発刊した年に東京市によって、貧困家庭の多い市内4区（深谷、本所、下谷、四谷）に建設（一区に一校）された特殊小学校4校の一つだった。

（後に、同38年、一校追加され、さらに大正年間には11校にふえていた。直営小学校とも称される）（東京市社会局編『東京市社会事業施設年表』東京市、1929年7月）。

同校の児童数は牧口着任の前年には男子児童444人、女子児童417人で合計861人とされている（東京市役所教育課『大正8年度　東京市学事調査表』）。

これら東京貧民街の特殊小学校では授業料は免除、学用品一切が給与。児童のため入浴施設、理髪施設をととのえ、校長住宅が付属していた。つまり、児童たちは授業料を払えないどころか、学用品もなく、入浴も散髪もできない、それほどの極貧家庭にいた。

なお、『評伝　牧口常三郎』（253頁）には「児童の入浴日は月2回で、児童はその日を楽しみにしていた」とあるが、その裏付けとする陶観光著『一府七県学事視察記』にはそうは書かれていない。

この児童たちがたった月2回しか入浴できなかったかのような表現だが、それではあまりに少なすぎるし、裏付け資料がない。

美坂房洋著『牧口常三郎』には『東京教育雑誌』の記事を引いて週1回の入浴と書かれている。それが妥当ではないかと思われるがそれでも少な過ぎると思われる。

その校舎も築20数年のボロ校舎であり、昼間は働き、夜になるとやっと学校に顔を出す児童のための夜学校も兼ねていた。朝から晩まで、まる一日使用された。だから損傷、摩耗も激しかった。

「ボロ校舎」「ガラクタ教室」と表現したのは1922年（大正11年）4月に初めて同校を見た駒木根重次の率直な感想だった（駒木根重次著『駒木根重次自叙伝』）。

児童の父親の職業は車夫、人夫、日雇いなど、母親は内職に明け暮れるといった状態で児童のほとんどが極貧の環境にあった。
第一次大戦時の大好況で農村から都市への人口移動が起きていたが、その低賃金の労働者と家族は下町に流れ込んできたものの、それを受け入れる住宅は準備されてなかった。

結局、彼らが住んでいたのは本所区でみれば花町の木賃宿であったり、深川区猿江裏のトンネル長屋だった。駒木根はそのありさまをこう書いている。
「今にも倒れそうな十数軒の棟割長屋がそれで、臭気鼻をつく汚物の蓄積には閉口した。

畳だか莚（むしろ）だかわからぬ二畳か、三畳が一世帯。夜具が半畳を占領して、低き床上に薄縁（うすべり）（ござ：筆者注）を敷いた簡素な生活。

夕食の支度とみえ細君（奥さん：筆者注）連が炊事を始めた。（中略）無天井の竿には赤ん坊のおシメ小旗のごとく乾し並べ、悪臭と共に蠅の無数に飛び交うさま一瞥東京市にかかる悲惨、境遇の家庭あるかを想起せしめた」と。

一つの長屋の部屋に多くの世帯が同居し、夜着どころか寝具もなく、ボロや紙くずのなかに寝て暖をとる家庭もあった。
衛生状態は極端に悪く、眼病トラホーム、結膜炎、皮膚病で苦しむ子も多く、女子の8割が虱（シラミ）を持っているというありさまだった。「到底この世の人とは思われぬ生活だった」と駒木根重次は書いている。

衛生状態の悪い官舎に転居して教える

夜学校校長兼任であり、さらに児童の生活面のめんどうを見るため、牧口は自宅のあった目白から、衛生環境の決してよくない小学校の官舎に、家族、養母・トリとともに転居した。
1922年（大正11年）8月24日の暴風雨（おそらくは台風か）の時には、校庭から校舎まで海水が押し寄せ、ひざのあたりまで水没しているので、校舎は明らかに低湿地帯にあった（『駒木根重次自叙伝』）。

当時、牧口には結婚した長女を除くと男4人、女3人の計7人の子供がいた。特に前年に生まれた四女はやっと1歳になったばかりであり、10歳の四男と6歳の三女は小学生だった。当然、この二人は三笠小学校に転校したはずである。

その後、引っ越した牧口の子供7人のうち4人が結核に感染し、その後死去する。三笠小学校で感染したという確証はないが、当時、学校で結核に感染する例が非常に多かったのは事実である。

当時の東京府の調査では、東京府の小学校教員のなんと5％が結核に感染、さらに牧口がいた三笠小学校のような直営小学校（特殊小学校）では2年間で平均3人の教員が結核に罹患している[10]。教員数が平均20数人と考えれば異常な罹患率であったが、児童からの感染が多かったという。

ちなみに同じ特殊小学校の校長としてその実態を描いた椎名龍徳著『病める社会』（先進社）によれば、その特殊小学校卒業生で卒業後に死亡した者の7割は結核感染が原因だったという。

また、1924年（大正13年）に男女師範学校を卒業したもの（ほとんどが教員と思われる）のうち男子7・9％、女子10・1％が卒業後5年以内に結核をはじめとする病気のため死亡や休職をしている（『千葉教育』第536号、千葉教育会、1936年12月）。

この年の6月に戸田は、牧口によって西町小学校の臨時代用教員にしてもらったがその任期は3カ月だけだったため9月には行くところがなくなった。その戸田に声をかけたのもまた牧口だった。

牧口は戸田を三笠小の代用教員として採用するが、この年の12月には正式に同校訓導の辞令がでた[11]。教員資格を失ったと考えられていた戸田であったが、牧口が懸命に手続きを進めて正教員資格を回復し訓導にした[12]と推定される。

10　「中央新聞」1992年9月6日号

11　『東京教育』東京府教育会、367号、1921年1月、11頁に訓導に新任と紹介、職名は八下、つまり下から3番目の職階で給料は安かった

12　教育令第40条で理由なく北海道の教員資格を放棄して上京した場合はその資格は自動的に喪失するとされていたが1913年（大正2年）7月15日の勅令第258号で改められ全国で資格が有効になる。

「我れは自ら生きざるべからざる立場にあり。

我れを救いしは、牧口常三郎先生なり」と翌1921年8月の日記（前出　戸田城聖『信仰への覚悟～人間革命の原形』）に戸田は書いている。戸田がこの時いかに追い込まれていたか、そしてその戸田を温かく見守り、手を尽くして救った牧口の師弟愛が日記から伝わってくる。

以後23年間、2人は師弟の道を歩んでやがて創価教育学会を創設し、ともに入獄し、牧口が獄死しても、なお戸田は牧口を生涯の師と仰ぎ、やがては日本の運命を左右する大事業に取り組むことになる。

この当時、三笠小学校は15学級あり、その15学級の児童が三部に分かれて授業を受けていた（『墨田区史』墨田区役所）。

つまり4年生以下が午前と午後の二部に分かれ、さらに5、6年生は昼間の仕事のあと夜学校に来て学んでいた。商店見習い、職人見習い、給仕、工場就労、子守、女中などが彼らの仕事だった。

よって夜は9時までの授業がふつうで、場合によって牧口は真夜中まで教えることもあった。そのあと、児童たちが入浴する場合もあり、拘束時間は当然、長くなる。牧口校長が家族全員で校内官舎に移り住んだのはこのためでもあった。

劣悪な環境と周囲からの蔑視、差別に負けて学ぶ意欲を失い、不登校の児童も多かった。

それならどうするか。悪臭が漂いハエの無数に飛び交う家々を牧口自身が一軒一軒家庭訪問しては、辛抱強く親と子を説得して学校に来させるように働きかけた。

登校しない児童も含めて全員の家庭を牧口は訪ねたという。

教員も1学期に一度、クラスの児童の家庭訪問をしたが、それと関係なく牧口は児童全員の家庭を訪ねた。

そして校内・校外を問わず、あらゆる機会をとらえては教師以上に熱心に牧口自身が教えた[13]。

牧口は生涯そうであったように児童たちの生活の場に飛び込んだ。

現場に飛びこみその現場を認識すると、今度は徹底して改革を進めた（「牧口常三郎の生涯～三笠小学校の時代」『灯台』第100号）。

前述したとおり三笠小学校の児童には不衛生な生活のため、眼病トラホーム、結膜炎、皮膚病で苦しむ子があまりにも多く、女子の8割が虱（シラミ）を持っているというありさまだった。

これに対し、牧口が校長に赴任して1年後の1921年（大正10年）4月から東京市はこの特殊小学校を巡回する看護師（学校衛生婦）を雇用して各特殊小学校を回らせ、これらの疾病の治療にあたらせている。

しかも疾病の子供には家庭訪問をして治療もするという画期的な対応が始まっていた（「読売新聞」1922年12月8日付け。杉浦守邦『養護教員の歴史』東山書房）。

牧口着任から1年後のことである。

偶然にしては時期があまりに近接しているのではないか。

この時になって、衛生面で対応に当たる衛生婦が東京の教育史上に初めて出現したのは、決して偶然ではなく、あまりに厳しい状況に、牧口が東京市に働きかけて衛生状況を改善しようとした改革の一環ではないかと筆者は想像する。

かつて文部省からの出向で東京市の市庁舎が同居する東京府庁舎で3年間働いた牧口には、当然、そこに人脈があった。そこへ強力に働きかけた結果、学校衛生士の制度が実現したことは十分に想像できるが裏付けはない。

もしそうであったなら、瞬時も子どもたちのために改革を忘れずに永続的な教育革命を進めた牧口の精神がその歴史に一層輝きを増すだろう。

聖教新聞社刊『牧口常三郎』によれば牧口が三笠小学校を離任するまでには

13　前出　美坂房洋編『牧口常三郎』

トラコーマや皮膚病が減少し、就学率の向上で非行も少なくなったという。

もちろん、ほかの極貧地帯にあった衛生状況の悪い直営小学校の児童たちもこの学校衛生婦に救われたはずである。

東京では初めての学校給食を開始

当時は第一次大戦後に起きた戦後恐慌の嵐が社会の最下層の民衆を直撃していた。

貧しさのため学校に弁当持参はおろか家族で三度の食事がまともに取れないのが同校児童の家では普通だったようである。

弁当を学校に持参できない欠食児童のために、牧口は自らの給料を割いて、豆もちや簡単な食事を用意した。

小學校で貧しい兒童に
無料で晝食給與
本所の三笠小學校の試み
夜學兒童にも給與の計畫
—パンと汁を二椀

無料で

絶食の

工場か

家庭衛生顧問

織物下…
仕着せ反物
二反三圓で買へ

上野 松坂屋

牧口が三笠小学校で始めた学校給食を報道する読売新聞の記事。
（大正10年12月8日付け）「小学校で貧しい児童に無料で昼食給与」とある

しかもそれを職員室や教室ではなく、用務員室に置いて、子供たちが誰にも知られずにそっと持って行けるようにした。感受性の鋭い子供たちの心を傷つけまいとする配慮からだった。私設簡易給食の始まりである。

牧口の家族は「当時、学校内にあった官舎（校長官舎：筆者注）から、パン、くずもち、みそ汁といったものを運んでいるようでした」と語っている（同前「牧口常三郎の生涯～三笠小学校の時代」『灯台』第100号）。

さらにそれを一歩進めたのが牧口のいわゆる「ペニー給食」である。アメリカで行われていた1ペニー給食、すなわち安価な給食事業にヒントを得て、貧しいため昼食抜きの児童100人を対象に無料の簡単な昼食「パンと汁2椀」の給与を行った。

窮乏する貧困地域の学校で、自腹を切っても奮闘する牧口校長のこの画期的な試みをマスコミは放っておかなかった。読売新聞ほかが大きく報道した。

1921年（大正10年）12月8日付け同紙には「小学校で貧しい児童に　無料で昼食給与　パンと汁を2椀　夜学児童にも給与の計画」との大きな見出しで、食事抜きで顔色も蒼白な児童の栄養不良をしのぐため、東京市衛生課と連携し衛生設備、食料、経費などが策定され、牧口がぎりぎりの救済策を講じるありさまが詳しく報じられている。同日付け「東京毎日新聞」にも報じられた。

そして校長・牧口のコメントとして「児童のなかには、貧乏で昼食が食べれない子もいる。顔色が蒼白で、いかにもひ弱に見える子がいるので聞いてみると、やはり絶食し食べてない。

たまたま昼食を食べている子でもろくなものを食べていないので栄養不良に陥っている。幸い資金提供の話があったので、ご飯を食べさせようかと思ったが炊飯設備には多額のお金がかかりそうなので、当分は特別注文のパン1個と野菜や豆腐入りの味噌汁を2杯づつ給与している。これによって栄養状態はよくなった」（趣意）と書かれている。子供のことを常に第一に考えた牧口の心が伝わってくる。

今までだれも注目しなかった大都会・東京の片隅の打ち捨てられたかのような貧民街にあったこの三笠小学校に、初めて世間の目が大きく集まった。

記事の反響はすごかった。続々と寄付金が殺到した。文部省やほかの学校からの視察も相次ぎ、各雑誌も記事を掲載した。多くの寄付金が引きもきらず翌年にも寄せられ続けた（『婦人衛生雑誌』第364号、私立大日本婦人衛生会。『児童研究』第25巻第9号、児童研究発行所など）。

1922年（大正11年）の初夏、牧口はもうすでにこの学校にはいなかったが、その寄付金をもとに、それまでのペニー給食の定番だったパンを米飯に、さらに豆腐と野菜を刻みこんだ味噌汁2杯のうち一つは油揚げ醤油だし汁の給食にグレードアップされた（『駒木根重次自叙伝』）。

この報道に影響されてか、東京周辺ではところどころで学校給食がこのあとから始まり、法制化の検討も始まる（「読売新聞」1922年7月19日付）。

さらに東京市社会局が動き、三笠小学校の学校給食開始から3年後の1924年（大正13年）1月から、東京の極貧地帯にあった三笠小学校など特殊小学校8校で学校給食が始まる。

それだけでなく、この給食準備のため国立栄養研究所が指導し、栄養学的にもすぐれた給食を毎回考え、それを共同で調理する共同調理場「児童栄養食品加工場」が東京・銀座の数寄屋橋公園に完成した。現在の「学校給食センター」の萌芽である。

この給食により直営小学校8校の栄養不良児は劇的に減少したと報告された（萩原弘道『実践講座　学校給食　第1巻　歴史と現状』エムティ出版）。

さらに、この給食は当初、資金が切れる1924年（大正13年）6月で打ち切られる予定だったが、直営小学校校長会が給食継続を東京市に陳情。

その理由として「教師と児童と同一物資を同一人の手によって料理せられたるものを、一つ心になって味わえることは、真の暖かき共鳴である」「保健成績の良好なるにつれ、出席歩合増加す」など12か条の具体的な成果があったことを示し、「むしろ拡大の要あり」と訴えた。

これを受けて東京市社会局は予算がなくなるまでの継続を決定、さらに日本栄養協会が多額納税者に「年額15円の寄付が、貧困児童1年分の昼食を供給できます」という印刷物を配布。

寄付を求め続け集め続けて、国家として給食事業が開始されるまで、延べ186万人以上の児童に給食を提供した。

そしてこの実績と要望に応えて日本で学校給食が正式な制度として始まるのは、実にこの13年後、1932年（昭和7年）のことになる（文部省「学校給食実施ノ趣旨徹底方並ニ学校給食臨時施設方法」に関する訓令）。

三笠小学校で牧口が始めた学校給食は飢餓線上にあった東京の特殊小学校の児童を救い、さらには東京そして日本の学校給食事業の先駆けになったことは間違いない。だが、これも牧口は一切、だれにも話さず書き残してもいない。

そして、この画期的な三笠小学校の学校給食を紹介する1921年（大正10年）12月8日付け「東京毎日新聞」の同じページに、なんとあの牧口を迫害したのち、巨大疑獄事件の中心的人物となって訴追された高橋義信など被告64人全員が出廷して、大疑獄裁判が行われるさまが報じられている。

この裁判が結審するのは実に1926年で、これから5年もの間、高橋は被告席に座り、指弾され、その後に下獄した。

後日談になるが、教員の教育法がすぐれ、学校費用も不要で、給食もあり、併設された夜学校の出席状況も好転しているという評判から、かつては差別、蔑視されていた特殊小学校・三笠小学校にわざわざ学区外から入学を志願する児童も増加してきたという（前出「牧口常三郎の生涯～三笠小学校の時代」『灯台』第100号）。

不服従の精神で戦い続けてきた牧口の勝利の姿だった。

絶望的状況下でも改革の灯を燃やす

どんな所でも子供たちの幸福を第一に目の前の問題を取り上げ改革していく。常に教育改革の炎を絶やさない。それが永続的な教育革命を進めた牧口の生き方だった。

例えば、1921年（大正10年）6月に牧口がいた三笠学校を取材に訪れた北海道の雑誌記者に突然、「校長登用試験制度」をやりたいのだと熱心に説いている。

これは不透明だった小学校校長の登用を公平に試験で行うべきという、現在ではあたりまえながら、当時は考えられなかった校長任用試験制度の提案だった。

「しかし今のところ実現されそうもないね」と牧口は語ったという（佐藤柏葉「東京市の小学校を観る（二）」『北海道教育』第35号、北海道連合教育会）。「首切り学校」といわれた最悪の環境にあっても、常に子供たちのため、日本の教育改革の実現を考え続けていた牧口の一断面を見る思いがする。

これはのちに牧口が生み出す『創価教育学体系』の「教育改造論」のひとつの柱「校長登用試験制度」という革命的提言のひとつだった。

この時から10数年後に牧口のこの提言に感銘した千葉県知事によって千葉県教育界で部分的にではあるが実現されることになる。それは後で述べる。

こうした教育革命めざす静かで漸進的永続的な活動はやむことはなかった。7月1日刊行の帝国教育会の機関誌『帝国教育』（第468号・7月号）には論文「綴り方教授の科学的研究」を寄稿して子供たちが苦手な作文に対する教育改善の道を説いている。

苦手なことをだれでもできるようにする教育、それが牧口の目指した道だった。

さらにこの年8月3日刊行の『教育界』（第20巻第9号）に、論文「文章範型応用主義の綴方教授」を寄稿して同じく小学校の作文教育の改革を主張し、綴り方教授はもとより教育学全般における革新を提唱し、あえてそれに対する反論や賛同の声を求めている。

そして、注目されるのはこの『教育界』（第20巻第9号）の論文で、こうして教育改革推進の現場を広げることができたのは、左遷されたおかげだと言い切ったことである。

「幸か不幸か東京の校長になって4つの学校を転任してその都度、こうした研究が中断されたのには閉口したが、そのおかげでいたるところで新しい教授法の宣伝をする機会を得て、それを聞いた教師のなかでは一番、疑問視したり問題視した人が実地に体験すると最も熱心な賛同者になっている」とその宣伝効果の絶妙さを皮肉交じりに公言した。

まさに牧口の不服従の精神の面目躍如というべきだろう。

ところがここで「4つの学校を転任し」「そのおかげでいたるところで新しい教授法の宣伝をする機会を得て」「（反対していた教師が）実地に体験すると最も熱心な賛同者になっている」と雑誌ではっきりと公言したことを、あの牧口を三笠小学校に追いやった権力者とそれにつながる東京市教育局の官僚たちはどう思っただろうか。おそらくこれほど不愉快なことはなかっただろう。

決して権力者に服従せず、おもねることもしない牧口を、ついには究極の首切り学校とされた貧民街の三笠小学校に追いやったものの、泰然自若、いっこうにその信念は揺るがず、それどころか極貧地帯の学校の改革に取り組み、逆に新聞や雑誌に次々に登場して自説を展開し、さらにはだれも考えつかなった歴史的な学校給食まで始めて、しかも新聞に大々的な報道がされる。

あげくは彼らが暗躍して2回も左遷しながら、それが逆に自説の宣伝に大きな力になっているとまで言われて、怒りは頂点に達したのだろうか。

ついに翌年の1922年（大正11年）3月、三笠小学校から牧口校長を免職追放しようとする画策を当時の東京府視学を中心に始めた（「牧口先生の御一生」『大白蓮華』第12号）。

牧口はこの時、50歳になっていた。決して老校長ではなかったが市教育局は「老校長に詰め腹を切らせて後進に校長職の道を開く」と公言して高齢の校長を退職させる方針を打ち出し実行していた（東京府教育会『東京教育』第389号）。

別に高齢者でもない牧口をあえて教育界から永久追放しようとする謀（はかりごと）だった。牧口は絶体絶命の時を迎えていた。

第2章

理想の教育～子供の幸福を第一にめざす

運命の大逆転

まさに東京市庁舎で牧口校長を免職し、教育界から永遠に追放する辞令が発令されようとしたその瞬間、郷土会メンバーとして牧口をよく知り、かつ高く評価していた新渡戸稲造門下の東京市第三助役・前田多門が現れ、事態は急変する。

東京市では牧口の西町小学校追放から半年後に起きた、先述の高橋代議士を中心とする砂利事業、さらにガス事業にからむ大規模な大疑獄事件などが続き、東京市は汚職にまみれた伏魔殿と呼ばれた。

その東京市政を根本的に刷新するため、この大疑獄事件で引責辞任した前市長のあとを受けて日本政治史上では異色の巨星といわれる後藤新平が東京市長に就任した。

日清戦争の帰還兵に対して史上初めて集団検疫を実施し、台湾総督府では民生局長として新渡戸稲造など優秀な人材を呼んで台湾の人々のため殖産興業を主導、日露戦争後は満州鉄道初代総裁として鉄道事業をけん引、逓信大臣、内務大臣、外務大臣を歴任したあと、特命を帯びて東京市長に就任したのがこの後藤新平だった。

この人事は出直しを図りたい東京市議会が後藤新平の了解もなく勝手に議会で市長に選出したことから始まった。

日本財界の巨星・渋沢栄一がそれを伝える使者になり、最後は日本初の平民宰相・原敬が後藤を説得して市長就任が決定したと伝えられる大型人事だった。

彼は市長になるや1920年（大正9年）12月18日、東京市役所にさっそうと乗り込み、有能な内務官僚3人を助役に起用し、東京市政の大改革の布陣を整えた。

その助役の一人が内務省の都市計画課長だった前田多門であり、後藤は彼を第三助役にした。(星亮一『後藤新平伝〜未来を見つめて生きた明治人』平凡社)

そして、この第三助役・前田多門がこの牧口追放辞令が発令される寸前にこれに気づいた。

当時の関係者から取材した聖教新聞社刊『牧口常三郎』によれば、「前田が東京市の食堂でこの事件を耳にして自ら即座に」「教育課長にこう話した『牧口君は有望な校長であるから面倒を見てほしい。僕とは20年来の友人でありよく知っているから人格は保証しますよ』こう言われて教育課長はびっくりしてしまった」と。

あわてて追放辞令を取り消し、逆に東京市芝区(現・東京都港区南東部)の名門・白金尋常小学校校長に栄転が決まった。1922年(大正11年)3月、運命の大逆転劇だった。

これまで牧口の人脈は広かった。だから、この前田多門のような有力者に依頼すれば、ここまで左遷、左遷の憂き目を見なかったかもしれない。

しかし、牧口は決して権力にすがろうとはしなかった。

権力に媚びず、権力を恐れず、権威にも決して屈することなく不服従を貫きとおす。そして一歩も立ち止まらず、常に前向きに教育改革、革命を続ける。

それが牧口の生涯変わらぬ生き方であった。

養母の死去と戸田の教員生活決別

激動に先立つ、同年1月26日、東京・本所区三笠町の三笠小学校の官舎で養母・トリが死去した。享年77歳だった。

故郷・荒浜で孤児同然となった牧口を引き取り、約50年近く育ててくれた養母だった。目が不自由な上、晩年は高齢で足腰が弱って自由に歩けなくなっていたようで、小学校の校長官舎から校内の風呂場に毎回、牧口はこの養母・トリを背負って入浴させていたという[1]。

1　牧口の異父弟柴野和一郎の次女(高澤タカ)は当時、牧口家で行儀見習いをしていて、牧口が老いた養母を大事にする姿を見ていた。後年、高澤タカは子供たちにその話を良くしていた。高澤タカの家族からの聞き書きによる(上藤取材)

また、三笠小学校の代用教員から訓導になり、牧口の片腕となって働いていた戸田城外も、働きながら開成中学夜間部などでの猛勉強の結果1922年（大正11年）2月に見事に高等学校入学資格検定試験（高検）に合格し、中学四年修了資格を取得した（前出　西野辰吉『伝記　戸田城聖』）。

ちなみに東京における前年の高検受験者は367人、うち合格者はわずか34人、合格率は10人に1人という難関だった（岡田蘇堂『受験要項　附試験問題集』秀康館）。

ついに大学進学の夢がそこに見えてきたのだった。小学校卒の学歴しかない戸田がここまで来るのは並々ならぬ苦労と努力があったはずである。戸田城外22歳の春だった。

しかし貧民街の特殊小学校校長として奮闘・苦闘してきた師とあおぐ牧口が白金小学校へ去ると、戸田は自身の本来の夢実現のため、あえて小学校教員をやめて上級学校進学の学資金をつくる道を真剣に考え始めたようである。

なぜなら上級学校進学と結婚を考え始めていた戸田にとっては、月10数円（当時の尋常小学校訓導の初任給は10円、教員の平均給与は東京で24円だった）の訓導の給与はあまりに少なかったからである[2]。

この年の12月末日をもって戸田は三笠尋常小学校を退職した。

そしてこのころ最初の妻・浦田ツタと結婚し、新しい道に進む決断をした。戸田は、当時の日記にこう書いた。「教員という名を去るとも惜しみなき」と。大きな決断だった。

保健衛生にも尽力、児童の入浴料半額に

白金尋常小学校「校長日誌」によれば、1922年（大正11年）4月15日、牧口は東京市芝区白金尋常小学校（以下、便宜上、白金小学校と呼ぶ）校長に就任し、同19日に赴任、同校の教員と初顔合わせをした。

2　「市町村立小学校教員俸給に関する規程　明治30年1月4日勅令第2号」船越源一『小学校教育行政法規精義』東洋図書、1935年10月

翌20日には前任地・三笠小学校へ出張して事務の引き継ぎと児童たちに別れを告げるためのあいさつをした。

わずか2年足らずの在任期間しかなかった貧民街の特殊小学校だったが、わが身を削ってまで育てた子供たちが、別れにあたって牧口にどのような思いを持ったか、想像はできるが記録は一切残っていない。

この一年半後、三笠小学校のあった本所地域は関東大震災による大火災で壊滅。記録どころか校舎も校長官舎も一切何も残らなかったからである。

4月21日、白金小学校の校庭に教職員、児童全員が集合したところで牧口は赴任のあいさつをした。前日見た三笠小学校や夜学校の児童の粗末な身なりや服装とはおよそ違う雰囲気に何かを感じたのだろうか。

「自分たちが幸福な生活を送っていることを自覚して、本校の名声を大いに宣揚できるように努力してほしい」（白金小学校「校長日誌」）と述べている。

ここまで牧口の赴任校は貧困家庭の子弟が多く夜学校が併設されていたが白金小学校に夜学校はなかった。

翌月の5月1日、新渡戸稲造の推薦で国際連盟の委任統治委員会の委員に就任し欧州に立つことになった柳田国男の歓送会が開かれた。

東京・四谷にあった三河屋に親しい郷土会メンバーが集まり牧口も出席した。

この時、柳田を囲んで記念撮影した写真が今も残っている。柳田は二度目の訪欧である。牧口は生涯、海外には行かなかった。というより行けなかった。

当時、日本の植民地だった朝鮮半島や台湾を除き、牧口のような一般庶民はほとんど欧米どころか世界には行けなかった。莫大な費用がかかったからである。

しかし、仲間や後輩が官費で海外に行くときにはこうして必ずといっていいほど歓送会に出席。

帰国すると、またその帰朝報告に参加して現地の情報に耳を傾け勉強したのが牧口だった。

二学期が始まって間もない9月4日と5日、牧口は児童の衛生向上、健康増進のため、湯屋（銭湯、お風呂屋）の入浴料を半額にするように東京市内の小学校校長12名の代表として警視庁に陳情に行った。その模様を当時の新聞が報道している。

それによれば、「小学校校長牧口校長は語る『子供は鉄道の賃金各種興行物など総て半額だのに独り湯屋だけが半額されないのは不都合だろう、極端に言えば湯屋業は第二の国民を虐待しているといってもよい、今東京には20万の小学児童がある、これによってお湯屋の利益は莫大なもので、半減したら非常に損をすると思ふかも知れぬが高いためあまり行けない処を値下げしたために度数を増やせば結構ではないか、私どもの意見～衛生上の意向もここにあるのです』」と語っている。実に見事な論理で貫かれている。（『東京日日新聞』1922年9月6日付）

当時、児童が10歳になると、入浴料が大人と同じ5銭になっていた。そうなると10歳まで週3回だった入浴を2回に減らす貧しい家庭の子供が出て、衛生上問題ではないかと牧口は主張して、先ずはそれに賛同する校長を募った。

新渡戸稲造の推挙で国際連盟の委任統治委員会の委員に就任した柳田国男の渡欧送別会が東京・四谷で開かれ郷土会メンバーと共に牧口も出席した。前列左端が牧口、右から2番目が柳田。

そしてその校長の代表として銭湯を管理していた警視庁に請願に行ったのである。

興味深いのは牧口が事前に請願に行くことを各新聞社に知らせ、取材を促した可能性があること。

実際、『東京日日新聞』はじめ『読売新聞』、『東京朝日新聞』(夕刊)、『時事新報』、『二六新報』、『報知新聞』、『国民新聞』、『中央新聞』が軒並み一斉に同日付け社会面で大きく報道している。

事前に知らさなければこうも一斉に新聞記事にはならない。この世論の力をもって要求を実現したと考えられる。牧口のねらい通り、児童の入浴料は半額に値下げされた。

実は牧口は彼の大日本高等女学会の事業が多忙を極めた最中の1906年(明治39年)の12月13日に雑誌『教育界』の編集部を訪ね、居合わせた雑誌記者に東京市内の銭湯の業者が児童の入浴料を値上げしたことに関して、「これは衛生上、教育上看過できず、相協力して値下げに尽力しようではないか」と訴えてその運動を一記者と約束している。

翌日、その記者は記者仲間の忘年会で「湯銭値下げ期成同盟会」を提案して牧口との約束を果たそうとしたが、結局その場の話題になっただけで終わった(『教育界』第6巻第3号、金港堂、1907年)。

だが、今回は警視庁が子供たちの入浴料の半額値下げを都内の銭湯に厳命したことで実現に向かう。

牧口は新聞という当時最大の影響力をもったマスコミの力を熟知していたようで、北海道教育会の中心メンバーだった時代から新聞の力を活用し、広報渉外面でも非凡な力を発揮してきた。それにしても鮮やかなお手並みといえる。

なお、牧口は翌年の1923年(大正12年)4月12日号「アサヒグラフ」[3]でも取材記者に向かい「児童は隔日入浴が理想」と1日おきの入浴を改めて主張した。

---

3 「アサヒグラフ」1923年(大正12年)4月12日号5面「小学校めぐり」より

子供の健康を常に考えていた牧口の心が伝わってくる。

古代ローマ帝国は古代ギリシアのアテネなどの都市国家が、感染症で国力を失った事実を重く見て、その帝国中のあらゆる都市に上下水道を完備し、公衆浴場を建設することで市民の衛生環境を守り、感染症の危機を最小限にしたとされるが、牧口は生活のあらゆる面で子供の幸福のために何が必要かを常に考え、行動していたことがわかる（塩野七生『ローマ人の物語Ｘ～すべての道はローマに通ず』新潮社）。

アインシュタイン講演など最新の科学知識学ぶ

この1週間後の9月12日には白金小学校（入場者数からみて会場は校庭と思われる）で社会教育会主催の活動写真会（映画会）が開催された。児童はもちろん、なんと3千人の父兄も来場し観賞したという（白金小学校「校長日誌」）。

牧口がその映画会の役員になっているので実質的に主催者だったと考えられる。映画はまだこのころは無声映画だったが、観衆はそれでも動画に興奮したようで3000人が校庭を埋めた。

牧口はこうした新しい映像文化や当時の科学技術の先端を象徴する催しを北海道師範の時代から積極的に開催して皆に喜ばれた。

明治の終わりに最新科学技術の情報を伝える雑誌『通俗科学雑誌　先世』の創刊にかかわり、編集長にもなった経歴からみても、また通信制高等女学校・大日本高等女学会のスクーリング（女子技芸実習講話会）で、当時まだ誰も見たことがなかった無線電話機（現代の携帯電話の元祖）の実物実験を女学生に見せたりしている[4]。

当時、日本海海戦で初めて無線通信機が使用されたが、牧口が少女たちに見せたのは無線電話機だった。100年先を行く新発明品だった。

こうした事実を考えると、牧口は最新の科学技術についても相当詳しかった

4　上藤和之『新　牧口常三郎伝』第1巻、七草書房、2021年2月

とみることができる。

だから、この映画会から2か月後の11月19日に世界的な理論物理学者・アインシュタインの講演会（会場は慶應義塾大学の講堂）に弟子の戸田城外とともに参加したのもある意味自然だった（聖教新聞社編『戸田城聖全集』第4巻）。

この日の聴衆は実に2千人にのぼったが、博士の来日期間中（11月18日～12月29日）の最初の講演会だった。午後1時半頃から始まった講演は1時間の休憩をはさみ約5時間にわたって行われた。終了したのは夜になってからだった。

講演会の主催は当時最大の総合雑誌社「改造社」であり、その社長の山本実彦は東京毎日新聞社の社長を経て「改造社」を設立。のちに牧口の『創価教育学体系』発刊を支援する「創価教育学支援会」の一員となる。

山本の娘の五味さよ子（牧口校長時代の白金小学校卒業生）の証言[5]では、この当時すでに牧口、戸田と親交があったようで、山本実彦の家に牧口が書籍を借りにきたことがあったという。

山本五十六と共通する教育観

このころから、牧口は大正小学校で始めたものの権力者の介入で中断した理想の小学校づくり、理想の教育現場づくりを目指して、東京でも名門とされた白金小学校をさらに最高の教育環境に変えていった。

転勤2年目の1923年（大正12年）4月14日、かつて牧口が西町小学校の校長の時に、戸田城外とともに訓導に採用した窪田正隆を、西町小学校から呼び寄せ、白金小学校の訓導に採用。

この日、初出勤の窪田を全職員に紹介した（白金小学校『学校日誌』）。

牧口のめざす理想の教育を進めるために、先ず優秀な人材・教員を集めようとした。それは大正小学校在勤時から変わらぬ姿勢だった。

5　五味さよ子からの聞き書き（都内で、上藤が取材）

牧口は窪田ら教員に対して「教師はまず自分が勉強しなければならない」と口癖のように言ったが、それを先ず自らが実践し範を示した。常に新刊書を購入しては、教員の誰よりも早く読み、いいと思ったものは教員に薦め、さらにその読後感を語り合いともに勉強した。

そのうえで「読書したら思索せよ」「精読せよ」と読書の大切さについて身をもって教え、教員の見聞を広めるために各種講演会にも一緒に連れて行った。

そして常日ごろ教えたのは、何事もいい加減に妥協せず、常に科学的・合理的に処理することだった。

冷静に科学的に判断する姿勢は常に変わらず、宗教も合理的に実証されないものは信じる価値はないとしていた。

さらに5月からは毎週月曜日の放課後、20分間を限度とし教員間で講演会を行うことを決定し、開始した（以上はいずれも窪田正隆「三代の会長に巡り会った福運」『牧口常三郎先生の思い出』聖教新聞社九州編集総局編による）。

左遷される前の大正小学校でもすでに始めていたが教員が陥りがちな自己満足と保身の傾向を予防し、どこまでも人間として教員として成長をめざす取り組みではなかったかと思われる。

これはのちに「月曜講演」と呼ばれ、教員の自らの研鑽と資質の向上を図った（牧口常三郎・窪田正隆『略解　創価教育学入門』東京精文館）。

その初回として5月14日の放課後、牧口が先ず講演した。率先垂範が牧口の生き方のひとつだった。

しかもその次の日、第5時限に牧口校長自らが綴方教授の研究授業をやってみせ、さらにその次の日、第4学年の女子クラスで国語の実地授業を牧口はして見せた（白金小学校『学校日誌』による）。

以後、牧口が自らの教育学に基づく研究授業を率先実施、さらに教員たち自身の研究授業、発表、講演、討議などを絶え間なく繰り返し、教員自身の能力の向上を永続的に図ったのである。校外から講師を招くこともあった。

そうして育てた教員を担任教師として父兄に紹介するときは、最上級の誉め言葉で紹介した。名校長の誉れも高い牧口から絶賛された教員に対する父兄の信頼度、期待度は当然高くなり、その担任の教員を学年毎に交代はさせないでほしいとの注文が父兄から多かったともいう（窪田正隆「牧口先生と私～人格高潔、質健高邁の人～生誕百年に寄せて」『灯台』第100号）。

牧口は「後輩を自分以上に偉くしていく」との変わらぬ信念を堅持し、若手教員の一人ひとりを大切に伸ばしていった。

そのやり方は、牧口と同じ新潟県の柏崎に近い長岡の出身で、旧日本連合艦隊司令長官をつとめた山本五十六の名言中の名言

「やってみせ、言って聞かせて、させてみて、ほめてやらねば、人は動かじ。

話し合い、耳を傾け、承認し、任せてやらねば、人は育たず。

やっている、姿を感謝で見守って、信頼せねば、人は実らず」をそのまま実践していたことが見えてくる。

山本は牧口の13歳年下で、当時、ハーバード大学の留学を終えて帰国し間もなくだったから、当然、二人に相互の面識はなかった。だが2人の教育観は驚くほど似ている。

牧口の膝下で薫陶を受けた教員のなかからのちに各学校の校長や教頭はもちろん、判事や検事、弁護士など法曹界に転身していった教師も多く出た。

牧口が大正小学校から追放されようとしたとき血判状をつくってそれを阻止しようとした教員たちの中心者・前田偉男はその後、難関の高等文官試験に合格。多摩少年院の院長や文部事務官などを歴任して青少年の指導、社会教育などで大きな業績を残している。彼も牧口が大正小学校に呼んだ教員だった。

関東大震災の悲劇に遭遇

9月1日、夏休みが終わり、児童が登校。白金小学校の二学期始業式が行われた。

その日の正午前、突然、激震が校舎を襲った。関東大震災である。

神奈川県沖の相模湾を震源とするマグニチュード7.9の巨大地震が首都圏を

直撃した。

激震によって神奈川県、東京を中心に多数の家屋が倒壊、ほぼ時を同じくして相模湾沿岸に最高12mの大津波が襲来した。

また、本震の3分後にはそれと同程度の余震が襲い、5分後にも余震が来た（『忘れない。伝えたい〜関東大震災と東京大空襲』東京都慰霊協会）。

昼食時だったため各家庭のかまどから一斉に火の手があがり、東京の下町を中心に約130か所から出火した。

運の悪いことに日本海側にあった台風に吹き込む強風にあおられて東京下町を中心に大火災が発生し、その風向きが南から西に、そして北に変わり、夜になると風速を増した。全方向に燃え広がった。

白金小学校は比較的地盤が良い山の手にあったため、その校舎の屋根、教室の壁が被害を受け損傷したものの被害は軽微だった。

しかし東京、神奈川、千葉、埼玉などの死者・行方不明者は10万5千余人にものぼった。

家屋の倒壊などによる圧死者が1万1086人だったのに対して焼死者は実に9万1781人に達した。ほぼ90％近くが火災で亡くなったことになる。

その大火災は当時の東京・本所、深川、浅草地域などの江東地域にひろがり、炎は木造住宅密集地帯をなめつくし、当時の東京市域のほぼ半分、戸数の約7割を焼失させた。（『関東大震災』東京都慰霊協会編、2014年一部改訂より）

火災の類焼はその後もやまず、9月3日の午前7時ごろまで燃え続けた。

地震発生の翌9月2日には首都・東京市内外に戒厳令が布かれ、3日には神奈川県にも戒厳令が布かれた。

この未曽有の大災害と、情報遮断、水も食料もなく、電灯も消えた暗闇のなか、この世の終わりかと思う恐怖のなかで、とんでもないデマが流れた。

すなわち、在日コリアンが暴動を起こし、井戸に毒を入れるなど人々を殺しているといったありえない流言飛語である。

だがこれを本気にした警察や自治体が自警団の組織化を進め、逆に在日コリアンを監視し排除せよという動きを先鋭化させた。

ために無実の在日コリアン数千人、在日中国人、そして彼らを扇動したとして社会主義者が関東各地で虐殺される悲惨な事件が続いた。

虐殺した主役は市民による「自警団」、あるいは市民を守るはずの「警察官」「憲兵隊」などだったといわれる。（中央防災会議『1923　関東大震災』第1編2006年）

日常的に差別をしている在日コリアンが、差別され、迫害されてきたことへの復讐として大震災のどさくさに紛れて井戸に毒を入れている、暴動を起こす、こういった根も葉もないうわさが口伝えに流布した。

それを盲目的に真実だと思い込んだ官憲と市民によって、多数の在日コリアンが虐殺されたと考えられている。

異文化を理由に不当に差別しているという負い目があるからこそ、無意識のうちに報復を予想し、その流言飛語を簡単に信じたということができるのではなかろうか。現在に至るまで、虐殺をした市民や官憲が刑事責任を本格的に追及された形跡はない。

こうしたなか、神奈川県・横須賀の戒厳司令部では在日コリアンによる暴動や井戸への毒の投げ込みなどのうわさは真っ赤な「デマ」であると判断。市内の重砲兵連隊「不入斗（いりやまず）練兵場」に近在の在日コリアン約250人を収容保護して虐殺を防ぎ、彼らに食糧、寝具を配給した。

さらに保護期間中に仕事まで斡旋して給与を払い、負傷した延べ千人以上を治療して人道的対応につとめている。

戒厳司令部は市内各所に「デマに惑わされないように」とする掲示を出して在日コリアン襲撃やそのデマの鎮静化を図った。

さらに横須賀周辺の各自治体がデマをあおり、組織化を指示した「自警団」が在日コリアン虐殺の中心的役割を果たしたといわれるが、それに対し、横須賀戒厳司令部は「夜警の回数を多くする程度にし、凶器を携帯することを禁止する」という命令を出して過剰な武装や殺害をすることのないよう徹底した。

この掲示では、「横須賀戒厳司令官　野間口兼雄（海軍大将）」の名前で、「朝鮮人ニ対スル噂ハ概ネ虚報ナリ。悪人ニ非ラズ。虐待スルナ」とあった。（横須賀市震災誌刊行会『横須賀市震災復興誌』1932年より）

この野間口大将こそ、この7年後に牧口が創立する「創価教育学会」を支援するためにつくられた創価教育学支援会に犬養毅、新渡戸稲造などとともに名を連ね、また、牧口を追放しようとする東京市教育局の陰謀から牧口を守ろうとした人物である。

騒然とした震災世相のなか、白金小学校は焼け出された人々の避難所になり約1カ月半休校になる（『しろかね』百周年記念号、白金小学校刊）。

白金小学校『学校日誌』によれば、牧口は震災2日後の9月3日には、山手線が止まっていたにもかかわらず、目白の自宅から芝区（現在の港区）にあった白金小学校まで歩いて出勤した。

おそらく震災の影響で道路は相当危険な場所もあったと思われるが、歩けば平時でも約2時間以上かかる道を障害物を避けながら3時間近くかけて歩いて出勤したのではないだろうか。

さらにその日は、芝区役所にも出向いている。おそらく状況の把握と今後の対応について相談したものと考えられる。

そしてこの危険な状況にかかわらず、牧口は9月6日から10日まで5日間にわたり神奈川県鎌倉郡片瀬（現・藤沢市）に赴いた（白金小学校『学校日誌』）。

東海道線は品川から大船間が復旧したのが8日だったため（『鎌倉震災誌』鎌倉町役場）、まだ鉄道の利用ができずおそらく東海道を徒歩で片瀬（現・藤沢市）に向かったと思われる。

驚くことに東京に比べてはるかに戸数の少ない神奈川県であったが、建物などの倒壊による圧死者は5千700余人にのぼり、東京の3千500余人をはるかに上回っていた。

『鎌倉震災誌』の記録によれば、鎌倉は地盤が弱く、鶴岡八幡宮、建長寺、円覚寺、極楽寺など主な寺社はほとんど倒壊、半壊。あの巨大な鎌倉大仏は45センチ前方に移動し地中にめり込んだ。

同じく鎌倉各地の家屋の倒壊もすさまじく、加えて火災の被害が東京同様に被害をひろげた。

さらに、これに加えて市民が全く見たこともない大津波が二度にわたって相模湾沿岸を襲った。津波の高さは最高で熱海で12m、鎌倉で6mになったと報告され、地震で倒壊した家屋と共に人々も海中に押し流された。

その津波による死者は藤沢、鎌倉など湘南海岸一帯を中心に830人以上にのぼった。

火災の死者を別にすれば被害状況は東京市内より震源地に近い分、さらに津波が襲った分深刻だった。

この激甚災害の救難要請により、被害の比較的軽かった東京・山の手地域や近県の小学校教員などの公務員が救援に動員されており、牧口もその一員として鎌倉、片瀬海岸一帯に赴いたと考えられる。

『鎌倉震災誌』などの記録によると近県からの救援は、栃木県赤十字の救護班が一番早く9月6日に到着して鎌倉駅を拠点に医療支援を始めている。牧口たちが到着したのと同じ日である。

牧口はそこでこの大地震と大津波がほぼ同時に襲うという稀に見る激甚災害の惨状を目の当たりにしたはずである。

小学校児童が救援活動に立ち上がる

9月10日、湘南海岸での救援任務を終えて白金小学校に戻った牧口は、臨時職員会を開いてその惨状を報告するとともに、被災者救援活動について相談[6]。

休校が続いていたが、9月16日には教員、児童に対して罹災者援助を目的とした被災者救援ボランティア組織「小善会」の結成と活動を提案し、直ちに救

6　9月10日付け白金小学校『学校日誌』

援活動の準備に入った（白金小学校『学校日誌』、『しろかね』百周年記念号、白金小学校）。

小学5年生、6年生が中心となり、呼びかけに応じた卒業生も参加して、大八車を引っ張りながら徒歩で校区内を一軒一軒回った（美坂房洋編『牧口常三郎』聖教新聞社）。

被災を免れた市民から古着をはじめ、学用品、日用品などの救援物資を集め、被災者に贈ろうとしたものだった。

現在、東京都公文書館に残る牧口自筆の「白金小学校小善会」報告書によれば、小善会の参加人数は児童を含め約250人、9月19日から10月11日まで収集活動に励み、衣類約4500点、教科書4011冊、鉛筆50ダース、ほか毛布、カバン、筆入れ、子供靴など10数種の品物・現金を篤志家庭から収集している。

それを等価になるよう分配整理した1495点を芝区内はじめ、都内で被害が甚大だった地域に配給した。

この時より25年前、北海道を襲った未曽有の大洪水（北海道大洪水）に際し、牧口が執行部にいた北海道教育会は全道に救援金の募金を呼びかける救援活動を開始、多額の救援募金を集めその復旧にあてた。学校教員の団体が災害救援活動を行うこと自体が未聞の時代のことだった。

大震災直後にひとつの小学校の児童たちが救援活動に立ち上がったという例はほかに聞かない。牧口はまさに行動する教育者でもあった。

牧口の報告書によれば当初は地元の東京・芝区に配布をしているが、24日から直営小学校（名前不記載）に420点を配給し、翌日の25日に東京・深川の霊岸小学校（直営小学校）に150点を配給している。

東京・深川の小学校は全部焼失していたが、そのなかで霊岸小を選んだのは三笠小学校と同じ直営小学校だったからではないかと筆者は考える。

つまり、最も貧しい地域の学校であり、最も被害も大きかったからではないか。『江東区史』によれば霊岸小は9月中に焼け跡に露天学校（青空学校）を開始したとなっているので、そこへ運んだと思われる。

では、この牧口の報告書の名前不記載のもうひとつの「直営小学校」とは何か。

そこへ届けた救援物資の量は深川の霊岸小学校の3倍近い。

だから、もしかするとこの直営小学校とはあの「三笠小学校」ではなかったかと筆者は考える。

深川に隣接し最も壊滅的な被害を受けたのは東京・本所地域であり、その直営小学校といえば三笠小学校か太平小学校しかない。

三笠小学校はまさに1年半ほど前まで牧口一家が暮らしていた小学校であり、そこに赴いたと記せば私的な感情で向かったと誤解・曲解されるのをおそれてあえて直営小学校とだけ名前を伏せて書いたと筆者は考える。

白金小学校「学校日誌」には9月22日に牧口を中心に教員5人が東京・深川方面に視察に赴いたと書いてある。23日以降の9月分の記載はないのでその時期に江東地域で救援活動を続けた可能性が高い。

そこでこの深川方面という表記には深川と並んで本所が入っていると筆者は考える。深川に隣接する本所・両国に三笠小学校があり、そこは関東大震災で最も甚大な被害が出た地域だった。

だからこそそこへ、集めた救援物資などを5人で手分けして携え救援したと筆者は想像する[7]。

9月1日、三笠小学校の道路を挟んですぐ西隣にあった陸軍被服廠跡地は、2万4千坪という広大な空き地になっていて、「被服廠跡地へ！」とのだれとはわからぬ声に促され4万人もの避難民が逃げてきた。

逃げながら運んできた家財道具に火が燃え移り、あっという間に炎上、広場は火炎旋風に巻き込まれた。

周囲はすでに火の海であったため避難民4万人ほぼ全員が逃げ場を失い3万

7　1923年9月22日付け白金小学校『学校日誌』

8000人もの人が1時間のうちにその場で焼死した[8]。

おそらくはこの地域の壊滅的な被害のニュースが牧口に伝わった可能性がある。前年まで全児童の家庭訪問をして、給食制度を開始しておなかをすかした子供たちに最低限の食事を提供し、また牧口自身が夜間まで教えた三笠小学校の可愛い教え子たちがどうなったか、それを案じて身の危険を顧みず救援物資を携えて救援活動に急行したと筆者は想像する。

が、もしそうならば、その凄まじいまでの惨状を目にして牧口たちは愕然としたはずである。

三笠小学校の建物は消滅し、藤蔓のように曲がりくねった鉄筋の一部がわずかに跡地の場所を教えるだけだった（『駒木根重次自叙伝』の目撃談による）。

消滅した三笠小学校の惨状

大正ロマンの美人画で有名な竹久夢二が、大震災直後の惨状を当時の「都新聞」に連載した『東京災難画信』には、とても直視できない情景を夢二の柔らかい筆でスケッチした絵と感想が書かれている。

それによれば大震災の翌日に現地を訪ねた彼は「災害の翌日に見た被服廠跡は実に死体の海だった。戦争の為に戦場で死んだ人達は、おそらくこれほど悲惨ではあるまい（中略）死にたくない、どうかして生きたいと、もがき苦しんだ形がそのままに、苦患（くげん・地獄に落ちて苦しむありさま：筆者注）の波が、ひしめき重なっているのだ」[9]と書いている。

被服廠跡で亡くなった人々の火葬が始まったのが9月5日。

それから最後の犠牲者の火葬の情景も描かれている。その最後の火葬画面には焼けて屋根と柱だけになった旧国技館（のちの日大講堂）も描かれている。

8　『関東大震災』東京都慰霊協会2014年1月改訂。『忘れない。伝えたい〜関東大震災と東京大空襲』東京都慰霊協会、2017年3月

9　竹久夢二『東京災難画信』「都新聞」1923年9月20日付け5面。同21日付け5面

9月16日に写生したという。すると、この現場での犠牲者の火葬が終わるまでなんと約10日かかったことがわかる。

そして現場には膨大な遺骨、白骨の山がいくつも残された（『忘れない。伝えたい～関東大震災と東京大空襲』東京都慰霊協会）。

牧口たちが救援物資を携えて三笠小学校を訪れたとするならば、当然、その隣にあったこの現場を見たはずである。

それは夢二が最後の火葬をスケッチした日から1週間後になる。白骨の山がいくつも重なる光景にとてつもない衝撃をうけたのではないだろうか。

ほんのわずかな救いは、大震災発生時にその三笠小学校に児童がほとんどいなかった事実である。

三笠小学校を新しく鉄筋コンクリートの校舎に改造する案が市議会を通過し、工事設計が終わるのを待って、牧口離任から1年後の1923年（大正12年）5月22日から三笠小学校旧校舎の解体取り壊しが始まっていた。大震災のほぼ3か月前である。

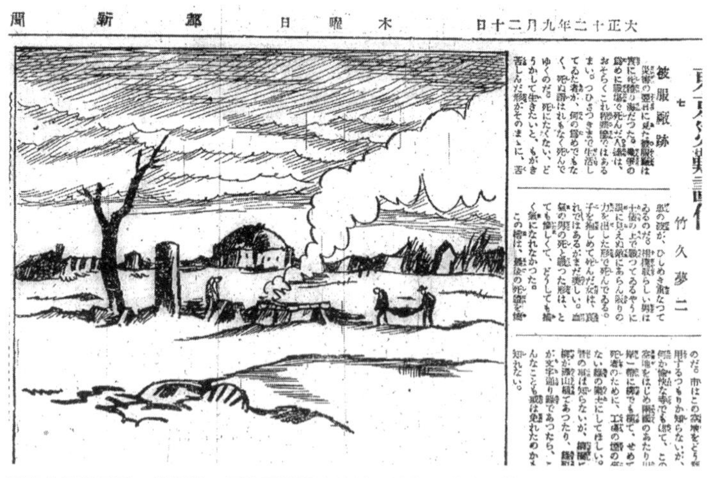

大正十二年九月二十日　木曜日　都新聞

七　被服廠跡　竹久夢二

災禍の翌日に見た被服廠は実に死骸の海だつた。戦争の爲めに戦場で死んだ人達は、おそらくこれ程悲惨ではあるまい。つひさつきまで生活してゐた者が、何の爲めでもなく、死ぬ譯もなく死んでゆくのだ。死にたくない、どうかして生きたいと、もがき苦しんだ形がそのまゝに、苦悶の姿が、ひしめき重なつてゐるのだ。相撲取らしい男は土俵の上で戦つてゐるやうに眼に見えぬ敵にあらん限りの力を出した形で死んでゐる。子を抱しめて死んだ女は、これではあるがまだ美しい。

関東大震災最悪の被災地・旧陸軍被服廠跡地で最後の遺体が荼毘に付される光景。竹久夢二のスケッチ。遠くに焼け残った「旧国技館」が見える。（「都新聞」大正12年9月20日付け）

大正十二年九月廿一日　金曜日　都新

東京災難畫信

竹久夢二

骨拾ひ

関東大震災で約4万人近くの人が同時に焼死した。旧陸軍被服廠跡地に残された白骨の山の光景。竹久夢二のスケッチ。全ての遺体を荼毘に付すのに約10日かかった。（「都新聞」大正12年9月20日付け）

このため児童は近隣の太平小学校、菊川小学校、本所小学校に分散登校していて大震災当時の三笠小学校には、遠距離通学がむつかしい3年生以下の児童しかいなかった[10]。

菊川小学校は9月15日に焼け跡に仮事務所を設置しているので、あるいは牧口はここに救援物資を届けたかもしれない。

この菊川小学校など別の小学校に分散していた児童全員が助かったかどうかは不明で、『駒木根重次自叙伝』によれば震災から1か月が過ぎた10月7日に三笠小学校の校舎跡地の仮事務所に児童を招集したところ集まったのはわずか87人。

もちろん、菊川小、太平小、本所小に分散登校していた児童はそちらで授業を受けていたので、この87人という数字はあくまでも一部の児童になるだろう。

また、牧口が校長を歴任した、東盛、大正、西町の各尋常小学校はいずれも火災の激しかった地域にあり、校舎は全て灰燼に帰したが、創立から4年間教

10　『墨田区史』東京都墨田区役所、1959年3月。『駒木根重次自叙伝』私家版にあるように三笠小学校は3部授業のため午後からの始業式を待つ児童が40人ほどいたが訓導や上級生が全員を自宅など安全な場所に誘導し死者はでなかった

えた大正尋常小学校は奇跡的に、教員、児童に一人の死者も出さなかった（東京下谷区役所『下谷区史』による）。

白金小学校では10月7日、震災後の救援、復興が少しずつ進み、被災者の避難所になっていた状況が少し落ち着いてきたと判断したのだろうか「白金小学校10月12日からはじまります。道具はいりません」と書いたビラを牧口は児童とともに、地域の人々に配っている（白金小学校「学校日誌」より）。

震災により、人口の移動が激しく、担任の教師の連絡によっても完全にクラス児童が掌握できなかったためだと思われる。また家屋が焼失して勉強道具を失った児童もいたはずで「道具は不要」とすることで登校を易しくする配慮が働いたと推定される。

いずれも牧口の心憎いまで相手を思いやる心を感じさせるエピソードであろう。焼け出された学校から白金に避難した児童も含め1クラス70人を超す雑踏のような教室[11]で、ともかくも授業は再開された。

戸田城外もこの大震災により運命は大きく変わった。三笠小学校を最後に教員をやめた戸田は、上級校進学を夢見ていたものの、なかなか学費の工面がつかず、まず3年間、学費を工面するために働くことを決意し苦労していた。

「兵糧を得つつ山を登る。なし難きにあらず。されど時に、天災ありて、これをこばむをいかんせん。我れ山下に三年いこうて兵糧の為に闘うべし。(中略)　男子何の躊躇かあらん。堅実の計画、確実の方法のもとに、一歩一歩と進まなん」と日記に記した。

戸田の青春は苦闘の連続だった。月日は明らかではないが、前年、看護師だった浦田ツタと結婚し世帯をもったことでさらに経済的苦闘は続く。

青山の隠田に生活拠点を決めた。生活費と進学費用のため、渋谷の道玄坂で露天商の下駄屋を開業もした。その下駄の緒は、自ら作ったという。

11　窪田正隆「三代の会長に巡り会った福運」『牧口常三郎先生の思い出』

その後、戸田は生命保険会社の外交員になり、結婚前まで合宿していた北海道・夕張時代からの仲間3人らとチームを組み、大いに業績を挙げた。

保険会社から大阪支店長になってほしいとの話が出るほどの好成績だったが、あくまでも大学進学の学費を工面するための仕事なので、と即座に断っていた[12]。この1923年（大正12年）にはツタとの間に愛娘・恭代が生まれた。

さらにこの1923年の春ごろ、生命保険会社の外交員の傍ら、牧口の勧めを受け、目黒駅近くの幼稚園（現・品川区上大崎）の一室を借りて、中学進学をめざす小学生のための進学塾を始めた。

牧口は、戸田の教育に対する情熱や才能を非常に高く評価して認めていた。だから教員を辞めたのを惜しみ、また戸田に、そのころから体系化しつつあった創価教育法とも呼ぶべき新しい教育法の実験的な実践を期待し、白金小学校からほど近い上大崎の幼稚園の地主（白金小学校の児童の父母）に直接、牧口が話をつけて教室を確保したのだった（西野辰吉『伝記　戸田城聖』）。

受験地獄、進学予備校の需要拡大を予測した牧口の慧眼

このころ、小学校から中学に進学する児童が急増していた。

「入学難」という言葉が新聞に相次いで踊るようになり[13]、中等教育学校の絶対数の不足が大問題になりつつあった。

初の庶民宰相として人気が沸騰した原敬首相は大学令、高等学校令を出して従来の帝国大学のほかに国立単科大学、公立大学、私立大学の設置を認めた[14]ため高等教育も一挙に拡充。中学、実業学校の生徒数も激増していた。

そこから入試地獄、入学難の言葉が生まれ1921年（大正10年）には志望者の4割もの子供たちが入試の狭き門から弾き飛ばされた。

戸田がこの進学塾を開いた1923年1月の読売新聞は「入学難の残忍性」という記事を2面トップ「社説」で掲載し、大正時代の初めと比較して4倍増の入学

12　前出　西野辰吉『伝記　戸田城聖』

13　「読売新聞」1915年2月28日付け5面、同9月20日付け4面に「入学難」「児童の入学難」という見出しが躍り、中等学校の窮迫ぶりがたびたび紹介される

14　1918年（大正7年）12月6日、大学令（単科大学及び公私立大学認可）、高等学校令公布

志願者が殺到し「収容しきれない多数の学生をいかに落とすかという試験が現今の試験制度であり」「ただ秀才選抜のためだけの試験」「学びうる財力を持つものだけの試験」であると、受験地獄の残忍性を徹底して批判し警鐘を鳴らしている。

この受験地獄が予備校的な進学塾の需要をいやでも高めていた。それを牧口は明確に察知して戸田にこの塾の開設を勧めたと考えられる。本書第1巻で紹介したように明治30年代、高等女学校に行きたくてもいけない多くの女性の存在を敏感にとらえて通信制高等女学校を創設。わずか1年半で2万人もの受講生をあつめた牧口の慧眼に狂いはなかった。

これが戸田の「時習学館」だったがまだ当時、その命名はされてない。

この進学塾は関東大震災では幸いに幼稚園の建物が倒壊をまぬかれたので震災1か月半の10月くらいから授業を再開、同じ10月12日に戸田夫妻に長女が誕生した。

一方で、好成績をあげていた保険外交員の仕事をこのころ辞めている（前出西野辰吉『伝記　戸田城聖』第三文明社）。

多数の市民が大震災で亡くなっていたが自然災害による死亡では生命保険金がおりなかったため、市民の保険に対する反感が強烈で、生命保険の仕事に逆風が吹いていたのは当然だった。

その結果、片手間でやる塾ではなく、本格的な塾経営を考え始めたと思われる。そこで最初に塾の教室を借りた目黒幼稚園の近くに別の土地を借りて、バラック建ての中学進学塾の建設を始めた。

しかし、その完成の前後と思われるが1924年（大正13年）5月にかわいい盛りの長女が死去する。結核だった。

さらにこのころ、戸田も肺結核の病魔に冒されていた。

病身の戸田と牧口の師弟愛

その戸田を力づけるためだろうか、この年の初夏のころだったとされるが牧口は戸田を誘い、利根川下りを行う。

彼と同期で牧口白金校長のもとで教員になった窪田正隆も同行した。その時の模様を窪田はのちにこう述懐している。

「上野駅から佐原まで汽車で行き、佐原で江戸時代の地理学者・伊能忠敬の出生地を訪ね、種々の有益な史物を牧口先生の説明を聞きながら見学。

このあと佐原から船にのって利根川を下り、鹿島、香取を回って帰ってまいりました。

この時の楽しい思い出は、今でもありありとした光景となって私の脳裏に残っておりますが、それ以上に私の心を離れないのは、出発のときの光景でした。

この日、上野公園の西郷銅像下に午前9時に集合という約束でしたが、戸田先生が少し遅れてこられたのです。

このとき、戸田先生は『はは……』と笑いながら頭をかいて『これは失敬、失敬』といわれて軽く頭を下げられたのですが、牧口先生も口元に微笑をたたえながら目でうなずかれていました。

私はこのとき、牧口先生と戸田先生の間には目には見えない太いパイプが通っていることを感じたのです。

このころすでに、戸田先生は教職を去って時習学館を経営されていたわけですが、毎日のように白金小学校に牧口先生を訪ねてこられていたことを思えば、それは当然のことであったのかもしれません」（前出　聖教新聞社九州編集総局編『牧口常三郎先生の思い出』）

弟子を温かく激励し育てる牧口と、その牧口に毎日のように会っては教えを乞い、期待に応えようとする戸田。二人の間の師弟の絆は一層太く強いものになりつつあった。

当時の白金小学校「学校日誌」を見ると、窪田の証言どおり、牧口を訪ねて来校しては、牧口の教育実習や各教師の研究発表を聞き、また牧口と懇談する戸田の記事が非常に多いのを見ることができる。

時習学館での教育の参考にするため牧口の教育学をどこまでも学び取ろうとする戸田の求道の姿勢と意欲が伝わってくる。

牧口の白金小学校の通勤ルートは目白駅から山手線に乗り目黒駅下車、徒歩で白金小学校にという行程だったから、その行程途中にあった戸田の塾に牧口がたびたび顔を出せる環境にあった。

時習学館こそは牧口・戸田の師弟がつくりあげた教育革命の城だった。

この1924年（大正13年）の1月、牧口の生まれ故郷・新潟県荒浜では、牧口の母校・荒浜尋常小学校が創立五十周年を迎えていた。

それを記念し、荒浜出身の人でつくる東京荒浜協会が校旗を寄贈することになり、協会会長として牧口が寄贈文を書いてともに贈った。

実際にはあの荒浜の幼友達で、やがて通信制高等女学校・大日本高等女学会でともに働き、その後、広告会社社長となっていた品田奥松が、牧口の代理として1月24日に荒浜尋常小学校に旗と寄贈文を持参している。

同日午前10時から同校で寄贈の式典が行われ、一日おいて26日に同校児童がこの旗を掲げて村内を行進。地元新聞2紙[15]にその模様が掲載された。この旗は今も残っている。

牧口は多忙な毎日のなかでも故郷・荒浜を決して忘れなかった。新しい著作を出すごとにこの母校に贈呈している。そして、東京荒浜協会の会長として荒浜出身の後輩の面倒もよくみたといわれる。

牧口は時代の潮流を敏感に感じることができる人だった。だからこそ、時代の先を読んで戸田の進学塾経営に力を貸したともいえる。

その時代の潮流と言えば関東大震災前後から、日本全国に「大正デモクラシー」とのちに呼ばれる新しい風が吹き始めていた。

明治30年代に牧口も加わった普選運動（普通選挙権獲得運動）は成功しなかったが1922年（大正11年）ころから再び活気を取り戻し、23年（大正12年）春の東京のデモは「普選即行」「万機公論」と書いたのぼりを立てて10万人もが参加し、先頭の車にはのちの創価教育学会支援会のメンバー、古島一雄や尾崎

---

15 「越後タイムス」1924年2月3日付け、「柏崎日報」1924年1月28日付け

幸雄、三木武吉が乗り込んでいた。

さらに当初は都市部に限られたこの運動が農村部にまでも広がりをみせはじめた。

農村の青年たちが青年グループを結成して、各地に立憲青年党をつくり、1924年（大正13年）に行われた総選挙で護憲三派（政友会、憲政会、革新倶楽部）を支援し、その圧勝の大きな原動力となり、ここに護憲三派連立内閣が成立した。

時代を変える運動は常に青年、学生から始まる。その典型的な運動が拡大していた。そしてこの護憲三派連立内閣が1925年（大正14年）についに普通選挙法を成立させた。

牧口が友人の社会主義者・山根吾一などとともに参加した明治の普選運動からちょうど20年が経過していた。

こうした大正デモクラシーの潮流を生み出した一方の主役は新聞、雑誌などの活字媒体によるマスコミの力だった。その大量の情報が国の隅々まで行きわたり人々の意識を大きく変えていった事実も見逃せない。

例えば新聞は「大阪朝日新聞」（現在の朝日新聞の前身）ひとつを見ても日露戦争直後の発行部数30万部程度がこのころ100万部を突破するまでになった。

逆に明治、大正の時代に東京の世論をリードした10社以上の有名新聞、例えば「時事新報」「報知新聞」「国民新聞」「万朝報」「中央新聞」などは「東京朝日新聞」「東京日日新聞」（現在の毎日新聞：筆者注）の大きな資本力、完備された通信網、販売店を強力に督励する販売力によって圧倒され続け、ほぼ1930年代には消滅。

朝日、毎日の二大新聞、遅れて読売新聞が全国紙として日本の世論をリードし独占する状況が生まれる[16]。

総合雑誌「中央公論」、「改造」なども部数を大きく伸ばし、都市部だけでなく農村部でも読まれるようになっていた。

16　鶴見俊輔他『日本の百年5　震災にゆらぐ』筑摩書房、1978年4月

1925年（大正14年）にはラジオ放送も始まった。

こうして民主主義への潮流を生みだしたマスコミの情報は当然、青少年に新しい知的刺激、知的好奇心を呼び覚ました。また親たちの意識を変えた。

大学や専門学校の増加、階級社会から学歴社会への変化などで、社会における自身の価値向上と人生の成功を夢見て、青少年たちの上級学校への進学熱はさらに高まった。

それを背景に戸田の経営する「進学塾」も牧口の創価教育法を学んだ戸田の教授法が評判を呼んだこともあいまって、生徒が続々と集まり、経営は着実に軌道に乗り、バラック建ての小さな教室に収容できないほどの生徒が参集してきた。

そこで戸田は牧口と相談のうえで、その一年前に建てたバラック建ての建物からほど近い場所（品川区上大崎3丁目336番地）に新たに土地を借り、木造二階建ての本格的な進学塾の塾舎を建てたのだった。目黒駅から徒歩4～5分の好立地だった（前出　西野辰吉『伝記　戸田城聖』より）。

その二階建て新築塾舎は1925年（大正14年）9月に完成し、牧口はじめ交友のあった来賓を招いて新築落慶式が挙行された。護憲三派内閣の中核の一人犬養毅の盟友で衆議院議員だった古島一雄（のちに貴族院議員、創価教育学会顧問）も来賓の一人として出席、牧口とともに祝辞を述べている[17]。

そこでこの塾は正式に「時習学館」と命名された。

牧口の創価教育法による指導を受けながらも戸田独特の自由で独創的な授業を行ったことで中学受験の成績が目立って良くなり、戸田はやがて周辺から「受験の神様」として知られ、塾生もさらに増加した。

生徒数が増えてくると、遠足、ハイキング、討論会、弁論大会などを時習学館独自で開き、勉強だけでなく、人間教育にも取り組んだ。

また、勉強の成績がよくなると、努力賞、進歩賞などの賞を出して励ました。

---

17 「時習学館」新築落成式の写真より

生徒は楽しんで授業に参加したようであり、その成績はみるみる向上し、さらに大きな評判を呼ぶ。

全国大会優勝などスポーツでも躍進

戸田の「時習学館」が新築落成して間もない1924年（大正13年）9月28日から東京・青山師範学校校庭で開催されていた全国ドッジボール大会で牧口の白金小学校が準優勝（10月5日）した。

学業だけでなくスポーツの面でも牧口の就任以来、白金小学校は見違えるような大きな成果を上げはじめていた。

このころ東京市内の小学校ではドッジボールの対抗試合が人気絶頂で、区内の優勝大会や全国大会などに出場すると、教員・児童など学校あげて熱狂的に応援したという。

当時の白金小学校「学校日誌」を見ると、運動会などの行事については何度も臨時職員会を開いて意欲的、計画的にスポーツ大会出場者を激励。慰労会で牧口校長自ら激励する場合もあった。

続いて10月25日、あの嘉納治五郎が中心になって進めた明治神宮外苑運動場のちの国立競技場の竣工式が行われ、それを記念する徒歩競走では、牧口自ら出場児童の応援を兼ねて第六学年の児童全員を校外教授として引率、徒歩競走を観戦し応援している。

さらに11月3日の体育デーには記念のドッジボール大会（白金小学校校庭・体操室）を全校あげて開催。開始前、そして終了後と二度にわたり児童に対し激励や講評を行うなど、機会をとらえては児童の激励に力を注いでいる。

そして11月8日、東京・明治学院の校庭で開催された少年野球大会で白金小学校が見事に優勝。牧口が率先して進めた児童の健康や体力増進、身体の強化・鍛錬が大きな成果を生み出しつつあった。また、時間を見つけては児童たちを近隣の山にハイキングにもよく連れて行っている。（いずれも白金小学校「学

校日誌」による）

牧口のスポーツ振興と鍛えの精神はその三男・洋三にも影響したのか、この翌1925年（大正14年）8月、甲子園球場で開催された第11回全国中等学校野球大会（現在の甲子園大会）に洋三が早稲田実業の一塁手、一番バッターとして出場、チームは見事に準優勝に輝いた。

さらに翌年の春の選抜大会、夏の大会にも同校が連続出場、三男・洋三は野手として大活躍。「中学野球ベストテン」の一員にも選ばれた（いずれも当時の「東京朝日新聞」に連日のように大きく報道されている）。

しかし、悲しい出来事も起きた。牧口の二男・善治が死去した。1902年（明治35年）、北海道から東京に出てきた牧口が人生地理学の出版に向けて悪戦苦闘していたさなかに生まれた子供だった。

土間付き3畳の長屋でまさに極貧、窮乏のなかに生まれ、両親が苦労して育ててきた次男だった。享年22歳、1925年（大正13年）12月11日のことだった。

普通選挙法と共に天下の悪法・治安維持法が成立

ところで1925年（大正14年）3月29日、前述したように牧口たちの待ちに待った普通選挙法（改正衆議院選挙法）が成立した。

しかし、普通選挙法によってもたらされるかもしれない民衆勢力の台頭や天皇制の危機に対処するとして、これとほぼ同時に悪名高い「治安維持法」も成立した。

日本の支配層は民衆勢力をそこまで恐怖していた。やがて牧口達を獄につなぐことになるこの悪法は同年4月22日に公布されていた。

1917年のロシア革命後、その影響を受けた社会主義運動が国内でも拡大、労働運動、農民運動の指導者にこの共産主義思想を奉じる者が出てきたことに対する官僚、富裕層、日本支配層の危機感はこのころまでに頂点に達していた。

この「治安維持法」では天皇制を否定する「国体の変革」や私有財産制を否定する結社・運動を禁止する規定が盛り込まれた。明らかに共産主義運動の弾圧が大きな目的であったと理解できる（前出　朝尾直弘・上田正昭ほか編『要説　日本歴史』東京創元社）。

しかし、それだけでなく、その取り締まる対象の定義があいまいで、かつ拡大解釈さえ可能になっていた。

「国体」を脅かすものは、たとえ小さなもので容赦なく弾圧される可能性があった。やがて、この悪法は牧口自身にも牙をむいて襲い掛かることになる。

普通選挙法が成立して間もない1925年（大正14年）4月上旬、戸田は念願の中央大学への進学を果たす。中央大学予科に在籍して、時習学館で働いては大学に駆けつけ学ぶことになる。同窓生に山口忠夫（後の中央大学教授）らがいた。戸田は予科を卒業して経済学部に進むつもりだった。

当初、学費をつくってから進学するという計画だったが、戸田の時習学館経営が軌道に乗り、1925年（大正14年）1月4日から時習学館を会場に新規に始めた模擬試験[18]も好評で経済的に安定したことが肩を押した。

厚田村の少年時代に思い描いた「大実業家になる」という夢を決してあきらめなかったのである。

だが、この1926年（大正15年）11月26日、戸田の最愛の妻・ツタが死去した。肺結核だった。それまで時習学館1階の自宅で療養を続けていたが32歳の若さで逝った。しかも戸田自身も医師から肺結核に感染していると告げられる。時に喀血もしたという（前出　西野辰吉『伝記　戸田城聖』）。

当時、結核は不治の病とされ、国民病ともいわれ日本全土で多くの命を奪っていた。そしてその1か月後の12月25日、大正天皇が崩御する。

大正デモクラシーの時代がまさにここで終わり、戦争の激動に彩られる昭和の時代が始まる。天皇崩御の6日後はもう昭和2年（1927年）だった。

18　1925年（大正14年）の時習学館会計簿より。模擬試験は時習学館で定期的に実施された

1927年（昭和2年）4月1日、白金小学校の昭和第一回目の始業式が行われたが、その次の日、牧口はあの『人生地理学』出版の恩人であり、かつ地理学の師、志賀重昴が、敗血症で危篤との驚愕の報を受ける。

本書第1巻（126頁）で詳述したように牧口はとるものもとりあえず、志賀の入院した病院に駆けつける。輸血のため自身の血を提供したいと申し出るものの、当時はまだ輸血すらままならない医療水準だったため、それは不可能だった。

実際、近代の輸血法が日本に伝えられたのは1919年（大正8年）のことで、さらに実際に輸血で生命が救われたのは1930年（昭和5年）、当時の首相・浜口雄幸が東京駅で暴漢に襲われて瀕死の重傷を負い、駅長室で緊急の輸血がなされ一命をとりとめたのが有名である。これをきっかけに輸血が一般に行われるようになったと言われる。

牧口を世に送り出してくれた大恩人であり、恩師だった志賀重昂は4月6日にこの世を去る。明治期の日本ナショナリズムを代表する人物の一人だった。享年63。

またそれは、明治のナショナリズムが幕をおろし、新しい昭和のナショナリズムが幕を開ける象徴だったかもしれない。

中国民衆のナショナリズムの挑戦と応戦

1926年（大正15年）7月、広東の国民政府は軍閥反対、国内統一を望む中国民衆のナショナリズムに応えてついに北伐(中国華北を軍閥から解放する戦い)を開始した。国民革命軍は蒋介石を総司令官として三方面から北進した。

10月10日には労働者 農民が反軍閥闘争を起こした武昌に入ってこれを占領。翌月には国民政府は広東から武漢にその首府を移した。

1927年（昭和2年）3月24日、国民革命軍が南京に入城すると南京の在留外人を襲撃をするという南京事件が起きた。

この南京事件は日本の世論を刺激した。昭和のナショナリズムが蠢動をはじめ、戦争の足音が聞こえ始める。

特に日本陸軍の分析では、中国の反帝国主義はやがて満州・蒙古（中国・東北）の日本権益と衝突して排日運動が起きると予想し、その危機感が強まっていた。（以後、中国・東北を満洲と表記する）

国民革命が成功して北京が国民党の手に落ちれば、嫌でも日本は張作霖の軍閥を盾として国民革命軍と正面で対決しなければならない。

だが日本の世論は国民革命軍の北進に対して賛否半ばするというよりむしろこれに同情的だった。その意味で陸軍は孤立していたのである[19]。

そのため、田中内閣はこの年6月に外務省、陸軍、海軍の幹部を集めて11日間にわたる「東方会議」を開き[20]、昭和の戦乱と亡国を招くであろう基本戦略を決定する。

つまり、日本が生命線とする「満蒙（満州と蒙古）の特殊の地位確保」すなわち、満州と蒙古を中国から分離して日本の支配下に置き、中国の戦乱に対しては居留民の保護を目的に積極的に関与、つまり出兵するという乱暴極まりない方針「対支政策綱領」を決めたのである。

湧き上がる中国民衆の帝国主義に対するとめどない挑戦に対して、あくまでもそれを軍事力で抑え込もうとする帝国主義的な応戦をする最悪の決定をしたことになる。

帝国主義により異民族を力で支配し抑え込む政策には決して未来はない。

それは第2次世界大戦後に列強の植民地だったアジア・アフリカ諸国が怒涛のように独立していった歴史をみれば明白である。

それは『人生地理学』で牧口が説いた武力競争から経済競争の時代を超えて人道競争の時代に入るという歴史観に逆行する行為だった。

世界の歴史を概観すれば、日本の帝国主義的挑戦は必ず大きな歴史の仕返しを受けるはずであった。

昭和の時代が始まるまさにその時に、日本は帝国主義的挑戦を開始しようとしていた。

19　今井清一編『日本の百年6～震災に揺らぐ』筑摩書房、2008年3月

20　6月27日から7月7日の10日間にわたり開催。山中恒『アジア・太平洋戦争史』岩波書店、2005年7月

新しい教育学の理論的な構築を始める

大正天皇が崩御し昭和が始まった1926年（昭和元年）12月25日、その日『東京府市自治大鑑』後巻（東京府市政通信社発行）が刊行されたが、ここに東京市政の功労者として牧口が写真入りで紹介されている。

その紹介として「氏が教育上の主義方針としては、児童の個性を尊重し理論と実際とを結びつけ、これを個々の薫育に実施するとともに、学校を社会の模型とし、社会生活上最も適したる訓練を授くる事等であって、鋭意その実現に腐心している（後略)」と牧口が新しい教育学創造をめざして胎動を始めたことが書かれている。

さらにこの2年前、1924年（大正13年）11月19日付けの『東京朝日新聞』の連載コラム「校長先生」に、芝区白金小学校の校長として、顔写真入りで牧口が紹介されている。

そのなかで「『今までの教育学は学者の教育学で哲学的の研究に偏した傾向がある、之を教育現場から帰納したもの則ち科学的の教育学を完成したいと思つて居ます』と語つた」とある。「教育現場から帰納した、科学的な教育学」を完成したいとの記事から、すでに牧口はのちの創価教育学の構想を練るだけでなく、その理論構築を着々と始めていたことは明らかである。

牧口が北海道の師範学校時代から教育の改革を志し、明治、大正年間、あらゆる場面で日本の教育の在り方を根底的に変えようと考え、挑戦してきた。

そしていよいよこの時期に教育改造、教育革命に向けその理論構築、すなわちのちの創価教育学体系の具体的な構築を進めはじめたのは間違いない。

牧口が教育者として自ら40年間考え抜き、磨きあげ、現場で実証してきた新しい教育原理、すなわちのちの『創価教育学体系』によって、教育の改造をすすめ、それによる人間の変革によって、社会制度、経済機構の矛盾を改めようとする地道で漸進的で究極の教育革命理論だった。

牧口の校長時代に白金小学校の教員だった人の話によれば、牧口は非常に学究的で、新聞や雑誌の切り抜きは日常茶飯で、人の発言等でも少しでも新しい考えやアイディアがあると細大もらさずメモしていたという。

また、封筒を切り開いた紙や広告の裏面などに万年筆で原稿を書いては、自分の席の後ろにある棚に積み重ねていたともいわれる。やがて牧口が刊行する『創価教育学体系』はこのような反古紙に書いたメモの山から生まれた[21]。

ところで、関東大震災の火災被害のすさまじさから小学校校舎の耐震耐火建築化に向けた建替え方針によって東京市内の小学校が次々に鉄筋コンクリート校舎に建て替えられつつあった。

それを受けて白金小学校の校舎もまた、従来の木造から新しく近代的な鉄筋コンクリート三階建て校舎に生まれ変わった。1927年（昭和2年）6月9日だった。

耐震化の必要性だけではなかった。牧口が校長になって同校の声価が非常に高まり、東京市内はもとより周辺府下、郡部方面からも入学希望が増加して同校の児童数が千数百人に達していた。

結果、区内でも有数の大規模校となり、必然的に校舎、教室が足らなくなり一、二、三部に分けて授業をするという二部教授体制に追い込まれていた。

始業式、終業式すら二度に分けて実施した。だから教室数をふやすには、いやでも鉄筋コンクリート三階建てにする以外にない状況に追い込まれていた。当然、建設計画当初から校長・牧口の意見がそこに取入れられ反映された。

例えば新校舎であるが、当時の小学校にはめずらしい地下階があって、実質四階建てだったし、その地下一階にはボイラー室、そして室内プールさえつくられていた。

冬季の暖房はオールスチーム暖房になっていて火災の危険を減らした。また校門入って左側の校舎は一階が地歴室で地理や歴史を学ぶ資料が置かれ、特徴的だったのはとてつもなく大きな地球儀が天井からつり下げられていたことで

21　『牧口常三郎全集』第三文明社、第10巻所収の牧口書簡集の補注

新築の白金小学校で児童たちと記念撮影（昭和5年ごろと推定）
（この写真の児童の一人、八木沢吉男氏の子息・八木沢良一氏提供）

ある[22]。

これも地理学者である牧口の方針で、先ず児童に地球という宇宙に浮かぶ現実世界の実態を立体的に感じてもらうためだった。

耐震耐火の鉄筋コンクリートづくりの白金小学校の新築は関東大震災後の東京の復興のありさまを物語る一例だが、第一次世界大戦後の戦後不況に襲われていた日本経済がこの関東大震災の復興支援のために行き詰ったことも忘れてはならない。

大戦中に名目的な参戦で得た海外利権と、欧州戦線向けの戦時軍事物資の爆発的な輸出で獲得蓄積した巨額の国際収支の黒字を、実はこの大震災緊急復興事業でほぼ全部吐き出して、日本経済は完全に行き詰っていた（前出　朝尾直弘・上田正昭ほか編『要説　日本歴史』）。

関東大震災の経済混乱に対応するための震災手形が膨大な不良債権に化し、

22　校誌『しろかね』（六十周年記念号）、『港区職員退職者会だより』第77号所収「我が白金小学校の思い出」

この年3月には銀行に預金者が殺到する取り付け騒ぎが全国的に起きて金融恐慌が発生。全国の銀行が2日間休業するという非常事態にもなった。

ここで登場した田中義一内閣は緊急勅令で銀行に三週間のモラトリアム（銀行の支払いを猶予する）を実施することで銀行の取り付け騒ぎをかろうじて収束させた。

しかし、満蒙分離すなわち満州（中国東北部）を中国から切り離し、植民地にしてこの日本経済のひっ迫を乗り切ろうという政策もまた、先の東方会議の狙いのひとつであったとされる。

やがて日本を滅亡に追い込む中国大陸での戦争は不可避となりつつあった。

第3章

日蓮仏法との出会いと新たな出発

池田大作誕生と戦争の足音

明くる1928年（昭和3年）、この年は牧口にとっても、日本にとっても、また創価学会にとっても歴史的な重要な年となった。

先ず1月2日、のちの創価学会第3代会長となる池田大作が東京府荏原郡大森町字入新井（現・大田区大森北2丁目）に、父・子之吉（当時41歳）、母・一（当時33歳）の五男として生まれた。兄4人、弟2人、妹1人の8人兄弟だった。

（「私の履歴書」『池田大作全集』第22巻、聖教新聞社、1994年5月）

同じくこの1928年（昭和3年）の6月、牧口は白金小学校を訪ねてきた知人の紹介で三谷素啓（本名・三谷六郎、翌年に目白商業学校校長に就任：筆者注）という人物に会い、初めて鎌倉時代の宗教革命家として有名な日蓮とその仏法を知る。

三谷は日蓮正宗（日蓮の直系の弟子・日興上人の流派）の信徒で、牧口と会った翌年の1929年に同じ信徒の佐藤重遠が創立した目白学園の校長（目白商業学校校長）に就任[1]、その後1年でやめている。

履歴書を見ると特に学歴はなく、新聞記者を経て貧困家庭の子弟を教育する事業に手を染めていたようであり、並行して前年から著述業も始めている。年齢はこの時49歳で牧口より7歳年下であった。

見識を広げることにだれよりも熱心だった牧口は池袋に住んでいた三谷のもとに通い、日蓮の「立正安国論」をはじめ未知の日蓮仏法について学びはじめ、10日間もの間徹底して質疑応答や論議を交わしたという。

---

1 『目白学園八十年史』目白学園、2005年6月

牧口のこれまでの人生を振り返れば、本書『新　牧口常三郎伝』第1巻からここまで書いてきたように、先ず徹底して実証を重んじる合理主義者だった。観念論や空理空論、道理に合わぬものは全て拒否した。

だからこそ、権威や権力といったものをまるで受け付けなかった。

あくまでも生活の現場、彼にとっては教育の現場から理論と法則を構築し、その理論を現実において実験・検証し、さらに具体論に展開する。そのうえで、他人がそれを実験したらどうなるかまで観察して修正を加えている。本質的に革命家だった。

『人生地理学』然り、『郷土科教育』然り、そしてのちの『創価教育学体系』然りであった。全て徹底的に、そしてどこまでも世界を観察し、理解し、原理や法則を見出し体系化した。

「青年期に敬愛し親近した師友は大概基督（キリスト：筆者注）教徒であったが、遂に入信の程度には至らなかった。壮年上京以後儒教の道徳だけでは不安に堪えずして、再び禅に参じ、基督教に聴き、深呼吸法をも習い、其他の教説にも近づき多少の入信はしたが、遂に深入するには至らなかった。

古神道に基づく禊会（みそぎかい：筆者注）には十数年間、夏冬のいずれかに大概参加し、お蔭で今もなお毎朝の冷水浴は欠かさないほどに至っている。が心から信仰に入ることはできなかった。

何れも科学及び哲学の趣味を転ぜしめ、又はそれと調和するほどの力ある者と感ず能（あた）わなかったからである」（『創価教育学体系梗概』）と、述べるように常に客観的に宗教・信仰を分析し、科学および哲学に背くものは拒否している[2]。

世界一流とされた欧米の教育理論もあらかた学んでいるが、生活から離れた観念論、空論だとして実践はしなかった。同様に観念的な信仰には簡単に入ら

2　牧口のもとで働いた窪田正隆は前出「三代の会長に巡り会った福運」『牧口常三郎先生の思い出』13頁で、牧口は「宗教でも合理的に実証されないものは信ずる価値がない」と言っていたと書いている

なかった。
それは終生変わらない生き方だった。

だから天皇にも、どんな権力者にも、どんな学問上の権威にも不服従を貫いた。同時に戦前に日本であれほど崇められた海外の学問にも、それを崇拝する学者の理論も決して簡単に信じなかった。
もちろん、この日蓮仏法についても世界宗教のひとつの仏教だからといって信じたわけでは決してないはずである。

合理主義者がなぜ日蓮仏法を信奉したか

日蓮は、700年前の当時日本にあった仏教の宗派、八宗・十宗について比叡山などで約15年をかけて学び尽くしたうえで「我八宗・十宗に随わじ」（私は八宗、十宗には一切従わない）（「報恩抄」[3]）と宣言、それまでの宗派の教えをいったん全て否定した。
そのうえで「いずれも仏説に証拠分明に道理眼然ならんを用ゆべし。論師・訳者・人師にはよるべからず専ら経文を詮とせん」（釈尊の説いた経文そのもの、道理の上から間違いないものを用いなければならない。決して論師や解釈者、指導者とされる人物によってはならない。あくまでも経文に忠実でなければならない）（「破良観御書」[4]）とした。
つまり、それまでの有名な真言宗開祖・善無畏三蔵や空海も、浄土宗開祖善道、法然も、禅宗開祖・達磨についてもその解釈や解説をいったん全て否定して釈尊の説いた経文だけを頼りに仏教の全てを見直した。

その上で釈尊が説いた仏教の究極は法華経の中にあるとして、南無妙法蓮華経を仏教の極理とし、それを本尊とする全く新しい日蓮仏法を打ち立てた。

これは、あらゆる哲学、社会思想、教育学を勉強しながら、そのいずれにも拠らないでそれを乗り越え、新しい教育学を打ち立てようとする牧口の姿勢に

3　創価学会版『日蓮大聖人御書全集』1952年4月、294頁（新編212頁）
4　同上『日蓮大聖人御書全集』1293頁（新編1256頁）

非常に近いものだったといえる。

そのうえ釈尊の予言した、釈尊滅後の仏教変遷の歴史がその通りに進み、釈尊の予言通り、日蓮が釈尊滅後2000年のいわゆる末法の鎌倉時代に出現した事実は法則と現実の証拠を重んじる牧口には強烈な印象を与えたのではないだろうか。

（西欧近代の歴法によれば釈尊滅後1500年後の鎌倉時代はまだ末法とはいえないと考えられるが、インドをはじめ国により歴法には大きな違いがあり一概に間違いとはいえない。平安、鎌倉時代にはすでに末法に入ったと日本の朝野で信じられていた：筆者注）

牧口はこう書いている。「日蓮大聖人が（中略）釈尊の予定通り（予言通りか：筆者注）日本国に出現され、法華経の文証どおりに修行され、それによって経文の予証の因果の法則を人間社会の生活に於て事実によって証明され」（「創価教育学体系梗概」『牧口常三郎全集』第8巻、第三文明社）、

「（釈尊と日蓮の）この照応の必然的関係が、釈尊滅後二千年間、印度、支那、日本の三国に出現された多くの高僧大徳聖賢に比べて特殊なる所以であることが理解されるであろう」（「創価教育法の科学的超宗教的実験証明」『牧口常三郎全集』第8巻、第三文明社）と。

再度強調するが牧口は常に自ら考え、生み出した原理をつねに実践してきた。しかもそれを科学として打ち立てようとする徹底した合理主義者だった。

そして牧口がとった行動は「説のごとくに実行してみよう。そして経文に著わされた通りの結果が起こったならば、本当に信じてよいのではないか。もし万一、いう通りに結果が表れなかったならば、疑問をぶっつけ、考え直してみよう」という合理的なものだったという（美坂房洋編「牧口常三郎」聖教新聞社）。

その時の牧口の心境の変化については彼自身がこう記している。「創価教育学体系の研究が次第に熟し、将に第一巻も発表せんとした頃、不思議の因縁から法華経の研究に志し、そして進み行く間に余が宗教観に一大変革を来した。（中略）

法華経に逢（あ）ひ奉るに至つては、吾々の日常生活の基礎をなす科学、哲学の原理にして何等の矛盾がないこと、今まで教わった宗教運動とは全く異るに驚き、心が動き初めた矢先き、生活上に不思議なる現象が数種現はれ、それが悉く法華経の文証に合致してゐるのには驚嘆の外なかつた」（『創価教育学体系梗概』）と。

生活の上に現れる現実の証拠、実証をどこまでも重んじた牧口が、先ず、それが現れたことに驚嘆したという。

「そこで一大決心を以て愈々信仰に入つて見ると、『天晴れぬれば地明かなり、法華を知るものは世法を得べき乎』との日蓮大聖人の仰（おおせ）が、私の生活中になる程と肯かれることゝなり、言語に絶する歓喜を以て殆ど六十年の生活法を一新するに至つた」そして「国家教育の改造を一日も早く行はせなければならないというような大胆なる念願を禁ずる能わざるに至った」（『創価教育学体系梗概』）と述べている。

まさに言語に絶する歓喜、喜びが沸き上がる中で信仰がはじまったことが見えてくる。

非常に簡明だが、牧口自身の人生観、世界観にほぼ完全に合致したからこそ、牧口は日蓮仏法の信仰を始めたことがわかる。

すなわち日蓮の仏法が“日常生活の基礎をなす科学、哲学の原理と何の矛盾もないこと”に驚き、かつ信仰に心が動かされた矢先に“生活上に不思議なる現象がいくつも現れ、それがことごとく法華経の文証（日蓮仏法の文献的内容）と合致していた”ことが決定的だったというのである。

この“生活上に不思議なる現象がいくつも現れ、それがことごとく法華経の文証（日蓮仏法の文献的内容）と合致していた”という記述が具体的に何を指すのか。牧口は何も書いていない。

ただ同じ『創価教育学体系梗概』のなかで牧口は「法華経の精神に遵（したが）うならば、『諸天善神は昼夜に常に法の為の故に之を衛護（えいご）し給う』（信仰者を守る働きとしての諸天善神が昼夜の別なく守ってくれる）との経文がいささかながらも､研究と体験とによって証明されたようである」とも書いている。

これに関係すると思われるつぎのような事実があった。1928年（昭和3年）12月、つまり入信半年後だが、突然、東京市の教育局・視学などの権力者による校長排斥の動きがあった。

これに対して父兄会から強硬に反対運動が起きた。それにより牧口罷免の動きは阻止されたという事実[5]、つまり守られたという事実、これがあるいはそれにあたるのではないかと思われる。

断固として日蓮仏法の信仰に取り組んだのは「文証たる御書に基づく論証と、歴史上の確証と、体験上の現証とによって最早疑うべからざる至った」（前出牧口「創価教育学体系梗概」）と常に理論を証拠と現実に起きることによって確認してきた牧口らしい選択の結果でもあった。

日蓮仏法の原理には、このように牧口の信念と行動にほぼ重なるものがあったとしか考えられない。

日蓮は鎌倉幕府という当時の絶対の権力と権威に不服従を貫いた。日蓮は2度の流罪や度重なる暗殺の危機を乗り越え、最後は幕府から一宗派としての公認と寺の寄進を持ちかけられたがそれを断って「王地に生まれたれば身をば従えられたてまつるようなりとも､心を従えられたてまつるべからず」（『撰時抄』創価学会版御書287頁、建治元年6月）と宣言。隠遁の地・甲斐の国・身延（現在の山梨県身延）に移った。

栄誉も栄達も拒否して、その絶対権力に不服従を貫いた。

牧口もまた、権威を否定し、政治権力によってどのような目に遇わされようと、その信念を不服従で貫いた。

牧口のそれまでの人生の根本の信念と世界観と行動原理が、日蓮仏法と合致

5　「時事新報」1931年4月16日付け、7面に白金小学校教育後援会の田中省三のインタビュー記事があり「3年前にも辞めろと云うことを云ってきましたが当方から理由を追及したらそのままになっていた」とある。3年前とは、この1928年にあたる。

したからこそ、その信仰に入ったとしか考えられない。

おそらく牧口の日蓮仏法への入信という決断は、日蓮仏法に対して偏見も予断ももたず自身の行動哲学をどこまでも誠実に貫いた上での必然の結末であったと考えられる。

入信動機に関する柳田国男の誤謬

なお、柳田国男はこの牧口の入信について、「牧口君は家庭の不幸な人で、沢山の子供が患ったり死んだりした。（中略）貧苦と病苦とこの二つが原因になって信仰に入ったのかと思ふ」[6]と書いている。

しかし、牧口が入信の前に子供を亡くしたのはこの入信4年前の1924年に次男善治を亡くしただけで、あと3人の子どもを亡くしたのは全て、入信のあとである。

ところが、『評伝　牧口常三郎』では、柳田国男のこの引用文の脚注に「牧口は四人の子供を病気で亡くしている」[7]と柳田の説をフォローしている。非常に誤解を招きかねない脚注、フォローである。

また、貧苦というのは明治末期、『人生地理学』出版の前に土間付き3畳の長屋で家族5人が暮らし、さらに通信制高等女学校を設立し経営した時に借金で苦しんだ当時はまさにそのとおりだったが、日蓮仏法の信仰に入る前にはすでに15年以上にわたり長く小学校の校長職を続け、終身雇用、年功賃金制度の日本の学校教員の世界ではその給与は一般教員よりかなり高く、校長としての勤労手当てが相当額ついた[8]。

だから貧苦の生活とはとてもいえない。

6　「牧口君入信の動機」柳田国男『定本柳田国男集』別巻第三、筑摩書房、1971年

7　「創価教育の源流」編纂委員会編『創価教育の源流第一部　評伝　牧口常三郎』第三文明社、2017年6月

8　「時事新報」1931年4月16日付に「高年齢でかつ、給与が高すぎることを理由に校長職を奪われようとした」とある。また、「中央新聞」同年4月16日付け2面にも「トテモ素晴しい校長の俸給」の見出しで大卒初任給の4倍近い俸給をもらう東京市の校長が紹介されている

柳田は「宗教は貧・病・争がもたらす」という学者らしいステレオタイプの宗教観に災いされて真実を見ていないのは明らかで、まるで見当外れの見解といえよう。

そして、それを裏付けるかのような『評伝　牧口常三郎』の記事は柳田の見当はずれの見解をさらに補強したことになる。

牧口と禊（みそぎ）の会（稜威会）の関係

『創価教育学体系梗概』に牧口が書いた彼の宗教遍歴のなかで、「古神道に基づく禊会には十数年間、夏冬のいずれかに大概参加し」としているのは、川面凡児の創立した稜威会（みいづかい）が主催する禊（みそぎ）の会のことで、牧口が日蓮仏法に帰依する前後まで各地で禊（みそぎ）（滝に打たれたり、寒中水泳をする）を続けている。

前年の1927年（昭和2年）の8月につづき、この1928年の8月にも戸田や、戸田の時習学館の教え子、教員ら14～5人とともに、一週間、群馬県北軽井沢に滞在して禊に参加している。

それは「二度上げ峠」に近い群馬県北軽井沢の「相生の滝」付近で、滝に打たれたり、さらに断食も体験し心身を鍛錬している[9]。

しかしこれも牧口自身が書いているように健康のための鍛錬で、信仰には至らなかった。

ところが、これについて『評伝　牧口常三郎』[10]は愛弟子・戸田の妻・ツタ、が亡くなった翌年、さらにその翌年とこの禊に参加したのは、愛妻を亡くした戸田を激励するのが牧口の目的であったかのように書いていて「高原のさわやかな空気の中で牧口は終日戸田と行動を共にした。牧口の温かい心につつまれた戸田は、悲しみから立ち上がり、体力と英気を養うことができたのである」と、まるで戸田の心身の状態と二人の行動を見てきたかのように書いている。

9　『大日本世界教』社団法人稜威会雑誌部、第20年第9号、1927年9月

10　「創価教育の源流」編纂委員会編『創価教育の源流第一部　評伝　牧口常三郎』第三文明社、2017年6月

しかし戸田ひとりを激励するのが目的なら、どうして時習学館に学ぶ小学生9人、中学生5人と引率教員1人を同時に正式参加させた[11]のか。

稜威会（みいづかい）機関誌[12]にはこの禊の会は1927年（昭和2年）の8月1日の午後3時から7日の正午まで1週間にわたり群馬県北軽井沢の二度上駅前からほど近い農園・愛敬園内で行われると書いてある。

準備品として鉢巻、筒袖、長襦袢（じゅばん）、越中褌など、さらに教典2冊、「鍛錬法」、「禊の心得」などを全員が準備し、会費10円、定員50人となっている。

この『評伝　牧口常三郎』に書かれた表現では、児童10数人を連れた戸田を牧口が終日行動を共にして、1週間も滝に打たれたりする宗教行事で激励したことになる。

また、時習学館に学ぶ小学生9人と、おそらくはそのOBの中学生5人と引率教員1人を宗教行事、それもかなり厳しい稜威会（みいづかい）の正式な修行（連日滝に打たれたり、断食など）に1週間も参加させたことになる。

それはなんのためだったか、非常に疑問に思われる。

『評伝　牧口常三郎』が書いている「牧口の温かい心につつまれた戸田は、悲しみから立ち上がり、体力と英気を養うことができたのである」の記事の裏付け資料としては稜威会（みいづかい）機関誌を挙げているが、そこにこのようなことは一切書かれていない。

だからこの表現は『評伝　牧口常三郎』編纂委員会の勝手な想像に過ぎないと思われるが、想像なら想像と書くべきではないだろうか。

むしろ、戸田はこの禊の会の前年、1926年（大正15年）から夏季臨海学校を千葉県房総半島の海岸で開催し、それが好評だった事実がある。

だからもしかすると、今度は牧口が参加する北軽井沢の禊の会を活用して夏季林間学校を開こうとして時習学館の引率教員、児童生徒や卒業生を連れてき

11　『大日本世界教』社団法人稜威会雑誌部、第20年第9号、1927年9月
12　『大日本世界教』社団法人稜威会雑誌部、第20年第7号、裏表紙の広告

たのではないかと筆者は想像する。

林間学校だとする裏付けはないが、10数人の児童と北軽で1週間も過ごして滝に打たれたり、断食を体験したりという記録をしっかり見るなら、また、児童の保護者に対する教育者の責任も思い合せれば、同じ想像でも林間学校あたりが妥当ではないか。

禊の会の宗教行事に10数人の児童を参加させた目的が単なる宗教行事への参加だったというのはありえないと思われる。

なお、さらに後年、この禊の会について小泉隆から聞かれた牧口は、「身体は丈夫になった。水の力だろう。その代わり家庭の不幸が多かった」[13]と否定的に総括している。

確かに、前述したように牧口は日蓮仏法の信仰に入った直後の1928年（昭和3年）7月に四男・長志（享年18）、翌年5月に長男・民城（享年30）、と子供を続けて亡くしている。

ここまで、いや生涯にわたり牧口は過去を語ることは極めてまれだった。それをここで「その代わりに家庭の不幸が多かった」と過去を総括したのは異例中の異例であり、もしかしたら牧口の胸中は「禊という宗教行事に参加したために、身体は丈夫になったが、逆に子供を多く失ったかも」という無念というか、何とも言えない複雑な思いがよぎったのでないかとも想像できる。

これはあくまでも筆者の勝手な想像である。

牧口は1927年（昭和2年）4月1日に開催された稜威会総会で50人の評議員の一員に選任されている[14]。

そしてそのほぼ1年後に日蓮仏法を信仰し、その後から立て続けに子供を失い、それとほとんど時を同じくして稜威会（みいづかい）から遠ざかったのは事実である[15]。

13　前出　美坂房洋編『牧口常三郎』聖教新聞社

14　『大日本世界教』社団法人稜威会雑誌部、第20年第5号、1927年5月

15　稜威会機関誌『大日本世界教』に、1929年以降の牧口の記事はない

それ以上の資料はないので、これ以上は不明である。

戸田はこの年4月に中央大学予科を卒業して中央大学本科経済学部に入学して、勤労学徒として奮闘していた。戸田はそれまで数年間、キリスト教を信仰していたが本質的な部分の疑問を解決できずやめていた。

そして牧口を日蓮正宗入信に導いた三谷素啓（本名三谷六郎、翌年、目白商業学校校長となる：筆者注）と会い、日蓮仏法について聞くが当初は納得できず、三谷の紹介で日蓮正宗総本山・大石寺に参詣。不思議な感銘を受けて入信を決意した（「牧口先生と戸田先生」「大白蓮華」第152号。小口偉一『宗教と信仰の心理学』河出書房、1956年）。

明治期に衰退した日本仏教

しかし、本書第1巻第1章で言及したように明治維新直後に、新政府は天皇制と天皇の権威を強く支える中心思想、宗教として神道を国教にしようとしたものの内外からの批判を浴びて失敗。

だがその影響により平安朝以来、神仏混淆だった日本仏教界が初めて神仏を分離し神道が独立。仏像を神体とすることが禁じられるなどの政策がとられた。

すると、それまでは陰の存在だった神道が表に立ち、逆に仏教が陰と、その立場が逆転した。

そこから一斉に仏教を排撃する廃仏毀釈(はいぶつきしゃく)が各地で起きた。

つまり平安時代以降、日本で続いてきた仏教と神道が習合する神仏習合が、神道を国教化する政策が失敗した後遺症で消滅する。以後、仏教界全般が受け身の立場、日陰の立場に立たされ、政治や社会に対して積極的な働きかけが困難になった。仏教界自体がその後沈滞していった。

日蓮正宗（冨士興門流、明治期に日蓮正宗と称する）も事情は同じで布教拡大は停退し、むしろ内部で管長職（法主）をめぐる権力争いに明け暮れるようになっていた。

当時の醜い内紛の一例をあげると、1926年（大正15年）に法主を脅迫して退任させた僧侶側に対し東京・関西の信徒が立ち上がって激しく抵抗、文部省が選挙でその決着をと呼びかけると、その選挙票をめぐって激しく争い「血で血を洗う 醜争ますます拡大」「醜争は他宗の物笑い」と地元新聞に書かれるまでになった（「静岡民友新聞」1926年2月3日付け）。

牧口、戸田が信仰を始めた日蓮正宗もこの1928年ごろ、権力闘争の極に達し歴史の分岐点を迎えていた。

張作霖爆殺、「赤旗」創刊と初の普通選挙

そして忘れてはならないのは、この1928年（昭和3年）から日本は滅びへの道、すなわち戦争への道を具体的に歩みだす。昭和大動乱がまさにこの年から始まる。

先ず、普通選挙法が成立してから約3年後にあたるこの1928年（昭和3年）2月20日、田中義一政友会内閣により日本初の普通選挙による衆議院議員選挙が行われた。

この日本史上初めての普通選挙を前に日本の支配階層は恐怖で震えていたかにみえる。

まず普通選挙法が成立してからその実施まで3年もかかった事実がそれを裏付ける。恐ろしくてできなかったといわれる。

選挙による民衆勢力の台頭を恐れる政府は、ために強引な選挙干渉でそれを抑え込もうとした。

野党の言論・文書に徹底して干渉し「300万円」とか「機密費」というだけで選挙演説は中止させられた。

さらにそれに関するパンフレットまで差し押さえ、ポスター、ビラに対しても治安警察法、出版法、選挙法などをもって徹底的に制限し圧迫を加えた。

さらに恐るべきは投票日の前日になると、鈴木内務大臣はいわゆる議会否認の声明を発表。そこには「議会中心主義などという思想は、民主主義の激流に

棹さした英米のものであってわが国体とは相容れない」と断定した[16]。

政府自らが議会を否定し、普通選挙による民主政治の墓穴を掘ろうとする傾向が早くも現れたのだった。

さらに驚くべきは当選者の内訳で、新人はわずかで、前代議士、元代議士が当選者の半分以上を占めて圧倒し、議員の平均年齢はいちじるしく上昇し「老いたる衆議院」を生んだ。

その理由は政友会、民政党の選挙資金がきわめて豊富で、元、前代議士を中心とする公認候補者のあいだに金がばらまかれたためだと推測されている[17]。それが票の買収や饗応に使われたことは言うまでもない。

金の力が選挙も政治も動かすという腐敗政治が日本の政界、官界を骨から腐らせる時代が始まっていた。

すでに政界を引退した古島一雄はこの結果について「普選（普通選挙のこと：筆者注）になったら、選挙費用は少くなると思ったのは、吾々貧乏人の考えであって、金のある奴（やつ）はドンドンつかう。普選実施の結果は、意外にも少壮有意の人材より、無為の金持ちが多く選出された。結局、普選は金がかかることになった。是れは僕の大違（誤）算であり、前途を暗くした」と慨嘆している（鷲尾義直編『政界五十年・古島一雄回顧録』海音書房）。

牧口は財産を平等にする制度だけでは人は幸せになれない、と社会主義者に反論したが、どんな理想的制度にも必ず欠陥や陰が生じる。それをこの普選のその後の実際が教えてくれる。

しかし、この普選への並々ならぬ支配層の恐怖感には別の理由もあった。

1928年（昭和3年）2月1日、第一回普通選挙の最中に日本共産党[18]がその機関紙「赤旗」を非合法で創刊し、民衆の前にその存在を公然とあらわした。

16　朝日新聞社編『普選総選挙大観』朝日新聞社、1928年3月、今井清一編『日本の百年6　震災にゆらぐ』筑摩書房、2008年3月

17　藤沢利喜太郎『総選挙読本～普選総選挙の第一回』岩波書店、1928年11月

18　1922年（大正11年）7月15日に創設されるも1924年3月に弾圧により解体、1925年に再建された

そこでは「全国の革命的労働者､貧農諸君。日本共産党の中央機関紙『赤旗』がここに生まれた。決死の覚悟をもってブルジョアと闘争する革命的前衛なくして、労働者、貧農の真の階級的勝利はあり得ない・・・」と宣言されていた。

さらにその政策として「君主制（天皇制）の撤廃、男女十八歳以上の普通選挙権被選挙権の獲得、植民地の完全独立、大土地所有の没収」などを掲げた。文字通り日本の支配階層を震え上がらせる事態がはじまった。

その恐怖から選挙直後の3月15日、全国各地で関係者の一斉検挙が始まった。初の治安維持法適用であった。全国で千余人が逮捕され、この検挙は翌年も続く（前出　今井清一編『日本の百年6　震災にゆらぐ』)。

この左翼の勢力急伸を危惧した政府は緊急勅令により治安維持法を改悪して違反者に死刑・無期懲役を刑罰として追加。さらに7月3日、内務省に特別高等警察課（特高）を設置した。

左翼からの革命気運に対抗するかのように、国内の政治動向は急激に右傾化する。それを象徴する事件が満州（中国東北）でも起きた。

1928年（昭和3年）6月4日、日本の関東軍が謀略により満州の軍閥の首領・張作霖を奉天近郊で列車ごと爆殺した。

前年の「東方会議」で決定した「満蒙分離｣、すなわち満州と内蒙古を中国から分離して日本の植民地とする侵略方針がいよいよ具体化されようとした。

しかし、張作霖のあとをついだ息子の張学良は南京の国民政府と連携して国民政府の青天白日旗を全満州に掲揚し、南京の中華民国国民政府に合流。

日本帝国主義への反抗の姿勢を明らかにした。武力で満蒙を中国国民政府から分離させる謀略はここで失敗した。

日本国民の眼もこの謀略には冷たく、世論はついてこなかった。

そのうえ、この事件の謀略性に気づいた昭和天皇が時の田中総理の責任を追及し、翌1929年（昭和4年）に田中内閣は総辞職することになる。

しかし、この天皇の内閣責任追及の行為は、行き過ぎであるとか、やりすぎだと皇室内外から批判的にみられた。

それが影響し、以後、天皇は「この事件あって以来、私は内閣の上奏する所のものは仮令（たとえ）自分が反対の意見を持っていても裁可を与える事に決心した」と述べている（寺崎英成、マリコ・テラサキ・ミラー編「昭和天皇独白録　寺崎英成・御用掛日記」文藝春秋）。

つまり天皇は戦争や国事行為にあたって内閣の上奏する案件に対しそれを拒否することができなくなる。

いわゆる「君臨すれども統治せず」という消極的な立場に姿勢が変わるのである。

これが天皇さえ無視して暴走する軍部独走、さらには軍部独裁の一つの大きなテコとなる。「天皇の軍隊」でありながら、天皇がコントロールできないことになったのだ。

その昭和天皇の即位式が行われたのがこの年の11月10日だった。日本を亡国に導く太平洋戦争開戦と終戦を宣言した昭和天皇が正式即位した。

昭和亡国の歴史の歯車がこうして1928年（昭和3年）から回り始めたといえる。

のちに初代会長となる牧口常三郎と同じく第2代会長・戸田城外の日蓮仏法の信仰、第3代会長となる池田大作の誕生、日蓮教団（日蓮正宗）の混乱、そして、昭和動乱の幕開けとなる関東軍の満州蠢動、特高警察の活動が始まったのが、実にこの1928年（昭和3年）のことだった。

1928年（昭和3年）から日本の歴史は大きく変わったと筆者は考える。

教育改造の根拠地・時習学館の発展

この1928年（昭和3年）、戸田の時習学館はますます人気が高まり、一年前に二階建て校舎にしたのにもう教室が足らなくなっていた。そのため三階建て校舎建設に踏み切ることになる。

5月1日には新築の資金集めとして、戸田はなんと時習学館「館債」を発行した[19]。

国債や社債と同じく、一定期間後に利息をつけて払い戻す方式で資金を集める。珍しい館債だった。

国や大企業の場合は容易には潰れないという信用があるのでその債券は売れるが、時習学館が売る「館債」には全くそれがなかった。

にもかかわらずこれが売れた。戸田個人の人格がもつ信用というより、人間的魅力のようなものがこれを支えたようである。

これが功を奏してたちまち建設資金が集まり、早速、児童生徒が少なくなる夏休み期間を利用して、旧校舎を解体し新築工事を進めた。

「館債」発行から数か月、あっという間の進展だったが、夏休み前後は紡績工場跡地に建てたバラック小屋を臨時・代理の校舎・教室として使い、急場をしのいだ。そして早くもこの年9月には三階建て木造校舎が完成した。

新築校舎では一階に講堂を兼ねた雨天体操場がつくられた。その奥が事務室で、翌年に設立する出版社・城文堂、あるいは日本小学館など出版社の事務所を兼ねることになる[20]。

二階が教室になっていて二つの教室が並んで接していた。この二階にはさらに階段を上がった中二階に小さな和室と小部屋があった。さらに三階に上がると個人教授などに使う小教室と、三畳の小部屋がおかれた。

この三畳の小部屋こそが、のちに牧口の大著『創価教育学体系』の編纂室になる。それまで牧口が折にふれて書きつけ、蓄積してきた“創価教育”の厖大な知的生産の成果はすでに山をなすほどになり、それを整理して体系化する作業が待っていた。

ここを根拠地に、牧口・戸田の師弟により『創価教育学体系』出版の夢が現実になっていく。

19　「時習学館」館債（創価学会本部蔵）、西野辰吉「戸田城聖伝」第三文明社、1985年2月

20　西川喜通（後の大成建設役員、当時、白金小学校4年）など、当時の在学生の証言。山下肇『時習学館と戸田城聖』潮出版社、2006年2月

体系発刊の決定はいつだったか

牧口がこの『創価教育学体系』の発刊を最終決意したのがいつだったか、つまり「創価」の命名がいつであったかについては現在のところ、いくつかの説があり確定できない。

ただ、創価学会第2代会長・戸田城聖が1950年（昭和25年）11月12日の初代会長・牧口常三郎の七回忌法要におけるあいさつで次のように述べたのが創価学会史上初めてとされる。

「思いかえすれば、先生（牧口:筆者注）の価値学説ご研究のとき、先生は、『戸田君、小学校校長として教育学説を発表した人は、いまだ一人もいない。わたくしは白金小学校校長を退職させられるのを、自分のために困るのではない。小学校校長として現職のまま、この教育学説を、今後の学校長に残してやりたいのだ』と申されました。

忘れもいたしません。夜の十二時まで、二人で火鉢をかこんで、わたくしの家で、こんこんと学説の発表について語りあいました。

『よし、先生、やりましょう』と申しあげると、先生は『戸田君、金がかかるよ』と申されました。わたくしは『わたくしには、たくさんはありませんけれども、1万9千円のものは、ぜんぶ投げ出しましょう』と申しあげ、また『先生の教育学は、何が目的ですか』といいますと、先生はおもむろに『価値を創造することだ』と申されました。

『では先生、創価教育、と決めましょう』というぐあいで、名前も一分間で決まったのです。

以来、幾多の変遷をして、印刷にとりかかりましたが、思うようにできず、先生も非常にお苦しみになりました。

そこでわたくしが『先生、わたくしが、やりましょう』と申しましたが、先生は私に文筆の能がないのを憂えて、私に苦労をかけまいとして、こばまれましたので 私は『先生、戸田が読んでわからないものを出版して、先生は誰のために出版するのです。先生は、世界の大学者に読ませるのですか。戸田が読んでわかるものなら、わたくしが書けます』と言ったことをおぼえております。

先生の原稿は、ときおり先生が思いつくままに、ホゴ紙のようなものにきれぎれに書いたものですから、二度も三度も同じようなものも出てきます。重複するものはハサミで切って除き、わたくしの八畳の部屋いっぱいに、一きれ一きれならべてみると、全く一巻の本になるのです。

わたくしは、先生の原稿を、第3巻まで整理いたしました。その後、わたくしの手で第5巻（実際は第4巻まで：筆者注）まで出版しまして」（「牧口先生七回忌に」聖教新聞社編『戸田城聖全集』第3巻、1983年）とある。

この師弟の対話から「創価」の言葉が生まれたのは明らかだが、それはいつだったのか。先述したように説がいくつかある。

その代表的な説の一つは美坂房洋編『牧口常三郎』（聖教新聞社刊）にある1929年（昭和4年）2月説であり、その根拠は、同年正月の知人あての年賀状に「創価教育学の研究が進んでいる」と書いてあること、さらに同年9月8日発行の小冊子「小学校校長登用試験制度」に「これは私が近く発表せんとする創価教育学の実際的研究の一節である」と書かれている点に準拠している。

ともに1929年（昭和4年）に「創価教育学」の名前が出ている。

ところがこれに対して創価教育研究所元事務長の塩原将行氏が「『創価教育学』誕生の時期をめぐって～牧口常三郎と戸田城聖の対話を手がかりに～」（『創価教育』第4号、創価教育研究所、2011年）において新しい考察により、これを1年遅い1930年（昭和5年）2月とした。

その根拠のひとつは、戸田城聖の1929年（昭和4年）の著作『家庭教育学総論～中等学校入学試験の話と愛児の優等化』（城文堂、1929年12月）に牧口の名前はでてきても一切「創価」という言葉が出てこないことをあげている。

この本はこの年、時習学館内に創設した出版社・城文堂から発刊した。

内容は中学受験者の父兄向けの啓発書で中等学校入学難の姿とその根本的な原因をさぐり、さらに近年における入学試験の内容がどう変遷しているかを易しく解説したうえで、受験準備はどのようにすればよいのか、などいわば中学入学試験の「傾向と対策」であった。

次に塩原氏があげる根拠は『創価教育学体系』のおおまかな構想が描かれた小冊子『創価教育学大系概論』ができたのは1930年（昭和5年）である。なぜなら『大系概論』の本文中に昭和4年の国民新聞社の「教育改造論」懸賞募集を「昨年」と書いているので1930年（昭和5年）に作成されたことは明らかとしている。

その上で、この「概論」は超多忙な牧口に代わって原稿を整理した戸田や関係者との意思疎通をはかることが目的のラフスケッチ、原稿作成のガイドラインと考えられるとしている。

だとすれば1930年（昭和5年）から原稿整理、作成の作業が始まったことになり、この年に「創価」の名前が決まったと考えるべきである[21]ともしている。

想像したことをあたかも事実そうであったようにして論理を進めているが、それでいいのか。

逆にまた、『大系概論』は塩原氏のいうラフスケッチではない可能性、たとえばこれを「体系」に先行して発表し、限定的な少数者に対して評価をしてもらおうとした小冊子の可能性もある。「創価教育学支援会」に入ってもらいたい有識者に概要を知らせるためとも考えられる。

なぜなら、この発刊主体が「創価教育学支援会」となっているためで、このころ「支援会」から出版した戸田の受験参考書「推理式指導算術」もそうであると考えられるが、『創価教育学体系』出版準備の費用や精神的支援のための出版が「支援会」からされている。だからとても単なるラフスケッチだったとは考えられない。何かの明確な目的をもって出版されたと考えるべきではないか。

21　「『創価教育学』誕生の時期をめぐって～牧口常三郎と戸田城聖の対話を手がかりに～」（『創価教育』第4号、創価教育研究所、2011年）

そのうえで、美坂房洋編『牧口常三郎』にある「創価教育学の研究が進んでいる」と書いてある年賀状だが、残念ながら、現存しないので根拠にはならないと塩原氏は退けている。そうだろうか。

当時の編集者に確認したところ、「年賀状は確かにあった。だから記事にそう書いた。保管していたのだが、理由不明で行方不明になり、現在は見つからない」との返答だった。

今ないから裏づけにならない、間違いだとは言えないはずである。

さらに1929年（昭和4年）9月8日発行とされる小冊子「小学校校長登用試験制度論」については、塩原氏は「1929年（昭和4年）9月8日発行」と書かれた奥付が疑わしいとして、改めて創価教育学会弾圧時（1943年7月）に特高警察に押収された。

その後返却された小冊子「小学校校長登用試験制度編」の奥付を分析している。現物は現在所在不明でコピーが残っているとして、そのコピーを分析している。

そのコピーの一枚目の左側に『制度論』の表紙、右半分に「新聞編集・資料室」というゴム印と「小学校校長登用試験制度編　東京 戸田城外 昭和4年9月8日発行 24P 22.2cm×15.2cm（押証第18号）」と書かれた資料カードが複写されている、としている。

更に、奥付のコピーがあり、そこに著者名はなく編輯兼発行人 戸田城外の名前だけが記されている、としている。

その結果、この奥付は戸田城聖（戸田城外）が編輯発行人だった別の印刷物の奥付が間違って紛れ込んだ可能性がある。

だからこの制度論の小冊子が1929年（昭和4年）発行とは考えられないとしている。

しかし、では別の印刷物とは何なのか。塩原氏はそれを時習学館で頒布されていたという算術学習のプリント集（後に『指導算術』になる）ではないかとしているが、その実物も発見されていないし、それがあったという裏付けもない。あくまで想像の産物に過ぎない。

これでは美坂房洋編『牧口常三郎』に書かれた年賀状が現在見つからないか

ら根拠にならないというのと大同小異の裏付けのない主張となるのではなかろうか。

逆に言うと大体、その年賀状は美坂房洋編『牧口常三郎』の編集者・記者が勝手に空想し創造した歴史資料だとでもいうのだろうか。

さらに、戸田城聖の1929年（昭和4年）の著作『家庭教育学総論〜中等学校入学試験の話と愛児の優等化』に「創価」の二文字がないから、「創価」の誕生は1930年(昭和5年)と主張している点も､裏付けとして実に薄弱で疑問が残る。

戸田の初めての著書序文の問題

実はこの『家庭教育学総論〜中等学校入学試験の話と愛児の優等化』という本は、戸田の師であり、「創価教育学」をともに命名した牧口に序文を書いてもらうのが当然だったと思われる。

なぜなら受験参考書のベストセラーになる戸田城外著『推理式指導算術』、或いは『推理式指導読み方』のまえがきは牧口が書いている。

それがなぜ中央大学総長の馬場愿治に「愛児の優等化」の序文を書いてもらったのか。

この馬場は牧口が1928年（昭和3年）まで毎年のように参加していた禊の会の主催団体・稜威会（みいづかい）の事務総長でもあった。

さらに、牧口は日蓮仏法の信仰を始めた1928年（昭和3年）以降、特に1929年以降は禊の会に一切、出席しなくなる。実質的に退会したと考えられる。

禊の会の事務総長で、かつ戸田が通学する中央大学総長の馬場にまえがきを依頼したとすれば、その仲立ちは当然、牧口だったはず。

ところが、その牧口が禊の会と距離を置き始めていた時期と、この戸田の最初の著作発刊の時期が重なっている。

戸田の師・牧口と戸田、そして戸田の通う大学の総長である禊の会の事務総長と牧口、この3者の関係が微妙であったことがここに見えてくる。

ならば、あえて「創価教育」といった言葉を入れない方がいいという判断が働いたことも考えられよう。

あくまでこれは筆者の推測である。

そう考えると戸田のこの本に「創価教育」という言葉がないからといって簡単に「創価教育」という命名が1930年（昭和5年）だとする裏付けにはできないと考えるがどうであろうか。

さらに『体系』印刷を担当した精興社の西川喜右衛門の証言によれば、「牧口に最初会ったのは昭和5年だった。

牧口の原稿は、チラシの裏などに書かれていて読みづらく、かつ、校正の回数が多くて、最初の校正から9回も校正を重ね、完成まで一年近くかかった」[22]という。

9回校正して完成まで1年近くかかったとすれば、その原稿は当然1930年（昭和5年）の初め頃までにもらったことになる。

完成が11月だから当然そうなる。

これを裏付ける証言がある。

当時、日本小学館にいて『郷土科研究』訂正増補第10版の出版を手伝った牧口の娘婿・渡辺力は西川のいた精興社についてこう述べている。

「創価教育学説の出版に当り、これの製版を担当した精興社（きれいな良心的な活字組みをするので有名だった）でも、先生の原稿（牧口の原稿は相当な達筆で、しかも草書体で、なおかつ牧口独特の筆法で、書き込みにさらに書き込みが加えられた：筆者注）を判読して活字を拾える職工さんは一人しかいないというありさまで、校正をするのにも大苦しみであった。

22　西川喜右衛門からの聞き書き（元聖教新聞社記者で上藤の元同僚による）

そしてゲラ（校正刷り）になってからも再三再四、推敲され、四校、五校になっても、まだ赤く書き込みをされるので、全く印刷屋泣かせ」だったと証言している（渡辺力「“眼鏡事件”で創価の意味に学ぶ」美坂房洋編『牧口常三郎』）。

この証言はまさに西川喜右衛門の「9回も校正を重ね、完成まで一年近くかかった」を裏付けている。

すると、1930年の11月に出版するためなら、最初の印刷会社への出稿は1929年（昭和4年）の11月から1930年2月前後までにはされてなければ9回もの校正は無理だということがみえてくる。

つまり、1930年（昭和5年）2月に「創価教育学」の名前がきまり、そこから具体的な出版準備を始めたという塩原説ではとても間に合わないこともわかる。

『戸田城聖全集』第3巻や須藤一（「流に漂い生きた五十年」『五十年』札師卒業十四年会）によれば、その原稿そのものが、牧口がチラシなどさまざまな文書の裏に書かれた、読みづらく、まとまりのない原稿であり、それを整理しなおして並べなおして出稿するまでにまず、北海道師範を卒業後、北海道で教職につき、そこから上京して時習学館に就職していた須藤一が原稿整理を担当した。

この須藤という青年教師は北海道師範学校を卒業して北海道の尋常高等小学校に3年間奉職したのちに1928年（昭和3年）3月以降に上京した。

牧口から価値論、社会学者の田辺寿利からデュルケムの理論を学んだというが、まだとても牧口が見て満足のいく作業ができなかったとされている。

『評伝 牧口常三郎』によれば、この須藤による作業に3か月かかった[23]と書いてある。だがその裏付けはない。

そして結局、「以来、幾多の変遷をして、印刷にとりかかりましたが、思うようにできず、先生も非常にお苦しみになりました」とあるように須藤がまとめた『創価教育学体系』原稿は牧口の思うような原稿にはならず、結局、戸田

23　前出　『評伝　牧口常三郎』第三文明社

が最初からやり直したと戸田は述べている。

すると、戸田の作業は最初からやり直さなければならないから、どんなに早くてもそれから2～3か月以上はかかったはずであり、さらにどんなに早くても印刷工場出稿は1930年（昭和5年）6月ごろになったと想定される。

それからゲラにして校正を重ねたとして印刷会社の西川の証言「校正に1年近くかかった」からみれば、『創価教育学体系』の1930年11月発刊はとても間に合わないことになる。

こうして“1930年（昭和5年）塩原説”は相当な無理があることは明らかとなった。

戦前最後の政党内閣・犬養首相の書が物語るもの

さらに決定的な物証がある。

牧口の「創価教育学」を支援する名目で「創価教育支援会」が結成され、その支援会の一員である政友会の総裁・犬養毅より創価教育学体系第一巻の発刊を祝う賛意とともに牧口宛の書が届いている。

当時、犬養毅の達筆は天下に有名であり貴重だった。

「天下無所可教之人亦無可以不教之人」と書かれたこの書はのち『創価教育学体系』第1巻のグラビアページに収められる。

この意味は「天下には教えなくてもいいという人物は存在しないし、また、教えないほうがよいと思われる人物もいない」であり、どんな劣等生でも優等生にしてみせる教育を目指した牧口の方針を確実にとらえている。

犬養がこの書を書いた日時は1930年（昭和5年）3月11日と、この書に明記されている。

犬養本人への依頼はその側近で牧口、戸田と交流があり、のちに創価教育学会顧問になる古島一雄[24]である[25]。

これについて牧口自身がこう書いている。「初めて創価教育学の発表をなすや、直ちに異体同心の関係にある当時の内閣総理大臣犬養毅氏（この当時はまだ総理大臣ではなかった：筆者注）に紹介して、賛意を巻頭に表せしめられたことは、古島氏（古島一雄：筆者注）の普通ならざる尽力に基づく」[26]と。

これからすると、もし『評伝　牧口常三郎』のいうように、この1930年（昭和5年）2月に「創価教育学」の名前が決まり、具体的な出版準備が始まったのであれば、政友会の総裁・犬養毅にその発刊を祝う賛意や書の執筆を、名前の決定とほぼ同時（つまり1930年2月か3月の初めまで）に依頼したことになる。

まだ、発刊どころか本の書名や体裁すら決まらない、というより原稿さえこれからまとめるという時期に、本の内容はおろかゲラや目次すら相手に見せないで、そうした賛意や出版祝いの書を果たして依頼できるものであろうか。

犬養という人物は盟友・古島一雄によれば「実によく他人の面倒を見られました。殊に貧乏人と弱い者に対しては、非常に親切でありました。先生の書によって助けられた者が、世間どれほどあるか判りません。（中略）議院内では、代議士がいくら頼んでも容易に書いてやらないが、給仕がたのむと書いてやる」[27]という一面があったという。

無名の一教育者が書いた本だからこそ、犬養は気持ちよく書を書いてくれたのであろう。

牧口は明確に「初めて創価教育学の発表をなすや、直ちに紹介して、賛意を巻頭に表せしめられた」（前記）と書いている。創価教育学の内容を伝えずして紹介はできないし、それについて賛意など伝えられないではないか。

24　古島一雄（1865－1952）、兵庫県出身、ジャーナリスト、衆議院議員、貴族院議員を歴任、立憲政友会に所属し犬養毅を生涯補佐し、玄洋社の頭山満とともに孫文を援助して辛亥革命を陰で支えた。戦後、首相就任を要請されるが高齢を理由に固辞した。

25　牧口常三郎「創価教育法の科学的超宗教的実験証明」『牧口常三郎全集』第8巻、第三文明社

26　同上　牧口常三郎「創価教育法の科学的超宗教的実験証明」『牧口常三郎全集』第8巻

27　鷲見義直編著『政界五十年・古島一雄回顧録』海音書房、1951年10月

書名・内容もまだ正式に定まらない本に賛意や書を依頼するのは、間もなく総理大臣になる立場の大政党の党首に対しては非常に失礼であり、ありえないと思われる。

美坂房洋編『牧口常三郎』にあるように、前年の1929年（昭和4年）から準備した原稿が印刷工場に出稿されゲラになった1930年（昭和5年）2月前後に本の体裁と内容が決定され、そこで初めて、政界の大物である犬養の賛意や書を依頼したと考えたほうがはるかに自然である。

牧口の起訴状に昭和4年「創価」命名の証拠

もうひとつ、決定的な証拠がある。それは1943年7月に牧口は特高警察に逮捕されるが、その尋問調書に基づいて書かれた起訴状に、明確に「1929年（昭和4年）ごろに創価教育学なる独特の学説を提唱」（『特高月報』昭和18年12月分、内務省警保局保安係）と書かれている。

すなわち、逮捕後から始まった特高警察による尋問に対して、牧口が理路整然と、創価教育学会と日蓮正宗の関係、日蓮仏法の正統性や教義、天皇は凡夫であり間違いもないでもないという刑事が仰天する正論を語り、さらには教育学会の座談会や折伏の活動などを語り尽くしている。罪を恐れてウソをついたりごまかすようなことも一切言ってない。

実に正々堂々と真正面から日蓮仏法の正義、創価教育学会の至高の目的と活動を語っている。

最高、最大の善を目指し、最高の宗教を実践している確信からすれば当然だったろう。

その調書の一部が当時の内務省警保局保安係が出した『特高月報』（昭和18年7月分）に掲載されている。証言内容が長大であったため、特高警察関係者に特に関係するような不敬罪違反などの罪状に関連する部分だけが抜粋されて掲載されている。

それだけでも25頁にわたる証言記録である。

そこで牧口は「価値論」については、「価値論の教義的具体的指導理論は後で詳細に申し上げます」と述べている。しかしその内容は、この調書抜粋に記録されていない。あくまでも抜粋なので、やむをえない。

そして、この供述調書とそれに基づいた補充の捜査が行われ、同年11月20日に東京刑事地方裁判所に起訴（予審請求）された。その時に書かれたのが「創価教育学会会長牧口常三郎に対する起訴状」[28]である。

その起訴状には牧口の供述調書に基づき次のように書かれている。

「昭和4年ごろ従来教育学にあきたらず、自己創案にかかる生活の科学と称する創価学説に基づき、人類をして最大の幸福を得しめるための最良の方法を考究することこそ真の教育学なりと做（みな）して、創価教育学なる独特の学説を提唱するにいたり（中略）昭和5年ごろ同宗（日蓮正宗のこと：筆者注）の教理に特異なる解釈を施したる教説を宣布するため、創価教育学会なるものを創設した」（現代語に書き改めた：筆者注）と。

起訴状は通常、供述調書に基づいて書かれており、その調書は当然牧口に刑事が読み聞かせて、間違いなければ本人の署名・押印がされたはずである。

だから牧口自身が1929年（昭和4年）に「創価教育学」の名前をつけたことを自ら証言したことになる。

戸田の事業拡大の時期が示唆する昭和4年説

だめ押しになるが「創価教育」の名前の決定がこの1929年（昭和4年）であったからこそ納得できる突然の変化が次々に起きていた。

まずこの1929年（昭和4年）に、戸田が突然、その事業を拡大している点である。

戸田が1925年（大正14年）1月から時習学館を会場に細々と始めた模擬試験だが、この1929年（昭和4年）から突然、大型会場の青山会館を借りて、中等学校進学希望の小学生を対象とした模擬試験、正式には「戸田城外の東京府総合模擬試験会」を実施。約500人の応募者が集まった。

28　『特高月報』昭和18年12月分、内務省警保局保安係、1944年1月

当初は隔週日曜日に行なわれたが、すぐに青山会館だけでは収容しきれなくなり東京・五反田の星講堂（当時の星製薬の講堂）、東京・芝の飛行会館、本所の本所公会堂でも実施した。

この時習学館（戸田城外）が主催する模擬試験は当時、受験生の間では最も権威のあるものとして有名だったという[29]。

次に、この年に出版社・城文堂を時習学館内に設立（株式会社登記は1930年・昭和5年[30]）し、戸田の著書『家庭教育学総論～中等学校入学試験の話と愛児の優等化』（城文堂）を発刊した事実。

牧口の新著を刊行するには出版社が不可欠だが、効率よく出版するには自前の出版社があれば最も理想的と考えたのではないか。

また、その書物の発刊は何のためだったか。戸田自身のための出版はありえない。あくまでも牧口の生涯を賭けた『体系』出版のためだろう。

館債という異例な方法で時習学館の校舎新築をしてその返済が始まった直後にこうしたさまざまな新規事業を始めたのは、『創価教育学体系』の出版費用をまかなうためではなかったか。

前述したように、牧口は「戸田君、金がかかるよ」と心配したのに対して戸田は「わたくしには、たくさんはありませんけれども、1万9千円のものは、ぜんぶ投げ出しましょう」と答えた時から、全力で出版費用をまかなう算段を講じたと想定できないだろうか。

そしてそのためにこの1929年（昭和4年）から突如、事業を急拡大したとすれば全てが納得できる。

また、塩原氏の“1930年2月説”では1929年から戸田がなぜ新規事業を手に余るほど起業した意味がわからなくなる。

29　西野辰吉『伝記　戸田城聖』第三文明社、1985年2月。模擬試験問題用紙（昭和13年分）
30　『帝国信用録』第34版、帝國興信所、昭和16年4月

以上、大変に長い論証となったが「創価教育」という名前が決まったのはやはり1929年（昭和4年）2月とすべきだろう。

女性教員窃盗事件から牧口に危機が迫る

1930年『創価教育学体系』が具体的に出版準備が進んでいたこの時期に牧口の校長人生にとって重大な影響を及ぼした重大事件が起きていた。

すなわち、1930年（昭和5年）2月から3月にかけて、同校教員室の相当額の公金、さらには教員の金品が連続して盗難にあう事件が起きた。

同校が高輪警察署に届け出てから内密の捜査が始まり、3月15日から容疑者への追及が始まり、自白したとして送検されたのは実に同校の32歳の女性教諭だった。

この事件は同年3月28日、一件落着と新聞各紙に報道された[31]。

しかし、物的証拠は見つからず、あくまで自白が決め手だった。戦前の犯罪捜査は人権無視が甚だしかった。自白だけで有罪とされるのが当たりまえだった。

だから果たして本当にこの女性教諭が犯人だったかどうかは定かではない。

新聞報道では市教育局長が「直ちに解雇の手続きを命じた」と報じた。

だが女性教諭の上司だった校長・牧口は「物品が紛失したことはあったが、絶対に教職員に関係はない。本人は病気療養中で出勤していないが、病気が重ければ退職もありうる。だがそれは絶対に盗難事件とは関係ない」[32]と女子教員を徹底して守り、別の新聞でも「果たして本人が犯人かどうかはわからない」「女性には特有の病気もあり、もしこれが事実なら発作的にやってしまったのではないか。まだ解雇の辞令は発していない」とかばい続けた。

当時の女性の立場は想像できないほど弱く、もちろん教職員労組など存在せず、だれも守ってくれなかった。

31　1930年3月29日付け「報知新聞」夕刊、同「時事新報」夕刊、同「国民新聞」夕刊、同「二六新報」夕刊、同「中外商業新報」夕刊、同「中央新聞」夕刊、同「やまと新聞」夕刊

32　「報知新聞」1930年3月29日付夕刊、「中外商業新報」同日付夕刊

牧口が前面に立ってかばわなければ即解雇だったであろう。

市の教育局長とは、その意向に反した教員はもちろん、校長でもただちに首を飛ばすことができる絶対的な権力をもつ権力者であり、その「直ちに解雇」の指示は絶対的であった。だがこれに牧口は不服従で抵抗し、この女性教諭を守ったことがわかる。

しかし、局長命令に不服従の、まさに権威も権力も否定する牧口には、この事件以降、権力側からいやましてすさまじい攻撃が始まるのは当然と言えた。

牧口の前任の白金小学校校長は、ストーブの火の不始末からボヤが発生し、児童1人が火傷で死去した事件の責任だけで特殊小学校に左遷されている[33]。

さらに、『創価教育学体系』第2巻の付録に1931年(昭和6年)1月1日付け新聞「東京ニュース」のものと思われる「『東京ニュース』に於ける『創価教育学』批評」というタイトルの記事が紹介されている。

その記事は「東京・芝区の東京市立小学校の一部校長が牧口に対する讒訴をして、芝区区長はじめ区会議員、学務委員までがそれに加わり、牧口の処遇はどうなることかと心配されたが、その騒動を前にしても牧口は泰然自若、微動だにせず切れるものなら切ってみよと落ち着き払い、教育家の威厳を見せていた」(趣意)というもので、1930年(昭和5年)には間違いなく牧口追放の動きがあったようである。区長、区会議員までが関係したという記事に関して「校長、教員の異動に政党や職員が視学を動かして関与した疑い」という時事新報の1930年4月8日付け記事が裏付けにもなる。

その『東京ニュース』の続きでは牧口は「知って知らぬ顔で、隠忍自重の数月を過して遂に多年の宿志たる結晶(つまり『創価教育学体系』発刊)が漸(ようやく)生まれ出る事となった」とあるので、おそらくこの年牧口校長の去就が注目されるような危機があったことはまちがいあるまい。

33　駒木根重次『駒木根重次自叙伝』1937年10月、非売品

おそらく東京市教育局長の「直ちに解雇」の指示に逆らい、女性教員を守ろうとした牧口をじわじわと包囲する包囲網が作られつつあったともいえよう。

その具体化が着々と進み始めた1930年（昭和5年）に、牧口を失脚させる動きが熾烈になったとすればまさに牧口畢生の事業を妨げるかのごとき障魔の嵐到来と形容できよう。

師弟の峻厳な共戦譜と戸田城外の激闘

戸田城外（城聖）は在学していた中央大学を卒業予定の1931年を待たず、1930年（昭和5年）に中途退学したといわれている[34]。

小学校卒業の学歴しかなかった戸田が、小学校準教員資格や、同正教員の資格をとり、さらに高等学校入学資格試験に合格して大学受験資格を獲得、大学予科に進み、ついに中央大学経済学部入学の栄冠をつかんだが、それは常に働きながら、入学金、授業料など学費をかせぎ、必死の思いで独学に独学を重ねてついにつかんだ栄冠だった。

約10年間、まさに血のにじむような思いで艱難辛苦の末に勝ち取った大学入学だったといえる。それなのになぜ、中途退学なのか。

戸田自身は何も語ってない。だが、退学した1930年（昭和5年）は牧口・戸田師弟にとって人生の上でも、創価学会の歴史においても最も重大な年であり、さらに“超多忙”な年であり、それが中途退学の理由ではないかと思われる。

まずこの年は2人だけで創価教育学会を創立した歴史的な年であり、その前後の戸田の生きざまはまさに疾風怒濤のような超多忙、超人的な生活だったと思われる。とても大学に通学はできなかったはずである。

以下、その“超超多忙”なこの年の行動軌跡を列挙しよう。

34　前出『評伝　牧口常三郎』328頁に「理由は明らかではないが、戸田は1930年3月に中央大学を中退した」とある。その裏付けは明示されていない。中央大学卒業生名簿に戸田の名前がないこと、そして1930年3月31日付けで除籍となっているという未確認情報はある。

まずこの年11月に発刊される牧口の畢生の大著『創価教育学体系』を完成させるため、牧口が書き記した膨大な原稿をまとめ出稿・校正する作業を最後に担ったのは前述したように戸田自身であった。

牧口の校長職は実に多忙であり、そのなかで折に触れてさまざまな紙片に走り書きされた原稿をまとめて本にするのは相当、時間と手間のかかる仕事だった。

しかも、その『創価教育学体系』発刊を応援する「創価教育学支援会」をこの年、立ち上げている。

のちの首相・犬養毅（当時の政友会総裁)、(以下、いずれも当時の役職）太田政弘（関東庁長官)、新渡戸稲造（法学博士・農学博士)、古島一雄（前逓信政務次官)、鳩山一郎（前内閣書記官長・政友会総務)、中野正剛（逓信政務次官)、前田多門（前東京市助役)、三宅正太郎（大審院判事)、柳田国男（前貴族院書記官長)、水野錬太郎（前文部大臣・法学博士)、高木逸磨（帝国大学教授・医学博士)、田中龍夫（工学博士)、山本実彦（改造社社長)、野間口兼雄（海軍大将）と各界のトップをはじめ28人が名前を連ねている（『新進教材　環境』第1巻第9号、城文堂)。

当然、この支援会を結成するためには相当な人脈の開拓、渉外活動が必要だったろう。

戸田はただ一人、それを担うために走り回ったと想定される。

この支援会について「教育週報」社長・為藤五郎は「君（牧口の事：筆者注）はよく後進の長所を認めて、これを引き上げる。従って後進もその情誼に感じて君に盡（つく）すことを忘れぬ。『創価教育学支援会』の如きその現われの一つである」と戸田を念頭にその活躍をたたえている[35]。

さらにこの年6月、戸田の戦前におけるもっとも有名な学習参考書のひとつ『推理式指導算術』をその創価教育学支援会から出版している。

6月25日、初版の発刊にあたり、その序文を牧口は寄稿した。そこには

35　為藤五郎『現代教育家評伝』復刻版、大空社、1986年1月

「理論を根底とせる数学教育の徹底的改造を使命として、世に出でんとする本書は、古来の数学教育至難の声に迎えられて、教育界に送られたる幾多の優秀類書の中にあって、よくその王座を占め燦然たる光芒を永遠に放つものであることを信じて疑わない」　創価教育学大系の著者として　牧口常三郎

と記されている。

前述したように当時の受験生の間では「この本をマスターすればどこの有名中学にもはいれる」とさえ言われ、驚異的な売れ行きを見せ、発刊2ヶ月後の8月に第2版、9月には早くも第4版と版を重ねて、4～5年で百万部を超えるベストセラーとなる。

これを創価教育学支援会から出したということは、まさに師・牧口常三郎の『創価教育学体系』の出版費用をつくるためだったと考えられよう。

同時に2つの出版作業を進めるのはどれほどの時間と労力が必要だったろうか。

驚くのはそれだけではなかった。

戸田は、このほぼ同時期に、小学校の教師が授業の教材として使う材料や資料を網羅する教師向けの教育雑誌『新進教材　環境』（発行人・戸田雅皓、発行所・城文堂、牧口常三郎監修、戸田城外編集主幹）を刊行する。同年の3～4月ごろと考えられる[36]。

これはタブロイド判8頁または12頁のパンフレットのような小冊子だった。もともとは牧口の独創した白金尋常小学校で使う新教材と、独創的な指導法を普及させようとしたものだったといわれる。

のち1931年（昭和6年）には「新教材集録」と改題、1935年（昭和10年）には『新教』と改題し、普通の雑誌の体裁になる。当時の新聞、雑誌に一切広告が見当たらないので通信販売の形で教師間に購読推進が進められたようである。

---

36 『新進教材　環境』が第三種郵便物の認可を得た日付が5月26日なのでそこから推定した

これも『教育学体系』出版の資金にするためだったのではなかろうか。
雑誌を創刊するにはそれだけの時間と労力が必要で、それら3つがほぼこの時期に重なっている。

誰も知らなかった師を守る戦い

これら事業の数々の全てを戸田はこの年にやり遂げている。寝る間を惜しんで働いたのではないだろうか。戸田の全精力､全収入､そして全ての時間を『創価教育学体系』発刊とその資金獲得に費やしていたといっても過言ではない。

しかも、もともと彼が創立した進学塾「時習学館」館長としてその経営を指揮し、教員たちと相談し、時には教壇に立っていたはずである。

これではとても大学に通う時間などできなかったはずであり、大学中退はやむをえぬ選択だったろう。苦学してやっと大学に進学したものでなければ理解できない苦衷がそこにあったと思われるが、その苦闘・苦衷を戸田は一切、だれにも語らず、書き残してもいない。
全て、師・牧口常三郎の夢を実現するためであり、その一点のために全てをかけて突き進んだ。
それをだれにも言わないで、ただ黙って大学中退の道を選んだのではないだろうか。それが戸田の貫いた壮絶なまでの師弟の道だったといえよう。

この師弟の姿を子供の眼で垣間見たのが、当時、時習学館に学んだ小学生・山下肇（のちの東大名誉教授）だった。「日ごろやる気のない教師と接していた私にとって、時習学館は活力のみなぎっている場所でした。とりわけ戸田先生の気迫には度肝を抜かれたものです。
面白く感じたのは、そんな戸田先生が、牧口先生の前ではいつも緊張し、襟をただして言葉を改めていたことでした。堅くなった直立不動の姿勢で、牧口先生を迎えていました。
そうした牧口先生に対する戸田先生の姿勢には、師弟の絆の深さが現れていました。それだけで牧口先生の偉大さと厳しさが伝わってきました」と子供心に映し出された師弟の姿を描いている（山下肇『自習学館と戸田城聖』潮出版社）。

世界大恐慌により日本経済は壊滅状態に

1929年（昭和4年）10月24日、世界大恐慌が始まった。この日、アメリカの株式相場が大暴落して全米の企業が相次ぎ倒産し、世界に大不況が押し寄せた。ところがこれを迎える日本政府の最悪の政策が事態を極度に悪化させる。

それが明くる1930年（昭和5年）1月11日、浜口雄幸内閣が実施した「金輸出の解禁」（金の地金、金貨幣の輸出の自由化）によるデフレ政策だった。

当初、政府はこれを最高最良の経済政策の一つで、ショック療法として日本経済の再生を目指した。

産業の合理化、人員整理などを行い、その上で国民運動として消費節約による生活一新を進め、貯蓄と簡素な生計、勤勉が大々的に宣伝された。

当時の経済的な危機を乗り越えるこの緊縮政策はそれほど悪くはなかったが、日本の朝野は世界大恐慌の恐ろしさを全く理解してなかった。アメリカから始まった大恐慌が金解禁のちょうど最悪のタイミングに押し寄せた。あたかも堤防を切って護岸工事を始めたその瞬間に大洪水が堤防を襲うかのような大惨状が現出した。

まず、巨額の金が流失した。銀行、財閥は高すぎる円の価値がすぐに下落すると予想して、やがて高くなるドルを購入するため大量に金を売却した。

解禁後わずか5カ月で2億2000万円、1932年1月までに7億円（現在に換算して2兆1千億円）もの巨額の金が流失した。

同時に株価も暴落し、1929年（昭和4年）11月と同31年（昭和6年）11月を比較するとなんと平均下落率は50.4％、時価総額で25億35百万円（現在換算で8兆円弱）が消えた[37]。

37　中村正則『昭和の歴史　第2巻　昭和の恐慌』小学館、1982年6月

このため輸出金額は1929年（昭和4年）と比較して、この年が32％減、さらに翌1931年（昭和6年）には43.2％とほぼ半減し、輸入額も約40％減少した[38]。

農村も没落した。突然の円高進行で最大の輸出品であった生糸・絹織物、綿糸・綿織物が売れなくなり、物価が30％以上も暴落し、農村経済と軽工業を直撃。

なかでも日本の主要輸出品の生糸、綿糸は50％以上暴落した。

生糸の暴落はさらに養蚕農家の繭の暴落を招き、その価格は半値以下となった。

全国の農家の4割が養蚕をしていたため、農家の現金収入が断ち切られた。

続いて農産物価格が暴落し、当時米1石の生産原価が27円なのに対して売渡価格はわずか16円かそれ以下というありさま。売れば売るほど損害は増大した[39]。

中小企業は連鎖的に倒産し、輸出関連産業の人員と賃金の大幅な削減、すなわち首切りが断行された。

この1930年（昭和5年）だけで失業者は最大で250万から300万人にのぼったといわれる。

当時の政府統計は全く不備で、正確な数字はわからないが、31万人以上という内務省の発表から、民間人推定の300万人という大幅な食い違いがある[40]。

東海道を歩いて帰郷する失業者の列

倒産、休業、工場主の夜逃げ、賃金不払いで当時の労働者のほとんどは退職金はおろか一時金さえもらえなかった。当然、たちどころに住むところさえ失った。

いやでも帰郷するしかない。

だがそのための汽車賃、船賃さえなく、その失業者の大群は延々と長蛇の列をつくって東海道、東北道、山陽道を徒歩で故郷に向かった（中野雅夫『昭和

38　前出　中村正則『昭和の歴史　第2巻　昭和の恐慌』、正村公宏『日本の近代と現代～歴史をどう読むか』NTT出版、2010年8月

39　中野雅夫『昭和史の原点』講談社、1972年3月

40　中村正則『昭和の歴史　第2巻　昭和の恐慌』小学館、1982年6月、によれば日本銀行『労働統計概説』の雇用者指数を用いて200万以上を妥当としながら300万もあながち誇大な数字ではないとする

史の原点』講談社)。

農村は一挙に疲弊し、現金収入の道を全く絶たれた農村からは歓楽街に売られる娘たちの悲劇が相次いでいた。

当時の飢餓地帯といわれた東北の農村をルポした雑誌記事によれば「100円から3百円の金で、一人の娘が、或いは私娼（売春業者：筆者注）に、或いは公娼（政府公認の売春業者：筆者注）に売られていく例はザラにあるのであった」[41]と伝えている。

それでも足りず、農家が高利貸から借りる借金は雪だるまのように膨れ上がり、一戸平均で900円、全国で実に50億円（現在に換算して約15兆円）以上にのぼった。飢えた東北農村を中心に学校に弁当を持って行けない欠食児童が20万人以上にのぼった[42]。

世界大恐慌前から長引く不況下の東京の子供たちも例外ではなかった。

恐慌が始まった1929年（昭和4年）11月9日、牧口は臨時の職員会を開き白金小学校の貧困児童の調査を指示している（白金小学校「学校日誌」)。

首都・東京の中でもやはり欠食児童が出ていたのであろう。

昭和前期最大の総合雑誌「改造」を創刊し、その雑誌社「改造社」を立ち上げた社長・山本実彦の娘二人がこのころ白金小学校に通っていた。

放課後、次女が校庭で姉を待っているときに牧口校長が通りかかり、校庭の柿の木に柿の実がなっているのを見て、「ほしい？今、取ってあげるから」と、自らとって渡してくれたことが今も忘れられないと証言している。

彼女によると当時、用務員室には弁当が多数並んで置かれていたという。三笠小学校の時と同じく、欠食児童のため、牧口校長が自費で毎日準備したものだった。

その弁当を校長室や職員室に置いていたのでは欠食児童の心が傷つくのではないかと、そっと持って行けるように用務員室に置いたのである。

41　下村千秋「飢餓地帯を歩く」『中央公論』1932年2月号
42　中野雅夫『昭和史の原点2　満州事変と10月事件』講談社、1973年1月

また、その証言によれば貧困のため栄養のよくない虚弱児童には牧口自らが肝油を注射器で口にいれてやるなど、困窮した児童をも本当に大事にした姿が忘れられないという[43]。

大恐慌は最も弱い小学校の子供たちにも襲い掛かっていた。

最悪の環境で『創価教育学体系』発刊準備を進める

この大恐慌は、ものが売れない、お金が回らないという出版には最悪の条件がそろっていた。そうでありながら、それにもひるまず、牧口と戸田は体系発刊めざし着々と準備を進めていた。

牧口の手元から出稿される原稿の校正や印刷の準備も進んだ。出版にあたり、発売元になったのはあの『人生地理学』を出版してくれた富山房であり、その支配人・生沼大造の紹介で印刷を引き受けたのが、精興社であった。

その精興社支配人が前述の西川喜右衛門（のち、創価教育学会理事になり、印刷会社・集英社社長にもなる）。戸田より二歳年下であった。

また1930年（昭和5年）4月には、かつて牧口が北海道師範学校で教えた大阪金太郎（後の慶州博物館長）からの手紙に対し、返事を書いた。「私も永年教育に従事したが、最近の教育行政も、また実務にあたる学校教師も全く事務的で精神がなく、教育の破壊をしている。

これでは日本の将来は危険である、君、退職を機会に一つ東京に帰ってくれないか。そして、かつて母校の単級教室で語り合ったあの精神と態度で、この弊風を救済しようではないか」[44]と。

牧口が絶望するほどの教育とはどんなものだったか。当時、小学生だった山下肇は「当時の一般の公立学校教育は、すでに自由主義的な作文や音楽・美術教育の勃興期を過ぎ、弾圧に次ぐ弾圧で軍国主義の時代に入りかけていました。

教育を監視する『視学』の力が強まるにつれ、教師たちは無気力化し、学

43　山本実彦の娘・山辺（旧：山本）美佐子、五味（旧：山本）みさ子姉妹から上藤が聞き書き。
44　大坂金太郎「単級教室で共に授業」聖教新聞社編『牧口常三郎』

校には沈滞ムードが浸透していきました。（中略）私たちは平素の学校の、型にはまった面白みのない教育にあきあきしていました」[45]と述べている（前出山下肇『時習学館と戸田城聖～私の幼少年時代』）。

牧口はこの『創価教育学体系』発刊を機に、危機に瀕する日本の教育を改造する壮大な運動を進めようとしていたことは間違いないと思われる。

そのための同志を糾合しようとしていた可能性もある。

大恐慌のなか、4月22日にロンドン軍縮条約が調印された。

世界の趨勢は軍縮だった。すでに1922年（大正11年）のワシントン条約で戦艦、航空母艦などの主力艦の縮小が決まり、さらにこの年の4月22日に調印を迎えたロンドン軍縮会議では巡洋艦などの補助艦の縮小が決定される。

軍縮の進行に日本軍部の焦燥、恐怖感は頂点に達し、そこから軍部の強烈な反撃が始まった。

軍部（軍令部）から、先ずこのロンドン軍縮条約は天皇がもつ統帥権を干犯するものであるという強硬な反対論が出て国会が混乱した[46]。

この「統帥権干犯」という言葉は大正末期まで全く使われてなかった。のちに国家社会主義運動の思想的リーダーとなる北一輝が考え出したとされる。

実は前述したように1929年（昭和4年）に天皇は実質的に政治・軍事上の問題に拒否権を封じられている。現人神とされながら、実際は「君臨すれども統治せず」の象徴的存在にされていた。

したがって天皇さえも参謀本部の作戦、行動に口出しできないことになっていた。

だから統帥権絶対主義をふりかざす参謀本部が統帥権上必要といえば、どんな作戦も内閣を抜きにして認められた。

これに加えて、参謀本部だけが天皇に直接、作戦行動を助言できるとする「帷

45　山下肇『時習学館と戸田城聖～私の幼少年時代』潮出版社、2006年2月、70 ～ 71頁
46　正村公宏『日本の近代と現代～歴史をどう読むか』NTT出版、2010年8月

幄上奏権（いあくじょうそうけん）」を使えば、参謀本部が日本の全てをコントロールすることができる仕組みが定まった。

軍部独裁の理論的方程式がここに完成し、日本が軍部独裁の軍国主義の道を堂々と誰はばかることなく進みはじめたのはこの1930年（昭和5年）ころからである。

だからこそ、こうした時期に革命の書『創価教育学体系』が発刊されたと筆者は考える。

政治の腐敗に対して青年将校が蠢動

当時、大恐慌下にあった日本はさらに終末的様相を呈し始めていた。毎月35万人以上もの失業者が生み出され、故郷にさえ帰れない人々はドヤ街と呼ばれる貧民街に流れ込み、あるいは物もらい、乞食となって駅や公園にたむろするほど人数が増えた。

詐欺事件、殺人事件も多発した。心中事件、自殺も激増した。農村は没落し、都市は退廃していった。労働争議、小作争議も激発し、各地で官憲との衝突、流血の惨事が相次いだ。

政府はこれに対して国産品の使用奨励と軍縮による新財源に期待するという消極策でしか対応できず、ズルズルと泥沼に落ちこむばかりだった。（「中央新聞」1930年3月19日付）

逆にこうした国民の苦しみをよそに政界は急速に腐敗堕落が進行していた。

前述したように大正末に成立した普通選挙法で成年男子全員が選挙権を得るや、票を金で買う買収・供応が常態化し選挙に莫大な金がかかるようになった。

そのため金や利権をめぐって政権争いは一層激烈になり、それにともない政党の選挙運動にはさらに莫大な費用がかかるようになった。

結果、各政党は政権奪取の選挙資金のために財閥と一体となって利権を漁り、贈収賄が繰り返され、政党は公党どころか財閥の私党でしかなくなっていた。例えば、浜口内閣の、首相・浜口は三菱の大番頭・仙石貢の援助を受け、外相の幣原は三菱の当主・岩崎久弥の娘婿だった。

明治以来、政党は三井・三菱の二大財閥に所属していたといってもよいがそれがここにきて極端になった。

疑獄事件は明治・大正の60年間に12件起きたが、この昭和の初めの6年間だけで大疑獄と呼ばれる事件が実に9件とその大半を占め、そのほかの汚職事件は数知れずというありさま[47]。

金の力で政治が動かされ始めると政党政治は泥沼のように腐敗堕落する。

それに対して民衆の金権腐敗政治への絶望と怒りは高まる一方だった。

右翼からは北一輝の『国家改造法案大綱』に影響され、国家社会主義による軍事革命政権を打ち立てようとする革新的青年将校による密かな行動が始まっていた。

そのひとつ、軍内革命結社「桜会」が陸軍中佐・橋本欣五郎によって結成されたのが、またこの1930年（昭和5年）年の9月15日だった。「本会は国家改造を終局の目的とし、これがため要すれば武力を行使するも辞せず」とした[48]。

彼ら青年将校や彼らが指揮する兵士たちの多くもまた姉や妹たちが歓楽街に売られていく農村出身者だった。だがこの立身出世の野心を持たない軍内で最も純情でかつ精鋭の隊付の少尉、中尉たちこそ昭和維新の旗を掲げ、その後の国粋主義者による各種テロ事件、5.15事件、2.26事件などの主役になっていく青年将校たちだった。

農村地域の小学校教員が左翼運動に

一方、農村地域では生糸、綿糸、米など農産物価格の絶望的な下落から町村財政が逼迫し、小学校教員の月給不払い、減給、あるいは首切りが続発。

元来、最も支配体制に従順だったはずの教員たちの国家への忠誠心は揺れ動

47　中野雅夫『昭和史の原点2　満州事変と10月事件』講談社、1973年1月

48　中野雅夫『昭和史の原点』講談社、1972年3月、中野雅夫『橋本大佐の手記』みすず書房、1963年7月

いていた[49]。

教員の半数近くは代用教員であり、生涯働いても月給は60円以上にならなかった。

さらに教育現場の農村の児童の家庭は小作農が大半で、収穫した米は小作料として半分以上が地主にとられ、残った収穫を全て売って、税金、借金の利払い、農機具、種子、肥料を購入したが足りず、また借金を重ねるありさま。

農家の借金は1930年（昭和5年）、一戸平均で9百円（現在に換算し9百万円）にも及び、食べる食にも事欠いた[50]。

ために欠食児童が続出、小学校を卒業したばかりの教え子の少女たちが歓楽街に売られていく惨状を目の前で見るにつけ、天皇絶対を小学校で教える青年教師たちはその児童たちの悲惨な生活を眼前にして矛盾に苦しんでいた。

その青年らしい正義感や純粋な気持ちからマルクス主義、左翼思想に影響される青年教師が次々に生まれた。

すなわちその矛盾を一挙に解決できるのが、当時の共産党によりプロパガンダされる共産主義思想だと教えられ、それに共鳴する教員が恐ろしい勢いで増えたのである。

唯物史観という一見科学的な法則により歴史と現実を把握することができる上に、その法則にしたがって、革命が起きるという予言を秘めた革命の神学。

それは単なる妄想でしかなかったのだが、この妄想を多くの青年教師は信じ始めていた。

こうして各地に赤化教員と呼ばれる左翼系青年教師が増加し非合法の教員労働組合が生まれて活動をひろげていた。

その長野県の赤化教員の一部が、牧口、戸田のもとに結集して教育革命の“のろし”を上げるのはこの5年後になる。

北一輝とならぶ右翼革命の思想的指導者・大川周明は1925年、「行地社」から機関誌「月刊日本」を刊行したが、この1930年（昭和5年）には部数が3500

49　同上　中野雅夫『昭和史の原点』

50　同上　中野雅夫『昭和史の原点2　満州事変と10月事件』講談社、1973年1月部にまで増えていた。

その読者の大半は青年将校と小学校教員だったといわれる[51]。

51　同上　中野雅夫『昭和史の原点2　満州事変と10月事件』

第4章

革命の書『創価教育学体系』発刊と昭和の動乱

世界を変える革命的な牧口価値論

まさにその1930年（昭和5年）11月14日。金解禁によって日本経済を奈落の底にたたきこんだ当時の首相・浜口雄幸は、東京駅頭で右翼の一青年に狙撃され重傷を負う[1]。

浜口雄幸内閣は世界の趨勢に従って軍縮を断行したが、「統帥権干犯」のスローガンで軍部、右翼から攻撃され、政友会の反対も激しさを増していた。

それにもかかわらず、反対を毅然と振り切り、この年のロンドン海軍軍縮会議で条約に調印した。

『創価教育学体系』発刊の広告
（「教育週報」第300号の下5段広告）

大正デモクラシー以来の軍縮路線は最高潮に達していた。

軍縮は軍備や兵隊が余分だということを意味する。だから当時は軍人が制服で外出をためらい、電車に乗るのも遠慮するほどだった。「税金ドロボー」とののしられることさえあった[2]。

ここまで軍部・軍閥の逼塞様態が続いていたが、ついにこの日、彼ら軍閥による反撃が始まる。

1　正村公宏『日本の近代と現代～歴史をどう読むか』NTT出版、2010年8月
2　中野雅夫『昭和史の原点2　満州事変と10月事件』講談社、1973年1月

首相・浜口が右翼の一青年に狙撃され重傷を負ったこの事件、その背後に軍閥の画策があったことは周知の事実である。

浜口首相暗殺の銃声こそ軍部が政党政治に挑戦し、政党に代わって自らが支配権を確立しようとする軍部独裁・国家社会主義（ファシズム）の幕開けを告げる烽火（のろし）だった。創価教育学会創立のわずか4日前の出来事である。

こうした1930年（昭和5年）という革命前夜に似た激動の時代、戦争と反乱の危機が迫るなか、暴力によって左右両翼から革命が起きようとしていたその時代に創価教育学会は教育改造の旗をかかげ、革命の書『創価教育学体系』の壮大な理論によって国家社会の根本的な変革をなしとげようとの展望に立って牧口常三郎、戸田城外（のちに城聖と改名）のたった二人によって創始されたのである。

1930年（昭和5年）11月18日、創価教育学体系第1巻が発行され、発行主体が創価教育学会であると初めて公に宣言された。

つまり、創価教育学会の名前と、それこそが教育革命の推進軸となることを天下に公表したのである。

そこで牧口は教育社会にも一顧もされないような旧来の教育学をすてて全く新しい教育学を打ち立てようと立ち上がった。「新教育を採用してここに六十余年。教育事業がいかに複雑といえども、半世紀の経験を積んできた今日において、教育学の建設をいつまでも外来の思想に依頼したり、哲学者に任せておくのは、傭兵をもって敵兵と闘うの類で、恥辱ではないか。

これ余が創価教育学の樹立を天下に叫び、其（の）道の根本的の改革を促し、もって本邦社会各方面の行き詰まりを打開する方策の根底を培（つちか）わなんとする所以である」（『創価教育学体系』第1巻第1篇「教育学組織論」）と叫んだ。

つまり、それまで60年以上にわたり欧米の教育思想、教育理論の輸入紹介で構築された不毛の教育界、ヘルバルトの五段教授法、エレンケイ、シュタイナーの教育論、シュプランガー文化的教育学、デューイのプラグマティズムなどなど、教育学者といわれる人々は、次々に現れるこうした欧米の教育理論の翻訳、紹介がその仕事の中心だった。

だが、そうしたもののほとんどは、日本の教育現場とはかけ離れた観念的なものでほとんど役に立たなかった。

さらに当時の教育界はというと、入試地獄の中で教育はゆがめられ、教員人事は常に不透明で、権力者の思うがままに操られ、視学を手先とした内務省、文部省に教育現場はつねに統制され、そうした権威・権力の前に無力な教員たちが萎縮して指示を待つだけという無残であわれな現状があった。

その現実の教育への危機感から発して、初めて日本で作りあげられた教育体系『創価教育学体系』をもって、それを根本的に革命することを宣言したのだった。

ゆえにこの『創価教育学体系』は教育学の書というより、むしろ“革命の書”であったと言っても過言ではない。日本史上、「教育革命」を宣言して著作が刊行され具体的活動がなされたのは空前絶後のことだった。

この緒論において牧口は言う。

「創価教育学とは人生の目的たる価値を創造し得る人材を養成する方法の知識体系を意味する」と。

すなわち、まず牧口は「人生の目的」とは“価値を創造することである”とした。その価値を創造できる人間をいかにして養成するか、それが『創価教育学体系』という知識の体系だという。

そして牧口の有名な「価値論」のテーゼ、「人間には物質を創造する力はない。我々が創造し得るものは価値のみである」[3]と叫んだ。これこそが牧口の独創的な価値論、そして教育学の出発点だった。

その教育改造の理論は抽象的な教育理論や理念ではなく、現実の教育実践の

3　『創価教育学体系』第1巻「緒言」『牧口常三郎全集』第5巻、第三文明社、1982年1月

場から作り上げられた生きた教育学、応用科学にまで高められた教育学でなければならないと説き、教師の教授能力、学習能力が無駄なく向上しうる経済的教育でなくてはならず、明確な価値観に裏付けられた教育でなくてはならないと主張した。

よって、その教育改造のスローガンをこう高く掲げた。

「経験より出発せよ。
価値を目標とせよ。
経済を原理とせよ。

学習力において、教授力において、時間において、費用において、言語において、音声において、つねに経済原理を旨とし、文化価値を目標として進め。

天上を仰いで歩むよりは、地上を踏みしめて、一歩一歩進め」(『創価教育学体系』第1巻より)[4]と。

これはもうとても教育書の範疇ではない。
まさにこれは教育革命宣言であり、それ以外のなにものでもない。
だから『創価教育学体系』とは革命の書であると筆者は考える。

この革命宣言の言葉は単純平易だが、その一つ一つには牧口の40年間の苦闘苦衷の教育革命家としての経験と、『人生地理学』をはじめ、だれも考えなかった天才的な発想と世界観と原理が込められている。

「教育改造運動においてわれらのなすべき緊急事項は多々ある。創価教育学会は諸君の同心協力の団体として、その衝(しょう)に当たろうと期するものである」(同上　緒言)[5]。

創価教育学会は創立に当たってこう宣言した。1930年(昭和5年)11月18日のことである。

4　『創価教育学体系』第1巻第1篇「教育学組織論」『牧口常三郎全集』第5巻、第三文明社、1982年1月
5　同前　『創価教育学体系』第1巻「緒言」『牧口常三郎全集』第5巻、第三文明社、1982年1月

創価教育学会の創立を1930年（昭和5年）11月18日とするのは、牧口常三郎著『創価教育学体系』第1巻の奥付に
「昭和5年11月18日発行　　発行所　創価教育学会」と記載され史上初めて「創価教育学会」の名前が公にされたからである。

教育権の国家からの独立を主張

教育革命そのものの具体的な方向性や戦略は『創価教育学体系』第3巻「教育改造論」（『牧口常三郎全集』第6巻、第三文明社、1983年3月）で展開される。

国家が人間の集団、すなわち共同体を基盤につくられている以上、そこには必ず共同体統合の原理、求心力として支配構造に絶対の権威を与えるイデオロギーや宗教が存在する。
戦前の日本では天皇制の思想と国家神道がその役割を果たした。その国家の中心イデオロギーが国民教育によって上から強制的に全国民に押し付けられている限り、暴力や、反乱、政治革命運動では日本国家の体制は微動だにしない。したがって社会の変革も改革もありえない。

ゆえに教育権を国家権力から分離独立させて、そのうえで教育内容を一新する教育改造こそ、革命への第一条件となる。牧口常三郎はそう主張した。
すなわち、「教育権」を国家権力から独立させ、国家や権力に奉仕する教育ではなく、あくまでも人間を、一人の人間の幸福生活を究極の目的とする教育体制をつくりあげることであった。

児童を有する各家庭の父母の心持ちは、児童の将来に於ける幸福ということが根本の欲求であるとして、教育の目標とは「教育は児童に幸福なる生活をなさしめるを目的とする」（『創価教育学体系』第1巻第2篇「教育目的論」）とした。父母の願いとは、まぎれもなく子供の幸福であった。
だが当時の日本において、教育の目的は、教育勅語の指し示す忠君愛国の人材を育てることであり「国家社会に有用な人材育成」以上のものでも以下のものでもなかった。

すなわち、国家の威信を高める目的のために教育を利用し、国家という偶像の奴隷にしようとしていたことは間違いない。

その時代に、国家社会のための教育ではなく、子供を幸福にするための教育を掲げたこの革命的な書は、もし、牧口が大学教授や師範学校校長などのような指導的な立場にあれば、間違いなく社会から指弾され総攻撃を受けたであろう恐ろしい書であった。

だから革命の書なのである。

牧口は『創価教育学体系』第3巻「教育改造論」では先ず国家権力からの「教育権の分離・独立」と「学校自治権の確立」による「人間教育の推進」を挙げたが、さらには国家の代理人として各地域で教育を監視してきた悪名高い「視学制度」の廃止、教育の在り方を系統的に研究し、長期展望に立った人間教育の戦略的方向を考える「国立教育研究所の設立」などを大きな柱とした。

そしてそれに付随する方針として国家による「教育統制」の廃止、

「国定教科書」を排して教師自身がそれをつくり選ぶ「新しい教科書づくり」、

学校教育と職業実地体験、訓練の同時並行で生徒の職業観を高め、勉学の意欲を高める「半日学校制度」

校長を実力試験で選考する「校長登用試験制度」

教育現場の教員資質の向上をめざす新しい「教員養成機関」の設置など、いずれも教育の在り方を根本的に改め、徹底して子供のため、人間の幸福のための教育をめざす画期的な方針・方向であった。

全て天皇制国家教育を根本的に改造する戦略、目的がそこにあった。

どこまでも現場を重視した教育理論

牧口の教育革命の理論は、学校教育と職業実地体験、訓練の同時並行など現場での経験、体験を非常に重視している。

日本の教育制度が現場を軽視したため観念的な硬直したものとなり、それがやがて日本を亡国に導くが、それを牧口は喝破していたといえよう。

たとえば、太平洋戦争という日本未曽有の悲惨な戦争を主導し日本を壊滅させた第一の勢力は、間違いなく日本軍の軍閥、参謀本部の陸軍将官たちだった。

だが、彼らはみな陸軍大学出身者であり、厳しい戦場も兵士たちの血を流す現場も経験することなく、直接には現場を全く知らなかった。

逆に士官学校出身の下級士官は、現場で兵士と共に血を流して戦っても、どんなに人物優秀でも決して将軍になれなかった。

しかし、当時の軍部革新派について詳しい中野雅夫は「陸軍大学校出身者は、人物低級でも卒業すると陸軍省、参謀本部、教育総監部の中央官署に勤務し、課長、部長、局長をへて陸軍大臣にもなり、そこから政界に出て内閣総理大臣になったりもする。

この階層は幕僚と呼ばれる。現地兵士の苦労は全く知らない（中略）下級士官にとっては3万の兵隊が死ぬことは、現実に3万の人間が血を流して倒れることだが、上級士官にとっては、机上で3万という数字が消えるだけのことにしかすぎない」と書いている（中野雅夫『昭和史の原点』）。

この陸軍大学の現場の経験を軽視する学制が生んだ幕僚（上級将官）が財閥、政党、重臣などの特権階級と結びつき、やがて何百万の庶民や兵士をむざむざと死に向かわせる太平洋戦争を始めることになる。

教育制度を過つとその国の運命が変わる。多くの国民を不幸に叩き落とす。だからこそ、牧口は日本の教育革命を実現したかったのだと思われる。

人間を幸福にする教育をめざす「革命宣言」

真の幸福者とは社会から孤立した利己主義の資産家ではない。社会の一員として皆と苦楽を共にするのでなければ真の幸福は得ることができない。ノーベル賞を創設したノーベルが「遺産は相続できるが、幸福は相続することはできぬ」と言ったように、財産と幸福は一致しない、と牧口は強調する。

では真の幸福とは何なのか。それが牧口がこれから明らかにする新しい価値論から導かれる価値を創造することであり、それができる人間を幸福な人間と呼ぶことになる。人間自らが自身の幸福を求めて、自ら価値創造していく。そのための教育だった。

それは当然、天皇制国家の被支配者に対する教育、つまり天皇の赤子として国家に奉仕する人間をつくる教育ではなく、自らの幸福を目的として自立して生きる人間を育てる教育だった。

すると牧口の教育学は、国家権力により組み立てられてきた旧来の教育制度と、その官僚たちと必然的に激突することになる。

鉄壁の国家権力とそれを体現する官僚に立ち向かい、それを乗り越える戦いを覚悟しなければ革命の書『創価教育学体系』は存在できない。

その戦いは非暴力の道を選んだ牧口にとっては、国家教育への不服従と一歩一歩前に進み続ける不断の改革、改良の道しかない。

それを一言で言えば「不服従永続革命の道」と呼ぶことができよう。牧口は生涯、この道を突き進み、断じて立ち止まることはなかった。

この革命の書に序文を寄せた国際連盟の元事務局次長で創価教育学支援会の会員、新渡戸稲造は当時の日本が極端な行き詰まりの中で苦悩し呻吟しているさまを述べて

「しからばこの難局打開の道は何か。余はただ教育の一途あるのみと断言して憚らない。(中略) 教育の改造、これこそ局面打開の第一歩であり、改造による新教育の力こそ真に複雑なる行詰まりを打破する力を有するものである」とこの書が時代と社会の変革の原動力になることを予見し、大きな期待を寄せた。

さらに続けて「これ(創価教育学体系:筆者注)はひとり従来の実際社会と没交渉であった行詰れる教育の改造の第一歩であるばかりでなく、実に教育改造を契機とせる行詰れる現代社会の革新に甚大なる寄与をなすものであることを信じて疑わないものである」と教育改造から社会変革への壮大な運動の展望を述べて熱い期待を寄せている。

しかしさらに世間を括目させるべきことは「君（牧口：筆者注）の創価教育学は、余（新渡戸：筆者注）の久しく期待したる我が日本人が生んだ日本人の教育学説であり、而も現代人が其の誕生を久しく待望せし名著であると信ずる」（新渡戸稲造の『創価教育学体系』第1巻への序文より）と、日本から始めて生まれた教育学としての創価教育学体系に大きな期待を寄せた。

また日本の民俗学の第一人者で牧口の古くからの友人・柳田国男もこう述べた。「君のこの大著が単なる学究的教育学者の机上の空論、もしくは欧米学者の翻訳紹介ではなく、数十年の貴重なる体験の結果であること、そしてまた一般教育実際家のもつ経験のみではなく、一見学校内の教育には直接関係のないような、その実大切なる前陣のごとき実際社会の実地踏査、ならびにこれに基づいた独特の研究法などのすこぶる広汎なる基礎的知識によって成り立ったもの」（『創価教育学体系』第1巻　序）と日本では前例を見ない究極の独創的学説だと評価した。

欧米の教育学は面白いだけで無用

大正期から昭和初期まで、教育学については欧米の教育理論が続々と日本に紹介されていた。

牧口はこれらも熱心に学んだが、結局、現場や実践から遠く離れた面白いだけで役に立たない理論だと退けている。

「斯くの如くして、現今教育学は教師の実際生活には何の価値も認められず、偶々（たまたま）価値らしく認識されるものがありとすれば、そは徒（いたずら）に物知りを衒（てら）う一つの手段に役立てて居るに過ぎないのである」（『創価教育学体系』第1巻）と手厳しい。

したがってこの本は従来の欧米諸国直輸入の教育学からは全く独立した牧口の独創の世界が広がっていて、当時の日本の教育学者には賛同するものはおろか、反対する人物、コメントする人さえ容易に見つからないのが現実だったと思われる。

自分が評価ができないほどのすごいものを見たときに、日本人はそれをあえて無視する傾向が強い。牧口のこの体系も例外ではなかった。当時の教育界は冷たく沈黙をもって応じた。だから『体系』は売れなかったと思われる。

その理由は、改めて言うが、この本が“革命の書”であって、単なる教育書ではなかったことだろう。

先述したように時習学館に通っていた山下肇（のちの東大名誉教授）が、当時の小学校教員の保守的な姿について「教師たちは無気力化し、学校には沈滞ムードが浸透していきました」と述べているが、そうした彼らがこのような革命の書を争って読むなど考えられない。

さらに戸田の出版社・城文堂は弱小出版社であり、資金力もまるでなく、『体系』を出版するのがやっとという存在だったから新聞広告の掲載はおよそ無理だったように思われる。

その証拠に「朝日」「東京日日」「讀賣」といった日刊紙に広告は全く見当たらない。わずかに週刊の教育業界新聞「教育週報」に広告が掲載されただけだった。

ベストセラー並みに売れた牧口著『人生地理学』の新聞広告が、発刊以来1か月で全国の20紙以上に掲載されたのに比べれば、あまりに少ない。

『体系』第1巻は初版として1000部印刷されたが、そうした事情と大恐慌の影響もあってか全く売れず、998部が戸田の出版社・城文堂（時習学館内）に返本されてきた。

しかし牧口はそれを聞いて「ホイットマンの『草の葉』だって、1000部刷って999部戻ってきた」と平気な顔だったという[6]。時習学館の倉庫は返本の山であったともいわれる。

牧口の将来の運命を見通したかのように日本大学教授・田辺寿利は書いた。

「一小学校校長たるファブルは、昆虫研究のために黙々としてその一生をささ

6　『創価教育学体系』を印刷した西川喜右衛門から聞き書き（上藤の元同僚記者による）

げた。学問の国フランスは、彼をフランスの誇りであるとし、親しく文部大臣をして駕を枉げしめ、フランスの名に於いて懇篤なる感謝の意を表せしめた。

一小学校校長たる牧口常三郎氏は、あらゆる迫害あらゆる苦難と闘ひつつ、その貴重なる全生涯を費して、終に画期的なる『創価教育学』を完成した。文化の国日本は、如何なる方法によつて、国の誇りなるこの偉大なる教育者を偶せんとするか」(『創価教育学体系』第一巻に寄せた序文）と。

果たして“文化の国日本”は牧口をどのように遇したか。それは牧口の後半生の歴史が教えてくれる。

『創価教育学体系』は、総論4巻、各論8巻で構成され、完成すれば全12巻にもなる膨大な体系になるはずだった。

しかし、実際には総論は、第1巻（第1篇　教育学組織論、第2篇　教育目的論）が1930年（昭和5年）11月18日に刊行され、第2巻（第3篇価値論）1931年（同6年）3月5日刊、第3巻（第4篇教育改造論）1932年（同7年）7月15日刊、第4巻「教育方法論　上」1934年（同9年）6月20日刊、の計4巻を発刊するにとどまった。

それ以降の、第5巻「道徳教育の研究」、第6巻「綴方教導の研究」、第7巻「読方・書方教導の研究」、第8巻「地理科教導の研究」、第9巻「郷土科の研究」、第10巻「算術科教導の研究」、第11巻「理科教導の研究」、第12巻「歴史科教導の研究」の各論は、弟子たちの研究に牧口が手を加えて完成させる計画だったが、その後ついに一巻も発刊することはできなかった。その理由はこれから各章で説明をしていく。

牧口を顕彰する戸田の闘い

戸田城外はこの創価教育学体系出版の影の主役として私財を擲ちついに出版までこぎつけたが、さらに師の牧口をなんとか宣揚しようと、彼が発行する教育雑誌『新進教材　環境』第1巻第9号（11月号）「創価教育学号」に牧口著の「創価教育学緒論」を掲載。併せて裏表紙には『創価教育学体系』第1巻の広告が掲載され「果然、教育界、哲学界に一大センセーション」と賞賛している。続いて同第10号には、府立高校教授の書評を掲載して応援している。

さらに同誌第9号には「賛『創価教育学』」の一文と新渡戸稲造や犬養毅など当時を代表する有力者によって構成される「創価教育学支援会」の28人の名簿も掲載されている。

「牧口常三郎氏が教育に対する卓抜なる識見と熾烈なる努力によってなされた功績は已に周知の事に属し、今更贅言を要せぬ所であります。東京市白金小学校が今日の如き優秀なる成績を挙げたのも、実に其の一端を物語るものでなければなりません。（中略）

其の功績を慰藉し、其の人格を欽仰し更に其の貴重なる教育体系の完成の努力に敬意を表するために、精神的後援をなすことは士を待つの礼であり、之即ち氏を知るものの徳義でなければならないと思われます。

これ先生の創価教育学説の樹立に対し支援会を興し、敬意とご後援とを捧ぐる所以であります」（賛『創価教育学』）

そして前述したように、これに賛同する知名人の名前が続く。

発刊翌月の12月7日付の『中外商業新報』には「牧口常三郎氏の『創価教育学体系』を読む」が一記者の「新刊批評」として掲載[7]され、欧米教育学の輸入、模倣ではない、日本独自の教育学と高く評価し、さらに小学校校長登用試験制度、半日学校制度、教員の待遇改善など教育改造の具体的な方向性が紹介されている。これが最も早い反応として掲載された書評となる。

その5日後の12月12日には久しぶりに開かれた郷土会の例会（新渡戸稲造宅）に牧口は出席した。会場にはもちろん新渡戸はいたが柳田国男はいなかった。

新渡戸は1926年（大正15年）末には国連事務次長を退任し、翌1927年（昭和2年）に国際連盟本部のあったジュネーブから帰朝。講演、著作活動を幅広く進めていた。

柳田は国連委任統治委員会の委員を1923年（大正12年）の末に辞めて帰朝。

7　「中外商業新報」1930年12月7日付

民俗学研究の第一人者として、また朝日新聞論説委員として講演、執筆、著作、研究旅行を精力的に継続していた。

この柳田に代わって新しく同会の世話役になったのは牧口の旧友・小田内通敏であり、新渡戸宅にはその小田内をはじめなじみの草野俊助や小此木、遠藤ほか辻村太郎、石田龍次郎（日本地理学会常務評議員）ら8人が集まっていた（『郷土～研究と教育』第4号、郷土教育連盟）。そこでは海面干拓による新農地開発の講義に続いて質疑応答が行われている。

おそらく牧口は新渡戸に『体系』序文を寄稿してもらった御礼を述べ、参加者に『体系』発刊の報告をしたと推定される。

また、このころ故郷の荒浜尋常小学校はじめ関係のあった人などに『創価教育学体系』第1巻を寄贈している[8]。

『人生地理学』発刊以来、牧口はその著作・刊行したものをほとんど全国の新聞社、雑誌社に寄贈している。

結果、それを高く評価する内容の書評が紙上をにぎわすのが常だった。おそらく、牧口のライフワークともいうべきこの書を各新聞・雑誌社にも贈呈したはずである。

反響としては明けて1931年（昭和6年）1月1日付け『東京ニュース』に「『創価教育学体系』批判」が掲載。「殊に氏の本説は只単なる机上の空論ではなく、実際に氏の学校で教育しつゝある事でもあり、今後どこの学校でも直ちに応用し速効あるもので、本書の出版に依つて曩（さき）に人生地理学が世界の学説を一変せしめたと同様に、現時の我国の教育界に新軌道を示すべきを信じて疑はぬ。氏よ益々自重し精進してこの大学説を完結せよ」と評されている。

続いて、1931年（昭和6年）1月12日午後5時から東京・神田の教育会館で『創価教育学体系』出版記念会が開かれた。しかし、不況の影響もあってか出席者は牧口夫妻を含めてわずかに十数人だった。晩さん会に続き、牧口が「創価教

8　『復刻　創価教育学体系』別巻、第三文明社、1979年11月。荒浜小学校「荒浜小学校寄付原簿」1930年分、

育学体系梗概」を発表、その質疑応答や意見交換があり4時間がかりの出版記念会で午後10時に散会した（「教育週報」第296号）。

世界大恐慌の不景気の嵐が吹き荒れる中、戸田城外が必死に奔走してやっと開催にこぎつけたと考えられる。

牧口を大変に高く評価していた教育ジャーナリスト為籐五郎が編集する教育新聞「教育週報」の1月17日付けに「一小学校校長の偉業　　三十年がゝりで教育学書十二巻　牧口常三郎氏没頭の『創価教育学』出づ」の見出しでその記事が掲載された。

同じ「教育週報」（第300号）2月14日付け1面には紙面の下半分に大きく『創価教育学体系』第1巻、第2巻の広告が掲載。発刊から3か月も経ってからやっと出た広告だった。

「教育合理化の教典！教育学の蘇生！！誕生！～30余年の思索と実験にもとづける新教育学の提唱」のタイトルで「新渡戸稲造先生序文、柳田國男先生序文、犬養木堂先生題字」と紹介されている。

『創価教育学体系』出版記念会の参加者と記念撮影。前列中央は牧口常三郎。後列の左端が戸田城聖（城外）

広告は雑誌『改造』1931年2月号にも掲載されたが、注目すべきは、この本の広告が、中央紙・地方紙には全く掲載されていないことである。

この点は『人生地理学』の発刊時と全く違う状況だった。

ちなみに、一般紙の広告は体系発刊から約3年後の1933年（昭和8年）4月27日付け「読売新聞」の1面、下のほうに3段7つ割りで牧口著『郷土科研究』広告があり、その横にわずかなスペースで第3巻「教育改造論」の広告が掲載されているに過ぎない。

しかもそのタイトルは出版社である城文堂書店の名前と活字の大きさが同じで、ほとんど目立たない。

しかし、牧口が全国の教育雑誌に新刊本を贈呈した効果であろうか、新刊短評や書評は教育新聞や教育雑誌に少数ながら掲載された。

1月25日には北海道十勝教育会の機関誌『十勝教育会報』[9]第147号に、2月1日には雑誌『教育論叢』[10]に、3月1日に雑誌『帝国教育』第583号[11]に、同じく3月1日発行の大日本学術協会編『教育学術界』[12]、5月20日に雑誌『国漢』[13]にいずれも新刊短評、新刊紹介として続々と掲載された。

書評ではないが、牧口を高く評価している為藤五郎の教育新聞「教育週報」3月7日付4面には「創価教育学の東京市白金小学校校長　牧口常三郎君」とのタイトルでコラム「人物の片影」に牧口が登場している。

これはある意味、『創価教育学体系』の広告といえよう。牧口を支援する編集長・為藤五郎の配慮と思われる。

それからも牧口は積極的に創価教育学説を宣伝する論文を投稿したり、各種座談会に出席してその教育革命のめざす内容を訴えた。

9　十勝教育会『十勝教育会報』第147号、1931年1月

10　『教育論叢』第25巻第2号、1931年2月

11　甘蔗生規矩「牧口氏の『創価教育学』を読む」『帝国教育』帝国教育会、1931年3月

12　大日本学術協会編『教育学術界』1931年3月

13　国漢研究会『国漢』第3号、冨山房、1931年5月

2月7日には教育週報社が主催する「教育の合理化」研究座談会に各種学校の校長や大学教授など8人と参加[14]し、半日学校制度や校長登用試験制度の実現、視学廃止の方向を訴えている。

また、同4月には雑誌『校長雑誌』を刊行する第一出版協会が主催する「学校教育上の諸問題」を話し合う校長座談会に参加し、5人の校長と語り合っている[15]。

同じく2月1日付けの全国小学校連合女教員会の機関誌『教育女性』（第7巻第2号）[16]に牧口は巻頭論文「創価教育学樹立の必要」を寄稿。

「群盲が巨象をさわって暗中模索しているのが日本の教育界ではないか」と厳しく批判し、「新教育60年の歴史をみても、教育学体系が教員仲間から生まれた例はない」として

「医学界をみれば欧米学説の翻訳だけでなく、実際家が経験を持ち寄り、新発見を発表しているではないか。科学がそれを支えている」と経験科学としての新教育学の可能性を訴え、

「半世紀の経験を積んできた今日に於いて教育学の建設をいつまでも外来の思想に依頼したり、哲学者に任せておくのは、傭兵をもって敵と戦うの類で恥辱ではないか」（趣意）と、教育の現場から教師自身によってつくりあげられるべき、と「創価教育学」の実現を主張している。

この牧口の主張を受け止めたかのように発刊から5か月後の同年3月27日付け「東京朝日新聞」の書評では「牧口氏は教育実際家である。われわれの国でも、疾（と）うに実際者から、教育に必要な指導原理の組織体系がその体験を通して生み出されてよい年代になっていると考えられていた。

その火ぶたを切ったのである。だから、これこそ本当の教育学だと言い得られる」と日本で初めてうまれた教育学として高く評価した（「東京朝日新聞」1931年6月27日付け）。

しかし、それに続いて「この書の第二の意義は、社会が教育の全てを規制す

14　同上　「教育週報」第300号、1931年2月14日付け。同　2月21日付け

15　『教育学術界』第63巻第2号、大日本学術協会、1931年5月1日刊の『校長雑誌』広告による

16　全国小学校連合女教員会『教育女性』（第7巻第2号）、1931年2月

るという点にハッキリした力点を置いたことである」と書いていて、まるっきり牧口の主張、教育権の独立などの創価教育学を理解してないことがわかる。
この「東京朝日新聞」の書評はあまりいただけない。

新刊短評のような書評は続々と掲載され、同3月1日刊の教育雑誌『教育学術界』に、4月25日刊の『教育時論』[17]の書評、5月1日刊の雑誌『小学校』[18]の新刊批評でも紹介された。

さらに同じ2月の1日、当時日本最大の総合雑誌『改造』に本格的な書評「『創価教育学体系』批判」が掲載された。改造社の社長は創価教育学支援会の会員である山本実彦だった。
書評筆者は『体系』の序を書いた日大教授の田辺寿利（『改造』改造社、1931年2月号）。

『体系』を最大に賛辞する序文を書いた識者が、その『体系』の書評を『改造』という大雑誌でまた書くというのは、当時も今も極めて異例のことというよりありえない話だった。書評の信用性に疑問がもたれるからである。

あえてそれをしたのは、おそらくこの“革命の書”について短評ではなく本格的な書評を書けるだけの力量をもち、それを引き受けるだけの度量の人物が他に見当たらなかったからではないかと想像できる。牧口の言う通り、教育学者とは外国人教育学者の著書を翻訳し紹介するだけの存在であったとすれば、日本で生まれた独創的な教育学を評価するなどとてもできなかったはずである。

北海道師範学校の後輩になる田辺は、牧口のそれまでの権威や権力に対する不服従の姿勢と、その闘いをよく知っていたと思われる。だからこう書いている。
「牧口氏は、未だ曾て自己の諸説を権力の下に屈服せしめたことはない。
氏は現に、東京市の最優秀校たる芝白金小学校校長であるが、威武に恐れず金銭に迷はざる氏の高潔なる性格は、あらゆる暴圧と闘つて信ずるところを常

17　『教育時論』開発社、1931年4月
18　『小学校』同文館、1931年5月

に貫徹してゐる。

怯惰なる無気力なる我日本の教育界、殊に醜聞渦巻く東京市の教育社会に於いて、氏の存在はまさに泥中の蓮であるといはなければならぬ」と。

“醜聞渦巻く東京市の教育”と田辺は書いているが、まさにその通りのことが牧口に襲いかかるのはわずか1か月後のことである。

それは後述するが、いずれにせよ、この書評を別にすれば、教育界にも新聞や雑誌にも、高い評価はほとんどなかったのが現実だった。

東京帝大の教育学懇話会に招かれ講演

ところがたった一人だけ、この牧口の新しい教育学創設の挑戦に着目し高く評価した教育学者がいた。東京帝国大学の文学部教育学科・主任教授の吉田熊次である。

1930年（昭和5年）の暮れか、翌年1月であったとされるが、当時、その教育学科研究室で助手をしていた海後宗臣（のち東大名誉教授）によれば、吉田教授は一冊の本を持って研究室にきて「君たちは創価教育学という書物を知っているか」と聞いたという。

もちろん誰も知っている研究者はおらず、逆に吉田に聞き返したところ、吉田は「これは東京のある小学校校長が著作した教育学書であるが、初めのところを読むと従来の教育学は全てだめで、創価教育学こそが真実の教育学だとも書いている。

このような独創的な教育学を理解するには教育学懇話会で講義してもらうのがよいのでは」と語り、研究室の教官、学生、卒業生でつくる教育学懇話会で講義してもらうことになった。

当時、この懇話会は有名な学者しか招かないことになっていたので、一小学校の校長を招いての講演は異例中の異例なことだったという。

東京帝国大学内にあった山上御殿（教員の集会所）で第196回の教育学懇話会が1931年（昭和6年）2月18日に開催され、そこに牧口は招待され講演した。

会場には東京帝大の教育学の教授や研究者約20人ほどが参集したが、当時この講演に参加した学生は、その後ほとんどが東大教授などの大学教授になっている。

そこで牧口は「創価教育学における5問題」と題して講演。

教育の経済化、教育方法の改善、教員養成の変革、半日学校制度、学校の社会化（学校を会社として経営する）により、生徒が直感的に社会の姿を理解できるようにする、など5つの角度からゆったりした口調で語り、その話は具体的で理解しやすかったという。

さらに、当時の試験地獄や就職難の原因を教育法の限界であるととらえ、さらには左翼革命運動の勃興を教育法の面から分析している（以上のエピソードは海後宗臣「48年前の牧口常三郎先生」『復刻　創価教育学体系』別巻、第三文明社による)。

この講演内容は目黒書店刊の教育雑誌『教育思潮研究』[19]に「創価教育学における五問題」として掲載されているが、この号を見ると、そこに掲載された牧口の論文以外はほとんどが海外の学者の論文紹介で占められている。牧口がすでに日本の教育現場ではとても使えないと断じたものである。

だから、牧口は当時の日本の教育学界では全くの異邦人であったことが改めて認識できる。その本が売れないのはまた、当然だったろう。

なお、この教育学懇話会から3年後、同じ東京帝大教育学科に入学した三井為友（のち創価大学教育学部長）は、先輩の教授から研究室に買い揃えられた『創価教育学体系』全4巻（この年6月に全4巻が完結）を読んではどうかと勧められた。

三井によるとそれまで読んだ教育学の本には失望していたが「しかし、この本には感動した。強い確信にも打たれたし、やはり教育学は教育実践に裏付けられなければ駄目だと思った」[20]という。

心あるわずかな教育関係者には確実に牧口の思想は伝わったようである。

19　教育思潮研究会『教育思潮研究』第5巻第3号、目黒書店、1931年6月
20　『牧口常三郎全集』第三文明社、『月報』6

牧口が東大で講演したこの2月18日、国会解散要求を掲げた無産政党（左翼政党）3派は「醜悪議会解散要求無産者大会」を開催、そこからデモ隊約2千人が国会に突入しようとして、警官隊と衝突。多数の負傷者が出た[21]。

すでに2週間前の2月6日には国会で「ロンドン海軍軍縮条約」の批准をめぐって与野党が激突、国会は流血の大乱闘になった。

前年から始まった大不況はこの1931年（昭和6年）、極度に深刻化して4月には失業者は1千万人を突破し、大学卒の就職率は30％までに落ちた。就職する先がほとんど倒産していたからである。

失職してすぐに住むところを追われ、退職金も失業手当もない人々が、依然として列をつくって故郷をめざして歩いていた。

同情した神奈川県・藤沢の遊行寺（時宗の総本山）がおかゆの炊き出しを始めたものの、人数があまりに多いのに仰天し、結局中止に追い込まれるほどだった[22]。

日本全体が出口のない大恐慌に陥り、暗闇のような時代であったこの年の3月5日、牧口は『創価教育学体系』第2巻（発行所・創価教育学会　発売所・冨山房　発行兼印刷者・戸田城外）を発刊した。

第1巻が創価教育運動の目的を明かしたのに続いて、第2巻の内容は、創価教育学の根底の価値観を明らかにする「牧口価値論」の体系だった。

この「価値論」こそ牧口の革命思想の根底に置かれたものであり、教育革命の次元を突き抜けて国家・社会革命の壮大な革命理論の基軸となるものだった。

「人生が価値の追求であるとは又、繰り返す必要はあるまい。従って人生と離れ得ざる科学の研究にあっては何人でも価値問題は回避の許されない前提であらねばならぬ」と牧口は書いている（「創価教育学体系　上」『牧口常三郎全集』第5巻、第三文明社）。

『創価教育学体系』を打ちたてるには牧口価値論が大前提になる。

---

21 「東京日日新聞」1931年2月19日付け。中野雅夫『昭和史の原点』講談社、1972年3月
22 前出　中野雅夫『昭和史の原点』

もともと「創価」とは「価値を創造する」意味であり、創価教育学とは価値を創造する教育学の謂いであったから牧口の『体系』の第一の柱は「牧口価値論」であった。

『創価教育学体系』第1巻第1章の冒頭で、牧口は「創価教育学」を「人生の目的たる価値を創造し得る人材を養成する方法の知識体系を意味する」と明確に定義している。

そして、それに続いて「人間には物質を創造する力はない。吾々が創造し得るものは価値のみである」という有名なテーゼを私たちに残している。

この「価値を創造しうる人間を育てる」という牧口の教育観からそれまでの日本の教育を見直せば、宇宙と地球の距離ほどの違いがあることがわかる。

すなわち、大正年間に内閣に設置された「臨時教育会議」から答申された教育の目的は「国民道徳を徹底して帝国臣民としての根幹を養うこと」とされている。それは国家のための教育であっても、そこに個人は見えない。

あくまでも「国家に資する人材育成」「立派な皇国民となす」ことが目的であった。

さらに1936年の2・26事件以降の天皇制ファシズム体制が構築されるなかで、政府の教学推進協議会の答申により「公民から皇民になるための教育」がその目的とされた。文字通り天皇のためになる人を育てる教育だった。

さらに1937年（昭和12年）からは周知のように日中戦争勝利のため国家総動員体制に教育は組み込まれ、「国家有為の人材育成」さらには「時局教育、すなわち戦争に勝つための人材育成」が教育の目標とされた。（文部省『学制百年史』第2章、「臨時教育会議と教育改善案」より）

さらに進んで、悲劇的な結末を迎えた第二次世界大戦後、その反省から生まれた現在の日本の教育方針を定めた教育基本法の第一条は「人格の完成」「平和的な国家及び社会の形成者」「心身ともに健康な国民」の育成をめざすことを目的としている。しかし、そこに具体的なイメージは湧いてこない。

それと牧口の「価値を創造し得る人をつくる」という明確な人間像を比べた

時、牧口はたんなる教育者、教育学者ではなく革命家であることが明確に理解できよう。

生命を基準にした画期的な価値論

では、牧口価値論における価値とは何なのか。

それは具体的に言うと人間生命の欲望から発して、人間のだれもが惹きつけられる目標、欲しくなる対象、すなわち利益、善、美などを保有する財（たから）とされるもの、それを牧口は価値とした。

つまり、そこにあるものが自分にどのような関係があるかを考え、そこに自分に役に立つものを発見できるなら、それを価値とした。言うならば生命を基準にした価値論だった。

難しく言えば「生命の伸縮に関係のない性質のものに価値は生じない。故に価値は生命と対象の関係性」[23]であり「価値は対象と主観との関係力、もしくは力関係」[24]と表現できるとした。

「対象と我との関係」に価値はあり、「価値は対象と人生との情的関係性である」[25]とも述べている。だから価値は相対的なものであって絶対的なものではない。

マルクスの労働価値説は経済的な価値説で「商品の価値は、それを生み出した労働時間で決まる」というある意味、絶対的なものだったが、牧口価値論は哲学的価値説で、たとえどんな長い労働時間をかけて生み出された商品でも、それが自分に関係のない商品であれば価値はないことになる。

これより30年前に牧口がダイナミックな世界観・宇宙観として宇宙・地球・世界の実際を説きあらわした『人生地理学』で、牧口はこの現実の世界を、個人と社会、そして地理的自然・環境の三つの織りなす相互関係性とその相互価

23　前出『牧口常三郎全集』第5巻
24　同前『牧口常三郎全集』第5巻
25　同前『牧口常三郎全集』第5巻

値の現象として描いている。実はその内容を見ればすでにそこで牧口価値論を追求していたことがわかる。

牧口自身が「人生地理学は地人関係の現象を研究対象と為し、その間に於ける因果の法則を見出そうとしたもので、全く価値現象を研究して居たのである」「即ちその当時は価値という名称にまで至らなかったとはいえ、既に薄膜一重の所に接近して居たのであるが、之を意識しなかっただけに過ぎない」[26]と述べているが、まさにそれだった。

したがって「牧口価値論」の原型は『人生地理学』にすでにあったといえる。だがそれが体系化されるのに30年の歳月を要したと言うことができよう。

それだけではない。『人生地理学』に続いて著した『教授の統合中心としての郷土科教育』(1933年改訂10版)において牧口は「郷土科研究は人生地理学の考察方法を郷土の観察に応用して、直観によって郷土の地人関係、因果関係を明らかにするものであり、それは人生地理学と創価教育学と全く一系統の思想」(趣意)であると述べている[27]。

すなわち牧口思想の三大部と呼ぶこともできる『人生地理学』『郷土科研究』『創価教育学体系』を貫く原理がまさにこの価値論だった。

牧口はあくまでも「経験的の立場に於て、実生活に即して」経験科学の立場から価値を、そして真理を考えた。

だから牧口は「価値の追求が人生である」と述べ「歴史の対象が価値である」とも述べた。「歴史が無価値の事件を伝える理由がないから」[28]と断じている。

ひとつの価値説は世界を変える

前にも述べたが牧口は、人生の目的は価値を創造すること、すなわち幸福にあり、教育の目的もまた価値を創造できる人、つまり幸福な人をつくりあげる

26　同前『牧口常三郎全集』第5巻
27　牧口常三郎『教授の統合中心としての郷土科研究』創価教育学会、1933年4月
28　前出『牧口常三郎全集』第5巻

ことにあるとした。

だから価値を消費するだけの人間から、価値を創造できる人間への変革、それが教育の目的であり、幸福な人間、そしてその幸福な生活への出発となる。

これは全く新しい人間としての目的観、教育の目的観であり、革命的な哲学でもあった。

牧口の生きた昭和の時代は天皇制とその国家（国体）が最高の価値あるものとされ、日本の国民はあくまでも天皇を信奉し守る存在でしかなかった。

日本軍も天皇の軍隊であって、天皇をまもるためのものであり、決して国民の生命や財産を守る軍隊ではなかった。

だから、太平洋戦争が終わり1945年8月15日に天皇の「終戦の詔書」が玉音放送で表明されると、降伏文書調印の9月2日を待たず、ソ連軍の侵攻に対して、満州の関東軍は、何万という日本人開拓民を満州の荒野に放置して逃亡した。彼らは天皇の軍隊であって、市民を守る存在ではなかったからである。

だから、牧口価値観でいう人間の幸福な生活こそ最高の目的で、そのための価値の創造ができる人間をつくるという発想は革命的であった。

牧口の時代までに多くの価値論、価値説が世に出ていた。主なものでもドイツの観念論哲学の巨匠カントの流れをくむ新カント派の価値説、リップスの心理学的美学的価値論、イギリスの哲学者・社会学者スペンサーやフランスの社会学者デュルケムなどの社会学的な領域における価値説、そして共産主義・社会主義思想の巨人マルクスの労働価値説などがある。

特にマルクスの労働価値説によって組み立てられた『資本論』によれば、資本主義の発達により、労働者は資本家に搾取され、貧富の差がどこまでも拡大。生産力が発展し多くの商品が生産されても、搾取された労働者はそれを手にすることができず、資本家の野放図な過剰生産によって物が売れなくなり、恐慌が発生し、食べることもできない労働者が絶対窮乏化することから革命が起きるとした。

マルクスはこの階級闘争による革命の方程式を理論として緻密に予見。

結果、その労働者階級と資本家階級が階級闘争を演じて資本主義体制は必然的に共産主義社会に移行するという革命理論を打ち立てた。

その唯物史観（史的唯物論）は科学的な歴史理論として、世界の社会主義運動の理論的バックボーンになり、労働者階級を主役とする社会主義革命運動を推進。

ロシア革命、中国革命、さらに世界の三分の一が社会主義国家となるという20世紀の巨大革命運動の動力源として、まさに巨大な革命理論にまでなった。

一つの価値説は世界を動かし変える。

一つの価値説が世界を変える巨大な理論や世界的運動を生み出すことを、この歴史的事実は証明している。

牧口はこの労働価値説など世界のさまざまな価値説を批判的に継承するところから出発し、さらに彼自身の教育実践の経験、教育現場からの考察を加えてそれらの価値説とは違う全く新しい価値論を、そしてそれを根底にした新しい世界観と教育学を独創したのである。

日本で生まれた全く新しい価値説が牧口の価値論だった。それだけでも、日本の哲学、思想界にとって画期的な業績なのだが、今もって無視され続けている。

その内容は新カント派の「真（論理的価値）・善（道徳的価値）・美（審美的価値）」の価値概念に対し、真理はあるがままの実在の概念であり、認識の対象であって、価値を評価できる対象ではないと喝破して明確にこれを退けた。

つまり前述したように価値はあくまでも人間の生命との関係性の概念である以上、人間の生命と関係しなくても存在する真理は価値と呼ぶことはできないと主張した[29]。

すなわち真理は発見するものであり、価値のように創造できるものでは決してない。

29　前出『牧口常三郎全集』第5巻、218 ～ 219頁趣意

これに対して価値は発見することも、創造することもできる。だから真理の認識と価値の評価は峻別しなければならないとしたのである。

「真理は不変、価値は変わる」[30]とも言った。

牧口価値論の「美」の価値とは具体的に何か。

それは「精神的疲労や悲しみを回復させ、人間の生命力をアップする精神的な糧、潜在的な力ををもたらす対象との関係性、それを美的価値と呼ぶ」[31]としている。つまり、見ることや聞くことで心を癒し、人間の生命力をアップさせるもの、それを美の価値とした。あくまでも人間の生命が基準になる。

次に「利」の価値について。牧口は経済的な利益をまずあげて、人間生命への有益性をもたらすものを「利」とした。難しく言えば「人間生命の伸長にあてがわれる対象との関係力を利といい、生命の短縮に値するものを害という」[32]とした。

つまり人間の生命にとってプラスになるものが利であり、反対にマイナスになるものが害であるとしたのである。

この「利」の価値について牧口は別のところでこうわかりやすく説明する。

「『役に立つ』『為になる』『便利である』『利益がある』と感じる対象を利用して快感を得る。この対象と自分の関係性を利的価値と呼ぶ」と[33]。

そして3番目の「善」の価値について牧口は「公益」、すなわち社会の皆がともに利益を享受できること、自分だけの利益ではなくさまざまなレベルの社会において共通、共有の利益をもたらすもの、それを善の価値とした。「万人共通の個人利は善であり、何人にも不共通の個人利は不善である」[34]と述べている。

このような「美・利・善」を基本とする全く新しい価値体系、それが牧口価値論だった。

基本的に牧口価値説は美、利、善の価値のいずれをとっても、人間の生命を

30　前出『牧口常三郎全集』第5巻、233頁
31　前出『牧口常三郎全集』第5巻、287頁
32　同前『牧口常三郎全集』第5巻、333頁趣意
33　同前『牧口常三郎全集』第5巻、327頁
34　同前『牧口常三郎全集』第5巻、338頁

あくまでも価値の基準としており、これまで見てきたように審美的、経済的、物質的に人間生命の全体に利益をもたらすかどうかを見る。

そこでは“利”の価値が基準となるので美・利・善3つの価値の根底に利の価値を置いた。

もちろん、ある真理を人が発見し活用し、利用して美が作られ、利益をあげ、公益を生めば、それは利用したときに美や利、善の価値が生まれるのであって、真理そのものに価値はない。

これが、牧口の革命的な価値論であった。

なお、注意したいのは、この関係性そのものが価値とは牧口は言っていないこと。「価値は関係性のことではない。関係性に基づいて、そこに吸引力、または排斥力が両方の間に生じて、それが永続しているから価値が生じてくるのである。故に価値は対象と主観との関係力、もしくは力関係というほうが適当であると思う」[35]（趣意）

牧口の価値に対する格付けと弁証法的発展

さらに牧口はこの美・利・善の価値を格付け、ランク付けする。先ず、感覚的・官能的に生命に影響を及ぼす“美”の価値は、あくまでも部分的に人間の生命に影響を及ぼす感覚的な価値であって相対的に低いランクの価値となる。

ついで“美”の価値に比べてより高いランクの価値とみることができるとしたのが“利”の価値だった。

しかし人間はともすると個人の利を尊重し過ぎて利己主義に走る傾向はどうしても否めない。そこで、万人共通の個人の利が善であると規定し、社会の価値である善を最高位にランク付けした。

つまり、人間生命の集まりである社会全体に影響をおよぼす“善”の価値は社会的な価値であり、評価主体は社会であるとして「美・利・善」の価値の中

35　前出『牧口常三郎全集』第5巻、294頁

で最高の価値内容を含むので最上位の価値を善とした。

まとめれば“美”の価値よりも“利”の価値が大きく、それよりも“善”の価値が大きいと三段階にランク付けしたことになる[36]。

さらに、「人間の生命の保全のために有利になるものを種類や程度に応じて善といい、利といい、美といい、これを価値とするが、逆に人間生命の保全に対して有害と認められるその種類、程度において悪といい、害といい、醜というものがある」[37]とした。

つまり、価値には善、利、美があると同時にその反価値として悪と害と醜があるともした。つまり、価値には美・利・善それぞれに正・反合計6種類があるとしたのである。

それだけではない。牧口は「反価値が正価値を生み、正価値が反価値を生む場合がある」[38]と価値は弁証法的にとらえられるとしている。

例えば、天然痘の病原菌は人間生命を脅かす反価値の存在だが、それを種痘として使えば人間に免疫ができて、人間は恐ろしい天然痘にかからなくなる。反価値が正価値に変わるということである。変毒為薬、毒を変じて薬となすという仏典の言葉通りである。

そのうえで、「美・利・善」それぞれの価値についてもまた、相手により、時により価値は変化する、と実に柔軟無尽の変化をするのが価値である[39]と、独自の価値論を展開したのである。

つまり、「価値が大価値に対すると反対の価値に変化する。

美が大美に対すると醜となり、利が大利に対すると害となる如く、善が大善に対すると悪に変ずる。

反対に醜が大醜に対すると美となり、害が大害に対すれば利となる如く、悪が大悪に対すれば善となる」「宗教、政治、経済等の正邪、善悪の判定は、こ

36　同前『牧口常三郎全集』第5巻
37　同前『牧口常三郎全集』第5巻
38　同前『牧口常三郎全集』第5巻
39　同前『牧口常三郎全集』第5巻

の標準によれば明瞭になる」[40]と生活、社会、国家についてもその正邪、善悪を判断する基本形を明らかにした。

たとえば、戦争ほど庶民の幸福を奪うものはないから、当然、最大の悪、すなわち「大悪」となる。その最大の悪となる戦争に反対することは最大の善となる。

いかなる形でも戦争を批判し、反対してもそれは最大、最高の善になる。

戦争の時代にこうした価値論を発表しただけでも、それは大善の活動であり、反戦の運動となる。

牧口はこの価値論によって「見えない反戦運動」を始めたと筆者は考える。

実に革命的な「価値論」なのだが、実はまだ完成型にはほど遠かったとされる。この価値論は牧口の日蓮仏法の信仰の深化により、より高められ、逆に牧口価値論が日蓮仏法の弘教拡大に大きな役割を果たし、牧口門下の信仰を深化させ、ともに相まってさらに大きな変化発展を遂げる。それはのちの章にゆずる。

マルクス「労働価値説」の致命的弱点

ちなみに筆者は、マルクスの労働価値説の致命的な問題点は、“人間の労働”だけが価値を生むとした点だと考えている。馬も牛も労働するし、現代では、AIとロボットが連動し半永久的に労働し商品を生産している。

マルクスはそれを労働とは呼ばない。だが果たして彼らは本当に労働していないのか。

21世紀にマルクス主義の真の理論を再構築し、自然破壊によって現代文明が全滅する可能性が出てきた現代資本主義に警鐘を鳴らす『人新世の「資本論」』を書いた斎藤幸平はこう言う。

「マルクスによれば、人間はほかの動物とは異なる特殊な形で、自然との関係を取り結ぶ。それが『労働』である。労働は、『人間と自然の物質代謝』を

40　『牧口常三郎全集』第8巻、第三文明社、1984年、11月

制御・媒介する。人間に特徴的な活動なのである」[41]と。

これはヨーロッパ近代の思想に共通する人間だけが特別だという「人間中心主義」から一歩も出ていないと思われる。しかし、“人間の労働”を唯一の価値創造の主とするのは誤りではなかったか。

筆者は馬や牛だけでなく自然のあらゆるものも、人間と同じ生命体として膨大な価値を日々生み出し、自分たちがその価値を享受しながら人間に多くの価値を提供していると考える。

いわばこの地球全体のあらゆる生命体が価値創造を続けていて、牧口の『人生地理学』が明らかにしたように相互にその価値を享受し、消費し排泄し、そこからまた別の生命体が価値を生み、享受しあう。

地球生命はまさにその全体が価値創造の生命体とよぶことができるのではないかと思う。

マルクスは自然が生み出すものを富とするが価値とは呼ばなかった。価値を生み出せるのは人間だけだと考えたからだと思う。

『人新世の「資本論」』では、「人間もまた、自然の一部として、外界との物質代謝を営んでいる。呼吸もそうだし、飲食も排泄もそうである。人間は自然に働きかけ、さまざまなものを摂取し、排出するという絶えざる循環の過程のなかでしか、この地球上で生きていくことができない」として「マルクスは（これを）『自然的物資代謝』と呼んだ」[42]としている。決して価値を創造するとは言っていない。

これは牧口の『人生地理学』が明らかにしたことと同じだが、違うのは、『人生地理学』が明らかにした通り人間は自然の一部であり、決して自然以上のものではないということ。

マルクスは“人間の労働”だけが価値を生む至高のものと考えた。

それはある意味、「人間至上主義」「人間中心主義」の思想が支配するヨーロ

41　斎藤幸平『人新世の「資本論」』集英社、2020年9月
42　斎藤幸平『人新世の「資本論」』集英社、2020年9月

ッパ近代に生まれたマルクスの限界だったのではないかと考える。

また、マルクスの絶対窮乏化理論も、また、労働者階級のつくる共産主義社会の必然的到来も、社会の生産力が上昇し続けることを前提にした理論、仮説だった。

しかし、生産力が永続的に発展しない停滞社会もあれば、逆に下降する社会、共同体と共に生産力が消滅した文明や社会があることが、トインビーの『歴史の研究』などさまざまな世界の過去の文明、共同体研究によって明らかになった。（上藤和之『人間主義の思想』三笠書房、1976年5月）

さらにマルクスが予言した階級闘争による資本家階級の消滅が現実に起きなかった20世紀の歴史の現実により「唯物史観」も現実の歴史に裏切られた。

「人間中心主義」「生産力中心主義」「ヨーロッパ中心主義」に加え、生産力が永続的に上昇するという「単純進歩史観」が凝縮して作られたのがマルクス主義思想、唯物史観であり、結果、彼の理論は破綻したと考える。

もちろん、先の斎藤幸平『人新世の「資本論」』などのように、それは初期マルクスの理論であって、晩年のマルクスは進歩史観を乗り越える新しい理論を構築しようとしていたとする見方もある。

斎藤の『人新世の「資本論」』（140頁～144頁）によれば生産手段を国有化したり独占資本が所有するのではなく、社会的に共有する。市民が民主的・水平的に共同管理する方向をめざすべきとしている。チトーのユーゴスラビアが実現した自主管理型、共同管理型社会主義である。

それはユーゴスラビアの悲惨な末路をみれば失敗したと考えられる、過去のモデルであろう。いずれもマルクスの労働価値説を根底にした見方であって、人間中心主義の限界を一歩も超えていないように思われる。

また、近代の人間中心主義に立ち自然界を見下ろしたマルクス主義から自然破壊、環境問題を解決する理論も方法論も生まれないと批判されてきたのも当然だろう。

牧口価値論からみれば、西欧近代合理主義が自然を人間と対立するもの、支配すべきものとして自然という生命体が生み出した価値を一方的に収奪、搾取してきただけでその対価を払わなかった。つまり地球・自然を人間から引き離し、利用の対象としか見ることができず、彼らに価値を還元しなかったということができる。

だから収奪し、搾取しぬいた自然界から反撃を受けるのは当然であり、人類は世界的な気候変動、異常気象という報いを受けることになる。

善の価値よりも利の価値を至上のものとして、その追求に全てをかけるのが資本主義であり、その究極が自然破壊、環境破壊を招いたのは事実。その資本主義を批判するマルクス主義の人間の労働だけが価値を生むという思い上がった思想も現実の前で立ち往生している。近代西欧キリスト教文明から生まれたマルクス主義をはじめとした近代合理主義思想、人間中心思想を乗り越え、地球生命も、その自然界のあらゆる生命体も価値を生み、相互に消費し合い、相互に依存して生きているという牧口価値論により、現代資本主義文明は根本的な転換をしなければならない。

利の価値だけを過大評価する現代資本主義文明を乗り越えるのは善の価値に最高・最大の地位を与える牧口の価値論しかあるまい。その価値観をもって人類のパラダイム（規範・価値観）を根本的に変換しなければ、地球生命、そして自然界の全生命から反撃を受けて、資本主義文明も人類もやがて破滅を迎えよう。SDGsの運動の基本に善の価値を置けばやがて牧口『人生地理学』が予見した人道的競争の時代がくるだろう。

廃校決定の学校へ牧口追放の謀略

牧口価値論は、日本はもちろん世界を変える可能性を持った思想ではあったが、しかし、日本の国家主義教育を真っ向から批判し、「教育改造から国家改造を！」と叫ぶ牧口を権力側は許さなかった。

ただでさえ「小学校校長登用試験制度論」や「視学不要論」を唱えて視学や教育行政官から不興をかっていた牧口だったが、左右両翼から国家改造の危険な波が襲いかかるなか、牧口に権力側からの迫害が起きるのは至極当然と言えた。

当時、東京市教育局にいた前述の山本晴雄（東京市講師の立場にあった）によれば白金小学校のあった芝区や隣の麻布区を担当する東京市視学が特に牧口に対して敵意を抱いていたという。

牧口が例によって視学に低頭しないだけでなく、「視学不要論」を唱え、視学を批判することに、当然ながらこの視学は相当な反感をもっていて、前述した牧口が東大で講演するというニュースを聞いて、なんとかその講演を聞きたい、傍聴したいと申し込んだという。

おそらくは自分たちの悪口を言われるのではないかと警戒したようである。あるいは実際に視学廃止を提案するかもと恐れたのかもしれないと山本は推定している[43]。

4月10日、牧口は突如、東京市麻布新堀尋常小学校校長（同校夜学校校長も兼任）に転任の内命を受けた（「時事新報」1931年4月16日付け）。

この麻布新堀尋常小学校は大正末までは三笠小学校と同じスラム街の貧困児童が通う特殊小学校だった。

東京市の特殊小学校は1926年（大正15年）3月に廃止[44]され、このころは普通の小学校に衣替えしていたものの、この小学校の児童数は減少の一途をたどり、学級数は全部で6学級、児童数268人、教職員8人のみすぼらしい学校[45]で、すでに翌1932年（昭和7年）に廃校になることが決定していた。

廃校になる学校への転任通告、すなわちそれは左遷であり、1年後には自動的に失職する事実上の校長罷免辞令という謀略であった。当時の視学には校長人事の権限があった。

この理不尽極まりない内命が伝えられたとき、それを受けることは決してできないという不服従の意思をもって牧口は辞表を提出しようとした（「時事新報」1931年4月16日付け）。

43　前出「牧口先生と東京市の教育」『復刻　創価教育学体系』別巻

44　東京市社会局編『東京市社会事業施設年表』東京市、1929年7月

45　麻布区役所『麻布区史』1941年3月

牧口は弟子の戸田に言ったという。「戸田君、小学校校長として教育学説を発表した人は、いまだ一人もいないと聞いている。わたしは、小学校の校長を退職させられるのを自分のために惜しむのではない。小学校の校長として、現職のままでこの教育学説を完成したという事実を、今後の学校長のために残したいのだ」（『戸田城聖全集』第2巻、聖教新聞社）と。

児童の父兄たちもこの理不尽な措置に黙っていなかった。名校長の誉れ高く篤学の士と尊敬されていた牧口へのあまりの仕打ち、侮辱に憤慨して、東京市教育当局に抗議しようと一般市民への文書の配布を決めた。

その騒ぎを4月15日付けの「読売新聞」が「平素氏の徳を慕っていた白金小学校児童父兄の間には市教育局の措置を以て篤学者を侮辱するものなりとして教育局を糾弾すべく印刷物を配布して問題にせんとしている」と報道している。

牧口を支援する父兄の白金小学校教育後援会は牧口の辞表を預ったうえで当局を追及した。

だが驚くことに、その内命通知の出る前に、すでに転任の決裁が知事、市長から下りていて、とても覆すことはできない状況になっていたという。

さらに牧口が不服従の意思表示として辞表を提出したことをもって、逆にこの人事は強要ではなく自発的な辞職であると東京市視学課長は開き直った（「時事新報」1931年4月16日付）。

新学期早々の校長転任に児童も動揺した。児童の一人ひとりを本当に大事にする牧口がいなくなると聞いて、学校中が喪に服したような暗い空気に包まれたという。

校長を見送るお別れの式が行われ、四年生以上の児童全員が体育館に集まり涙で校長の話を聞いた。生徒全員が泣いていた。なかには号泣した生徒もいたともいう。

それに対して牧口は「泣かないでください。これは公の事ですから従いましょう。皆さんは元気で勉強してください」と諭したという。当時参加していた児童は「公のこと」という言葉が50年後の今も印象深く心に残っていると述べる（稲垣　愛「我が白金小学校の思い出」『港区職員退職者会だより』第77号所収）。

志と違い公権力の指示だから従わざるを得ないとの牧口の無念の思いが児童の心に響いたのであろうか。

牧口は9年間心血を注いで築き上げた名門の小学校を静かに去り、翌年廃校となる新堀尋常小学校に淡々と移っていった。

4月30日夕刻には17人が参加した「郷土会例会」が開かれ、牧口は「九州の茶と開墾」についてゆうゆうと語っている。牧口常三郎60歳の春だった。

二度目の校長罷免だった。それまでも大正小学校、西町小学校から公権力によって左遷、追放され、その都度、教職員や児童の父兄が抗議に立ち上がった。

かつて公権力は「教員の墓場」とされた三笠小学校に追放し、そこでもなお屈しない牧口をさらに罷免しようとした。

しかし不当な辞令が出ても牧口は抵抗しなかった。無抵抗・不服従を貫いた。権力との対峙で「身は従えども、心は従わず」との不服従の精神を貫いたのは鎌倉時代の宗教革命家・日蓮であったが、牧口もまたそれを貫いた。

だが生涯をかけてめざす教育革命への戦いは一歩も退かなかった。

この校長罷免からちょうど3年後の1934年（昭和9年）3月4日、その罷免を牧口の「自発的な校長辞職」と開き直った東京市視学課長は、折から全国に広がった教育疑獄事件のひとつ、帝都教育疑獄の中心的人物として警視庁に収監され、取り調べを受け休職となり、市教育局長も責任をとって辞職し、市教育局は空白となった（「東京朝日新聞」1934年3月5日付け夕刊）。

この教育疑獄事件は、1932年（昭和7年）5月に新潟県から始まって、全国に波及、検挙される教職員が数千人に達する未曽有の大疑獄事件に発達した。

そのほとんどが、校長人事をめぐる贈収賄事件で、東京市では市会議員、区会議員が校長人事を視学に仲介して収賄するありさまで、全国では視学、校長等43人が起訴され、まさに教育界の権威は地に墜ちたといわれた[46]。

46　荒野七重『教育事件とその裁判』叢林書房、1991年

しかも、東京市の場合、牧口を「自発的に辞職した」という虚偽の理由で校長職を奪った東京市視学課長は収監の翌1935年（昭和10年）7月になって実際は証拠不十分で無罪放免となった（「教育週報」532号、1935年7月27日付け）。

牧口の社会的生命を虚偽の理由で奪った視学課長と教育局長だったが、牧口追放の3年後、今度は二人ともに無実の罪でその社会的生命を奪われたことになる。

新教育学を宣揚する不服従の活動

牧口がその理不尽な内命通知を受けた同じ日の4月10日刊行の雑誌『長崎教育』428号に牧口は論文「教育学の不信任　原因と対策」を寄稿して従来の教育学と教育学者を徹底批判して次のように『創価教育学体系』を宣揚した。

「教育学が現場の教員に見捨てられ、学者の玩具になっているのはなぜか。20余万にのぼる教員の経験の堆積が生きてないからである。欧米も同じ傾向があり、教育学が科学として確立されてないことが背景にある。難しいが教育者自らが現場の経験から作りあげる『応用科学』としての教育学の構築をするしかない」（趣意）と。

牧口は5月1日刊行の雑誌『学習研究』第10巻第5号[47]でも論文「地理・歴史教授の根底に於ける二大問題」を寄稿して、「地理も歴史も人間の社会生活を解明するもので、地理は社会における連帯性を明らかにし、歴史はその連続性を明らかにしている。そこで、地理も歴史も社会生活の中で価値あるものを選び教示していくことが重要であろう。

そこでまず、価値とは何かを教えなければならず、それが『創価教育学体系』第2巻の『価値論』であり、その価値論によって郷土の姿をありのままに観察することで地理学の基礎が学べる。

同様に郷土の歴史をありのままに観察することから、歴史学を学ぶ基礎をつくることができるのではないか」（趣意）と挑戦的な試論を展開している。

47　奈良女子高等師範学校附属小学校内　学習研究会編『学習研究』第10巻第5号、1931年5月

牧口の『創価教育学体系』による教育革命の訴えは投稿だけではなかった。この1931年（昭和6年）7月には学校の夏休みを活用して第二の故郷・北海道に飛び、創価教育学を教え、訴えた。

7月27日から北海道・岩見沢高等女学校で開催された岩見沢夏季学術講習会（空知教育会主催）に招かれて「日本独自の教育学体系の大成者　牧口常三郎先生」と紹介され[48]郷土教育について講演。

8月2日には札幌に移って、講師として招かれていた北海道連合教育会・北海道小学校校長会共催の郷土教育講演会（札幌市女子高等小学校）で郷土教育について講演した。

大正七年八月十日（第三種郵便物認可）　北海道教育（第百五十四號）　昭和六年六月一日發行（毎月一回一日發行）

郷土教育講習會

昨年の後半期を劃して勃然聲高く叫び出されて來た所の教育思潮は實に郷土教育といふことでありました。わが小學校長會が郷土讀本の編纂發行に着手したのも、この澎湃として漲る聲の必然なるあらはれに外ならないのであります。吾々は何處までもこの事業とこの思潮に徹底しなければならないと考へて、左記の如く講師を聘して講習會を開くことに致しました。切に大方の御聽講を願ふ次第であります。

一、講　師

小田内通敏先生

早大講師であり文部省の囑託であつて、郷土研究の總本山とまで稱へられ、其快著『郷土地理研究』は郷土教育に思を致すものに對して、その研究の方向を示唆するところ頗る多いことは大方の既に了知せられ居る所と思ひます。

牧口常三郎先生

わが北海道が生んだ人格玉の如き篤學の士で、現時は東京市に於ける第一流の大校長として重きをなして居り、而かも氏には『人生地理學』の著者として最近に於ては『創價教育學大系』の著者として既に其名聲嘖々たるものがあります。

德富蘇峰先生（交渉中）

紹介申上ぐべく餘りに偉大に餘りに知名なる先生の御講演を聽くことを得ば幸甚何ものか之に如かんやといふべきであります。

二、期　間　自八月一日至三日（三日間毎日自午前八時半至午前十一時半）

三、會　場　札幌市女子高等小學校（南一條橋際）

四、會　費　金貳圓

五、申込所　會費を添へ札幌市女子高等小學校内北海道小學校長會宛

六、申込期限　七月二十日（五割引乘車船券の要不要を申添へられたし）

七、其　他

1. 特　典　乘車船賃往復五割引券發行（但し五割引券は教員、視學、學事關係の官公吏員に限る）
2. 樺太及北海道少年野球大會は會期中に開催されん
3. 拓殖博覽會の會期中なり

主催　北海道聯合教育會　北海道小學校長會

郷土教育講習会がブームになり、各地で開かれた。牧口もさまざまなところから招待され講演している。写真は北海道の連合教育会、同小学校校長会が主催した講習会の案内（「北海道教育」第154号、1931年6月）。牧口が講師として案内されている。

この時は郷土会の仲間の小田内通敏もともに講師として参加している。有名な小田内通敏と牧口常三郎がともに来ると聞いて北海道内外からの聴講申し込みが殺到。会費2円にもかかわらず7百人以上の参加希望があり、会場の小学校校庭は椅子とテーブルで立錐の余地もなかったと報道されている[49]。

48　『上川教育会報』第32号、上川教育会、1933年7月、第2表紙

49　山崎長吉『人間教育を結ぶ～北海道が育んだ牧口常三郎』北海タイムス社、1993年11月、「北海タイムス」1931年7月30日付、同8月3日付け、『北海道教育』第155号、同156号、北海道連合教育会、1931年6月、7月

その翌日、牧口はこの札幌で旧知の富所廣吉と再会したとみられる[50]。

富所は新潟県の出身で北海道に渡り、明治20年代に札幌に私学「時習館」を立ち上げて青少年の教育活動を始め、当時、牧口も所属した越佐青年会（新潟県人会の青年部に相当）の副会長として、その開催会場を提供するなど、新潟の県人会でも幅広く活躍していた。

牧口はその越佐青年会の幹事を務めていた関係で、明治20年代からの旧知の間であった。（上藤和之『新　牧口常三郎伝　1』七草書房、2021年2月）

この時、再会した富所から牧口に法華経が贈呈されている。なぜ贈呈されたのか、そのいきさつは不明である。

この法華経はその後、数奇な運命をたどって、今も創価学会本部に保存されている。

タブーだった軍人の政治関与が覆る

牧口が価値論をかかげ教育改造運動を具体的に一歩前に進めたこの1931年（昭和6年）、中国大陸では、爆殺された張作霖の息子・張学良が中国国民党政府に協力し、中国東北（満州）の教育権を回収し、孫文の掲げた三民主義の教科書を小学校教育に採用、子供たちに中国民族主義教育を広め始めた。

教育の重要性をよく知っていたからであろう。

一方、国民党宣伝員も続々と江南から華北、満州（中国・東北）に北上して民族主義運動、排日運動が熱を帯びてきた[51]。

一方、日本の軍部は、前年の1930年（昭和5年）から統帥権干犯問題などで内閣をゆさぶりそれまでタブーとされてきた「政治関与」を強めてきた。それまで、軍人の教典「軍人勅諭」では軍人の政治参加は「世論に惑わず政治に関わらず」とされてきた。つまり、政治に関与しないのが軍人精神とされた。

しかし､この年8月から軍部は公然と「政治関与」の態度を表明し始めた（高宮太平『軍国太平記』中央公論新社）。

50　富所の署名が入った法華経の表紙裏の贈呈日付による
51　橋川文三編『日本の百年7　アジア解放の夢』筑摩書房、1978年改訂版

当時の満州（中国・東北）に対する日本人の感覚は、法的・経済的な意識からそれを日本の権益と見るよりも、むしろ「日清・日露戦争の十万の英霊」の血であがなわれた“聖地”と見ていた（鶴見俊輔ほか『日本の百年　7　アジア解放の夢』筑摩書房）。

その“聖地”を死守するためには武力を行使するのも可とする強い国民感情があったのは否定できない。

この6月、参謀本部と陸軍省は秘密裏に1年後の満州（中国・東北）における軍事行動計画「満州問題解決方策大綱」を決定した。

日本が領有どころか租借もしてない満州をいきなり植民地化しようとする恐ろしい計画である。もちろん、天皇はおろか、首相にさえも全く知らされてなかった。統帥権、帷幕上奏権を握った軍部の暴走の始まりである[52]。

この時は1年後とされていた計画だったが、実際にはその予定よりはるかに早く1931年（昭和6年）9月18日、満州事変が勃発した。

関東軍は南満州鉄道線路を爆破するや、それを中国側の攻撃と勝手に宣言、即座に防衛のための戦争と称して中国軍への攻撃を開始。一挙に主要都市を占領して全面戦争の火ぶたが切られた。

さらに3日後の9月21日には韓半島に駐留する日本・朝鮮軍1万人以上が天皇の命令を待たずに突如、朝鮮と満州を隔てる鴨緑江を渡河して満州（中国・東北）に入った。明らかな統帥権干犯であり、責任者は死刑になるはずだったが、結果はそうならなかった。

もともと関東軍司令部は天皇に直属していたので首相や、陸軍大臣、参謀本部の命令を聞く立場にはないと開き直っていた。極端な話、天皇の命令しか関東軍を止められなかった。その天皇さえ無視した暴走だった。

その天皇自体も前述したように「君臨すれども統治せず」という立憲君主制を建前とする憲法との関係で直接命令を出すことは抑制されていた。

だから原理上は誰も関東軍の暴発を押さえることはできないという恐ろしい

52　中野雅夫『満州事変と十月事件～昭和史の原点2』講談社、1973年1月

事態にあった。

天皇絶対、統帥権絶対の呪縛に国家の指導部、いな国民全体がはまっていたのである。誤った思想に呪縛されると、とてつもない悲劇が起きることをこの歴史は教えてくれる。

政府は不拡大方針を発表し、東京の参謀本部から関東軍に行動停止の命令が何度も打電されたが、関東軍はそれを全く無視して攻撃を続行、翌年1月上旬には錦州を、そして2月5日にはハルピンを次々に占領し中国東北4省全てを制圧して占領した。

日本の空気を変えた大新聞の戦争協力

そして驚くべきことが起きた。日本国内の大新聞、東京と大阪の「朝日新聞」と「東京日日新聞」が、この関東軍の暴挙に対してまさかの戦果の大々的宣伝と、その擁護を突如始めた。

それまでの軍部への批判的報道姿勢もあったのに9月20日の朝刊からあっという間に「中国側の計画的行動」に対する正当な日本の反撃であり大勝利であると軍部発表通りの報道にひっくり返った（半藤一利『昭和史』平凡社）。

特に東京日日新聞は9月27日付夕刊で「守れ満蒙　帝国の生命線」と4頁特集を組んだ。

「ここにおいて、日日新聞は、この情勢を黙視し得ず、全機構、全能力を挙げて、先ず満蒙（満州と東部の内モンゴル：筆者注）に対する認識の徹底と、その特殊権益の擁護とのために動員した。

報道に論説にひたすら国論統一を期し、新聞本来の使命に邁進した」「折にふれ事にあたって、満蒙特殊権益の帝国生命線たるゆえんを、あまねく国民に徹底せしむると共に、国論の統一を期し、進んでは外務当局を鞭達し、以て国策の確立遂行に寄与すべく務めた」（東京日日新聞社『東日七十年史』）と戦争協力をしたことを書いている。

武力により一挙に解決すべきとマスコミが軍部と国民を激烈にあおったのである。

それに加えて新しい強力な宣伝機関、始まったばかりのラジオ放送がこの事態を大々的に報道し、現地発の臨時ニュースを流し続けた。

衝突の第一報が伝わるや大阪朝日新聞は自社の飛行機を飛ばし、奉天特派員が撮った写真を空輸して9月20日の号外に掲載した。他社も負けじとばかりに飛行機を飛ばし、「号外」「号外」を発行し報道合戦が始まった。報道合戦というより陸軍のための宣伝合戦だったと辛らつな批判をする人もいた[53]。

背景には新聞社間の部数競争もあった。戦争報道は間違いなく新聞発行部数を押し上げた。

3年前の張作霖爆殺事件の時から世論は一挙に変わり満州事変支持一色に変わる。

「事変後、一週間もたたないうちに、日本全国の各神社には必勝祈願の参拝者がどんどん押し寄せ、憂国の志士や国士から、血書血判の手紙が陸軍大臣の机の上に山のように積まれた」「各紙とも軍部側の純然たる宣伝機関と化したといっても大過なかろう」[54]と当時のジャーナリストが慨嘆するありさまだった。

相次ぐ戦勝、拠点占領のラジオ、新聞報道、号外そして号外に国民は熱狂した。

大恐慌以来の不景気、それによる果てしない閉塞感、それを突如打ち破るような満州事変の戦勝は、国民に大喝采をもって受け入れられたのである。熱狂が熱狂を呼んだ。日本の果てしなく続く戦争に向けて潮目が変わった瞬間だった。

この結果、毎日新聞（大阪毎日と東京日日）は約3百万部、朝日新聞（大阪朝日と東京朝日）は約2百万部まで発行部数を増やした[55]。

戦争という最大の悪に国家全体が突入

戦争という、国民全てに悲惨な結果と不幸をもたらす災過は、人々にとって

53　阿部慎吾「満州事変を綴る新聞街」『改造』1931年11月号
54　半藤一利『昭和史』平凡社、2004年2月
55　「毎日新聞」2015年8月15日付

災い以外のなにものでもない。だから、鎌倉時代に出現した日蓮は、この戦争と、インフレと疫病をもって庶民をもっとも苦しめる三災と呼んで、その災いのない立正安国の世界を作ろうと立ち上がった。

牧口はその価値論で人々を幸せにする善こそ最大の価値とした。そしてその反対の価値を悪とした。人々の幸せを奪う戦争は反価値であり大悪となるのは言うまでもない。

まさにその最大の悪である戦争に、政府も軍部も、マスコミも、政党も自らそれをあおりたて突入しようとしていたのである。

日本国内だけでなく、満州（中国・東北）の各自治政府も関東軍の戦争支持一色になる。

支持一色となった国民世論の前に、政府も関東軍の暴発・満州占領を追認せざるをえなくなった。

なんと若槻内閣は「事変不拡大」の方針を撤回し、朝鮮軍の勝手な越境、すなわち統帥権干犯を認め、改めて予算を追加承認した。

天皇も内閣の決定を覆すことはできないという先例によって不拡大方針は崩壊したのである。

世論をつくり、動かすものこそマスコミである。一瞬のうちに大量に流布される「意図された情報」が世論を動かす。

マスコミによる国民意識を変える力がいかに凄まじいか、それを物語る劇的な推移であった。

そしてこれからマスコミと軍部は一体となって中国での戦争をリードし、やがては日本を滅亡に導く太平洋戦争を引き起こす流れをつくりあげる。

この戦争の道を開き推し進めた日本軍部とその宣伝機関と化した恐ろしいまでのマスコミの力の存在を私たちは決して忘れてはならない。

日本の軍部はここから国際法であろうと国内法であろうと、たとえ陸軍刑法であろうと、それを無視して、天皇の統帥権を盾にして他国への出兵や攻撃・占領を思うままにしていく。

それに加えて既成事実を積み重ねさえすればなんでも許されることを日本の軍部は歴史から学んだとされる[56]。

戦争支持一色の世論により「少年雑誌」「少女雑誌」、そして教科書に忠君愛国、神国日本、軍人賛美の記事、読み物があふれはじめ、青少年の頭脳に注入され始めたのがこの満州事変の頃からだった。

当時の体育の教師すら子供たちに向かって「お前らの身体はお前らのものではない。天子さまのものだ。心して鍛えよ」と教育した。小学生たちまでが天皇の臣民として仕えなければならないと教えこまれていった。

当時の修身教育の教科書は「（日露戦争の戦場で）木口小平は死んでも口からラッパを離さなかった」といったたぐいの忠君愛国美談で占められていく。

さらに講談社をはじめとする少年雑誌が「日本の軍人の死骸は、みな万歳のかたちをしているということは、いたるところで聞きました」などという荒唐無稽な忠君愛国の神話を来る日も来る日も少年たちの心に刻み付けていた[57]。

教育は子供たちのためにあるはずが、国家目的の手段にされた時、いかなる悲劇が起きるか。それを昭和史は証明している。

創価教育学会の機関誌の卵を創刊

国民あげての右傾化、戦争への死の行進に対して教育改造をかかげる創価教育学会はこの年10月ごろ、将来その機関誌となる牧口常三郎監修の『新教材集録』を創刊した。

編集主幹は戸田城外で、最初の一年間は誌代の入金を予定せずに各小学校に郵送。そのあとに注文をとったと編集部にいた渡辺力は述べている。

創価教育学にもとづく教材解説や、教育改造運動の理論構築、あるいは教育者の体験談を豊富に盛り込み1935年（昭和10年）には『新教』と改題。一時は発行部数が千部に及ぶまでになって創価教育学会の機関誌となり、体裁も普通

56　山中恒『アジア・太平洋戦争史』岩波書店、2005年7月
57　橋川文三編『日本の百年7　アジア解放の夢』筑摩書房、2008年4月

の雑誌の体裁になっていく。

前述したように、この雑誌の編集を翌1932年（昭和7年）から実際に担当したのは渡辺力だった。彼は牧口の遠縁にあたり、故郷は荒浜のすぐ隣だった。

1931年（昭和6年）11月、渡辺には大恐慌の影響で翌年春の大学卒業を控えても就職先が全く見つからなかった。

そこで就職の相談のため牧口を訪ねたとき、牧口は本当に親身になって相談に乗ってくれたという。

「牧口先生は終生そうであったように、相手の身分や年齢にかかわりなく謙虚に接してくれました」と当時を語っている。

結果、渡辺は、大学卒業と同時に時習学館に塾講師として入り、1932年（昭和7年）4月から牧口の著述の助手をつとめることになった。

時習学館の三階には三畳の小部屋があり、それが『体系』の編纂室になっていたが、そこに牧口と渡辺の机が二つ並んでいた。

渡辺は牧口の著述を手伝いながら学館の塾講師を務め、さらに『新教材収録』の編集にもあたった。

大恐慌の影響で戸田の時習学館の経営は厳しくなっていたが、前年の1930年（昭和5年）に発行した戸田城外著『推理式指導算術』が爆発的に売れ、1931年（昭和6年）4月に第5版、同年5月に第6版と版を重ねていた。

1931年（昭和6年）に時習学館で学んだのちの東大教授・山下肇は当時の学風として「昼間の沈滞した公立学校にはない活き活きとした新鮮な風は、私たちのころの時習学館にもふんだんに吹いてました」と語り、学館には「いわゆる詰め込み教育の要素はありませんでした。子どものなかにある、もっと学びたい、もっとわかりたいという気持ちを引き出すような授業をしていこう（中略）まさしくそのような熱気にあふれていました」と評している（山下肇『時習学館と戸田城聖～私の幼少年時代』潮出版社）。

8月には恒例の臨海学校を千葉県千歳海岸で実施。一期2週間の行程で朝はラジオ体操で始まり、食事のあと午前中は学習、午後は水泳、昼寝のあとは、また水泳。夕食後はキャンプファイヤー、肝試し大会、福引大会などのアトラクションを楽しんだ。

近くの港で鯨が陸揚げされると、それが解体される大がかりな解体ショーを見学し、あるいは浜の漁師の豪快な地引き網が引かれると皆でそれを見学もしている。戸田の行くところ常に子どもたちの歓声と好奇心、向学心が湧きあがっていた。

「こうした一つひとつから、私たち児童を思いっきり楽しませてやろうと考えている戸田先生の思いが伝わってきました」と臨海学校にも参加した山下肇は述べている。

激動の1931年（昭和6年）も終わりに近づいた12月末、小学校が冬休みに入ると、26日から3日間、牧口はその期間を活用して創価教育研究会主催の冬期研究会を麻布新堀小学校で開催した。校長としての在任期間は残り数か月だった。

牧口から「教育原理としての価値論」の講演があり、午後は教育現場の人々の教育上の諸問題について討論が行われたという（「教育週報」1931年12月26日付け）。

創価教育学支援会の犬養毅が総理大臣に

この同じ12月、満州事変に対して右往左往するだけで軍部の強硬方針をただ追認するだけだった若槻内閣があえなく倒れ、創価教育学支援会員だった犬養毅を首相とする戦前最後の政党内閣・犬養内閣が成立した。

犬養を補佐した盟友・古島一雄によれば、犬養内閣は組閣と同時に政策の確立と遂行を第一に進めた。それまでの政党内閣が政権奪取、政権争奪を唯一の仕事の様に考えてきた悪弊を一新して政策本位で行くと決めていたという。

その政権奪取・争奪の権謀術数こそが底なしの腐敗を生む原因であることを、犬養と盟友・古島は知りぬいていたのだろう。

その政策の第一は、腐敗政治の根源となった普通選挙法の改正、その第二が牧口と軌を一にする国民教育の根本的立て直しだった。そして第三は対中国問題の解決、真の日中親善を実現して世界平和への道を開く政策だった（鷲尾義直『政界五十年・古島一雄回顧録』海音書房）。

1932年（昭和7年）1月14日の犬養内閣最初の地方長官会議（午前10時から首相官邸）で犬養は国民教育（思想善導）について、「最も重大かつ最も至難の問題でありますが、それは人々の道念（正義と信念の心：筆者注）から自発的に生まれることを指導すべきであり、第一には家庭から、第二には小学校の教養においてその素地をつくるべきであります。

そのためにも教員の道念を修練する必要が大であり、最大一に師範教育の改善に待つべきである」（趣意）[58]と国家権力による教育への介入ではなく、家庭、そして小学校の教養にこそ力を注ぐべきであり、またその小学校の教員育成に師範教育の速やかな改善を打ち出した。

鳩山文部大臣も前日の初閣議後に犬養首相と師範教育改善について懇談し、やはり、師範教育の改善が先決ということで意見が一致した[59]。

これについて牧口は「時の鳩山文部大臣が先ず師範教育の改革から着手せんとしたこと等も、犬養首相の教育政策に深い根底のあったことを物語るものであった」と書いている（「創価教育法の科学的超宗教的実験証明」『牧口常三郎全集　第8巻』第三文明社）。

そして2か月後の3月11日付で犬養から牧口に丁寧な礼状が届いた。『創価教育学体系』第3巻「教育改造論」を贈呈されたことに対する御礼だった（「創価教育学体系梗概」冒頭に所収）。

犬養内閣の教育改革に、牧口は大きな期待を寄せていたのではないだろうか。

新政権は13日の初閣議で早くも大恐慌下で日本経済ののど元を締め上げてき

---

58 「東京朝日新聞」1932年1月15日付け夕刊
59 同前「東京朝日新聞」1932年1月14日付け

た金解禁（金の輸出自由化）方針を撤回し、金輸出の再禁止を決定する。

これによって日本の通貨・円の価値は暴落する。横浜正金銀行の統計によれば100円の平均価値は前年の48・871ドルから28・126ドルと42％以上下落し、その後も30ドル以下という低水準が続いた[60]。純金の裏付けのない円はそこまで値打ちがなくなっていた。

金輸出の禁止は日本を苦しめる恐慌からの脱出が第一の目標だった。しかし、一部の政治家、政党と癒着した財閥とその銀行がこの金輸出の再禁止を事前に察知するや、その後に予想される円安ドル高を見越して円を売り、代わって大量のドルを買い入れた。巧妙悪質な国家的インサイダー取引、大規模為替投機行為だった。

そして金輸出再禁止によってドルが高騰すると三井財閥をはじめ各財閥、銀行は安く買っていたドルを高値で売って数千億円という天文学的な額の莫大な利潤をあげるに至った[61]。

この利潤を支払うのは国民だった。大恐慌で国民が貧窮のどん底にあえぐなか、これには一般国民、なかんずく青年将校・国粋主義者が猛反発したのは当然で、彼らの一部によって前の財務大臣・井上準之助と三井財閥の幹部・団琢磨が暗殺される血盟団事件が翌1932年（昭和7年）2月から3月にかけて起きる[62]。

政党、政治家と財閥の癒着、腐敗に対する国民の眼が一層厳しくなり、右翼、国粋主義者による国家社会主義の方向に世論はなびいていく。マスコミの軍部支持、そして、政治家たちの汚職まみれの金権政治への国民挙げての批判がその大きな原動力になりつつあった。

牧口価値論から見るならば、社会全体の幸福、すなわち善の価値を無視し、自らの利益、すなわち利の価値追求のみに奔走する資本主義体制下の政治家と、それに癒着する財閥への怒りが右翼、国粋主義者のテロ活動を生み出し、最後

60　正村公宏『日本の近代と現代～歴史をどう読むか』NTT出版、2010年8月
61　前出　中野雅夫『昭和史の原点』280頁
62　歴史学研究会『日本史年表』岩波書店、1966年7月

には戦争という大悪を生み出していったことになる。

満州国の建国から亡国の歴史が始まる

その1932年（昭和7年）1月6日、陸軍、海軍、外務の三省課長が、満州事変により占領した満州（中国・東北）を独立させる満州国独立方針を極秘に策定する。満州国建国の謀議である。もちろん、犬養は知らない。

もともとこの満州（中国・東北）事変、そして満州国建国を策定したのは関東軍参謀・石原莞爾とされている。

日蓮主義者でもある彼の『世界最終戦争論』によれば、この「満州国」を日本・韓国・中国・蒙古・満州の諸民族が一致協力してつくるいわゆる「五族協和、王道楽土」の理想国家として完成させ、それ以上の中国侵略はやめて中国・満州国境からは一歩も中国本土を侵さず、ひたすら国力を養って軍備・経済力を高め、やがて来るべき世界最終戦争、日米戦争に備える、それが石原莞爾の夢想であり、幻の大方針であった[63]。

日本による満州侵略に対して、1932年1月7日、アメリカの国務長官スチィムソンが「満州の日本の行動を承認しない」と声明するなど、ごうごうと国際社会から批判が巻き起こった。

そのため、日本陸軍は満州からその国際社会の批判の眼をそらす目的で1932年（昭和7年）1月28日、突如満州からはるかに遠い、上海で上海事変を起こす。

中国人の集団が日本人の僧侶などの一行を襲撃し、復讐として日本人居留民が放火や中国人襲撃を行い、それを受けて海軍陸戦隊が邦人保護を名目に上海に上陸､一方的に中国軍を攻撃するという筋立ての謀略､それで戦争が始まった。

これもまた内閣や天皇も知らぬ間に謀略によって勝手に起こされた戦争であったが、劣勢の海軍陸戦隊を守るため陸軍部隊が増派され2月20日には上海総

63　橋川文三編『日本の百年7　アジア解放の夢』筑摩書房、改訂新版1978年5月

攻撃を開始した。第一次上海事変である[64]。

満州事変も上海事変も軍の報道管制によりその真相詳細は全く国民に知らされず、第二次世界大戦終了後に、いかに日本軍が謀略に次ぐ謀略を駆使して非道な戦争を起こし、国民の生命財産を浪費したかを知ることになる。

その真相を報道すべきマスコミは、軍部に協力して、派手な戦争報道で販売部数を増やそうと紙面を飾り、ひいては国民の戦意を高揚させる宣伝機関になり下がり真実を報道しようとしなかった。というよりできなくなっていた。

その間、2月16日には中国東北（満州）三省の主席が会議を開き、議論は沸騰したがたちまち独立宣言をすると決定、なんとその3日後の29日には満州・奉天で満州国独立大会が開かれ、清王朝のラストエンペラー溥儀が暫定的に元首に任命された。そして、3月1日、満州国は独立宣言をする。

全て、日本の関東軍が筋書きを書き、後ろで静かに糸を引いていたのは言うまでもない。こうして傀儡政権・満州国が誕生した（半藤一利『昭和史』平凡社)。世界のどの国も公認しない政権だった。

中国民衆と堅く連帯した犬養首相の抵抗

だが、国際連盟の総会が3月3日に開かれ、日本の侵略行為を糾弾する方針になっていたこともあり、何も知らされてなかった首相・犬養は仰天して満州国独立に反対。

内閣の一部と、軍部、各省庁幹部がまとめた「独立国家」承認案を認めなかった。犬養はあくまでも満州に中国の宗主権を認め、満州国は自治政府としての樹立にとどめようとする案で妥協しようとした（小山俊樹『五・一五事件』中央公論新社)。

天皇にも働きかけようとしたがそれは失敗。犬養は孤立した。

一方、上海事変も中国との和平交渉を裏で進めた犬養内閣が必死の努力を重

64　前出　正村公宏『日本の近代と現代～歴史をどう読むか』NTT出版

ねて事変は収拾に向かい、ようやく日本軍は撤兵した。

創価教育学支援会員だった犬養と中国の関係は古く、中国革命の父・孫文が日露戦争に勝った日本に感激して1905年（明治38年）に東京で中国革命同期会を作った時から孫文を援助した。

牧口が貧しい少女たちの教育のため通信制高等女学校を創立した年であった。

孫文は何度も武装蜂起を企てては失敗し、日本に亡命しては犬養をたよった。犬養は身銭をきって孫文を助け続けた[65]。

1911年から同12年に清国で起きた辛亥革命の時には、古島一雄、中野正剛（ともにのちの創価教育学支援会員）とともに中国にわたり革命を支援した。孫文は犬養の手を握り、泣いて感謝したという[66]。

一方、日本政府は21か条の要求や、革命に干渉するための山東出兵を繰り返すなど一貫して中国革命を妨害し、その妨害は中国民衆から長く致命的な憤激をかった。

本書第1巻で紹介したとおり、牧口は中国人留学生のための学校・弘文学院で地理学を講義して留学生を応援。その留学生の中から中国革命の指導者が誕生していくが、この時まで牧口周辺に集まる人々は中国民衆との堅い連帯のきずなを結んでいった。

校長生活の最後を迎えた麻布新堀尋常小学校

この同じ1932年（昭和7年）3月末、麻布新堀尋常小学校の廃校に伴い、牧口は長年の教職生活を終えた[67]。

だが不服従の精神で教育改造運動に挺身することを決めていた牧口は、その退職金の半分で目白にあった牧口の自宅を新築し、教育・宗教活動の拠点とする。さらに残りの半分は戸田に託し、『創価教育学体系』の発刊費用に充てる。

65　中野雅夫『昭和史の原点3　五・一五事件　消された真実』講談社、1974年。橋川文三編『日本の百年7　アジア解放の夢』筑摩書房、2008年4月

66　同前　中野雅夫『昭和史の原点』

67　美坂房洋編『牧口常三郎』聖教新聞社、1972年11月

戸田は全力をあげて師・牧口のために続刊・発刊準備を続けていた。

時習学館3階の三畳の部屋で『創価教育学体系』の完成をめざし執筆・校正作業が牧口を中心に戸田や渡辺力により進められていた。

このころの時習学館には戸田城外以外には、時習学館支配人として入った山田高正、講師の渡辺力、石丸承吉、松尾幾などがいた。

松尾は英語の教師で、のちに戸田と結婚する。石丸は音楽専門学校入学をめざしていて、時習学館二階にあったピアノで生徒のいない昼間によく歌っていたという。

この石丸は後年、オペラ歌手になり、新宿の「ムーランルージュ」で多くの観客の前で歌っているのが目撃されている[68]。山田は国語教師だった。

冬に雪が降ると時習学館前の坂道は恰好の雪遊びの場に変わり、生徒達は、学館の椅子や机を勝手に持ち出して、ソリ代わりにしてはそれに乗って雪面を滑り、よく大はしゃぎをしていた。山下肇（のちの東大名誉教授）も夢中でソリで遊んで、戸田からおお目玉をくらったという[69]。

戸田城外著の受験参考書『推理式指導算術』は「この本さえマスターできればどこの中学も入れるという定評つき」[70]と言われ、受験シーズンになると爆発的に売れて1月に第7版を出すと、3月から4月の2か月だけで一挙に11版まで刊行され完売した。最終的には百万部にまで行ったといわれる隠れた大ベストセラーになった。

数年来続く不景気のため塾経営は生徒数が5～60人程度と[71]思わしくなかった形跡があるが、この出版部門の大成功で時習学館はともかく生き延びていた。

この1932年（昭和7年）4月の16日から2日間、日蓮正宗の教学講習会が東京・中野にあった日蓮正宗の寺院、歓喜寮で開催された。東京の在家有志が発起人

68　山下肇『時習学館と戸田城聖～私の幼少年時代』潮出版社、2006年2月
69　同前　山下肇『時習学館と戸田城聖～私の幼少年時代』
70　山下肇・加太こうじ『ふたりの昭和史』文藝春秋新社、1964年10月
71　同前 山下肇・加太こうじ『ふたりの昭和史』

となり、日蓮正宗の元管長・堀日亨が担当し、「富士一跡門徒存知事」を講義したが参加者50余人と記録されている[72]。

会場の歓喜寮は正式名称を日蓮正宗寺院・中野教会所といったが、通常は歓喜寮とも呼ばれ、前年の1931年（昭和6年）7月5日に設立された[73]。

それに伴い新しく赴任した住職・堀米泰栄（後の日蓮正宗65代法主・堀米日淳）と牧口たちの交流が始まっていたようである。

牧口の信仰活動の拠点寺院が歓喜寮でもあった。牧口が日蓮仏法の教学研鑽と信仰を更に深めていったのはこのころからではないかと思われる。

翌月の5月7日、牧口が幹事の一員だった法華講「直達講」が日蓮正宗総本山から正式に講として認証された[74]。この年4月に認可申請を提出していたもので講頭は三谷素敬、彼は牧口に日蓮仏法を教えた人物であり、講員は30余人と記録されている。

1928年に北海道から上京し、戸田の時習学館に就職し、『創価教育学体系』の原稿整理を手伝った須藤一は「牧口先生にデュルケムや、田辺博士の価値論の講義を聞き、また三谷素敬師の立正安国論の講義を聞き、創価教育学の編集と命名に協力」と書いている（須藤一「流に漂い生きた五十年」『五十年』北師卒業十四年会)。

1929年（昭和4年）11月7日に、三谷素敬の「立正安国論精釈」が発刊されていて、牧口はそれを手に入れて勉強している。牧口の押印のある初版本も残っている[75]。

おそらく牧口も日蓮正宗入信以来、数年間はこの三谷の「立正安国論」講義などを、この須藤や時習学館関係者とともに受講し、日蓮仏法を研鑽していたと考えられる。

その後、1934年（昭和9年）ごろから中野・歓喜寮の住職・堀米泰栄を時習学館に招き、毎月1回、牧口、戸田や時習学館関係者などに日蓮の御書を講義

---

72 『大日蓮』昭和7年5月号、大日蓮社、1932年5月
73 『大日蓮』昭和6年8月号、大日蓮社、1931年8月
74 『日蓮正宗宗報』日蓮正宗宗務院、1932年5月
75 創価学会本部所蔵

してもらい、勉強している。堀米は総本山に赴任するまでの5年間、ともに勉強したと述べている（『価値創造』第7号、創価学会）。

5・15事件と政党政治の終焉

しかしこの「直達講」承認から1週間後の5月15日、犬養毅首相が非道にも暗殺される。5・15事件である。

「国民の敵たる既成政党と財閥を殺せ！
　横暴極まる官憲を膺懲（ようちょう＝こらしめるの意）せよ！
　奸賊（かんぞく）・特権階級を抹殺せよ！」

と叫んで血盟団を先鋒に海軍6人、陸軍12人の革新将校と農民別働隊10人が惨劇を起こした。

犬養首相官邸が襲撃され、犬養は官邸に土足で踏み込んだ青年将校の凶弾に重傷を負ったが、静かに煙草を手に取り「火をつけよ」と側近に告げ「今の若い者を呼んで来い、話をしてやるから」と言って、こと切れた。殺人犯に対しても無限の愛情と教育の心を忘れなかった（鷲尾義直編著『政界五十年・古島一雄回顧録』海音書房）。

実行犯には犬養への個人的怨恨は一切なく、それが真の原因ではなく、逆に前年に未遂に終わった3月事件、10月事件など国家改造クーデター計画を縮小して引き継ぎ、政党政治の腐敗、財閥と軍閥、政党との癒着を断ち切り、大恐慌により窮乏化し追い詰められた国民のために国家改造の捨て石となろうと立ち上がった海軍の青年将校や、それとつながる民間右翼の青年たちの妄動が要因とされている[76]。

この事件では内大臣官邸、立憲政友会本部、警視庁、三菱銀行が襲われた。犬養首相と警官が死去したが、犯人たちが狙ったいわゆる君側の奸とされた元老・西園寺公望、内大臣・牧野伸顕、侍従長・鈴木貫太郎などは幸運にも無事

76　小山俊樹『五・一五事件』中央公論新社、2020年4月

だった。

犬養は自身の命はとうに捨てていたといわれる。犬養の盟友・古島一雄によれば、犬養が首相官邸に最初に入った時「浜口（雄幸元首相：筆者注）は臆病だったな。こんなに鉄条網をこしらえておるわい」と言って、鉄条網など防備を撤去させたという[77]。

清朝政府や権力から中国革命の父・孫文を守り続け、その革命を援助し続けた犬養は自身の命はもとより捨てていたというべきだろう。

ここで、犬養内閣の後継内閣をどうするかが議論になった。当然、憲政の常道に従い政権与党から後継首班が選ばれるべきだったが、結果は違った。

なんと天皇とその側近が憲政の常道を中断させたのだった。

天皇はじめ、木戸幸一（内大臣秘書官長）は政党政治に非常な危惧をいだき、力で政治を牛耳ろうとする軍部に政党内閣では対抗できないと結論した（木戸幸一『木戸幸一日記』東京大学出版会、小山俊樹『五・一五事件』中央公論新社）。

ここまで首相の推薦権を独占してきた元老・西園寺公望もそれに同意した。

「天皇にとって、軍部の暴走への危機感と、政党政治への不信感は、それだけ強かった」と『五・一五事件』の著者・小山俊樹は書いている。

こうして政党と全く関係のない斉藤実が挙国一致内閣をめざす首班の任命を受けた。5月22日だった。

ここに政党内閣は終焉を迎える。

テロ首謀者の2人への求刑は当然ながら死刑だったが軍法会議の判決では、驚くことに禁固15年の判決、そのほかに無期懲役1人など計4人が禁固刑になっただけで、それ以外の将校、兵士など襲撃事件加担者は全て無罪となった[78]。

時の総理大臣暗殺という流血の惨事を起こしながら、厳罰は加えられなかったのである。

77　同前　小山俊樹『五・一五事件』
78　同前　小山俊樹『五・一五事件』

犯人の青年将校や民間右翼に圧倒的な支持・同情が集まったためだった。世論は明らかに戦争支持、軍部支持に一方的に傾きつつあった。

この流れに乗ったかのように、あの浜口雄幸首相を襲い、のちに死に至らしめる重傷を負わせた右翼の青年も、血盟団事件で三井銀行の団伊玖磨などを刺殺した犯人も、ともに死刑判決を免れた[79]。

こうして結果的にクーデター、テロの首謀者や実行犯が著しく軽く断罪されたことで、昭和維新とか、国家改造をめざす青年将校や右翼運動家にその運動への自信を与え、軍部にも暴力による強圧的支配を正当化する機縁になった。4年後に起きる2・26事件の伏線のひとつになったといえよう。

新渡戸稲造もアメリカで苦闘

犬養毅が凶弾に倒れた同じころ、もう一人の創価教育学支援会のメンバーがアメリカで苦闘していた。

元国際連盟事務次長の新渡戸稲造である。

満州事変、そして満州国建国によってさらに悪化したアメリカの反日感情をやわらげるため、新渡戸は日本政府の要請でアメリカに渡り反日世論の巻き返しに努力していた。

アメリカはあの日露戦争の講和について自国のポーツマスを会議場として提供し、ルーズベルト大統領自らが講和の橋渡しをしたが、それは国益として中国進出を狙っていたからであったといわれる。

だから満州に日本の勢力が拡大することは何としても抑えたかった。アメリカの世論も中国に対して非常に好意的で、逆に日本の行動を激しく非難していた。

その反日世論を巻き返す必要があるとされ、それができるとすれば当時の日本には新渡戸以外にはいないとの判断から政府筋から依頼がされたのだった。

しかし、新渡戸は1924年（大正13年）5月にアメリカで日本からの移民を禁止するなどの「排日移民法」が成立した時、「それが撤回されない限り二度と

79　同前　小山俊樹『五・一五事件』

アメリカの土は踏まない」と公言していた[80]。

この悪法は「絶対的排日移民法」ともいわれ、徹底的に日本移民を追い返すような法律だった。

カリフォルニア州ではすでに1920年（大正9年）に「排日土地法」がつくられ日本人移民だけでなく、その子供たちも土地所有が禁じられていた。この法律によれば、日本人移民が苦労してやっと入手した土地を取り上げられることになった。

さらに1922年（大正11年）にはアメリカ最高裁が「黄色人種は帰化不能人種であり、帰化権はない」という恐るべき人種差別的判決を下していたが、この1924年（大正13年）5月にはそれをもとに、「帰化権のない外国人、すなわち日本人」は移民として受け入れないという排日移民法（正式名称は「移民割り当て法」）をアメリカ連邦議会が可決した。

この日からアメリカは国家全体が、法の名において日本人を差別し排斥することになった。

この恐ろしい法律を前に、反米感情が一挙に巻き起こり日本人のアメリカ観も一変したとされる。

3度も渡米し日米友好親善の立役者の一人であり新渡戸の知己だった日本資本主義経済の父・渋沢栄一も「アメリカ伝統の正義人道どこにありやと疑わざるをえない」と述べ、さらに「この改正を見るまでは死んでも死に切れません」と悲痛な叫びをあげ、晩年はこの改正に命をかけたといわれる[81]。

深い亀裂が広がりつつあった日米間のその感情的あつれきが満州事変、満州国建国でさらに強くなっていた。

新渡戸が「二度と渡米しない」とのその固い決心を破ってアメリカに渡るのは、その主義主張を自ら破ることになるだけでなく、軍部や右翼に屈服したとみなされる可能性があった。

それでも新渡戸はアメリカに渡り1932年（昭和7年）から同33年（同8年）の

80　草原克豪『新渡戸稲造　1862－1933　我、太平洋の橋とならん』（新版）藤原書店、2021年2月
81　白石喜太郎『渋沢栄一　92年の生涯　冬の巻』国書刊行会、2021年3月

一年をかけて全米で百回以上の講演、記者会見、全米ラジオ放送をくりかえして、ひたすら日本を擁護した。

そのアメリカでは、新渡戸に敬意を持つ有識者から「あなたほどの経歴の持ち主がこのようなことを自分の意見として述べるとは誠に情けない」と公開書簡などで批判された。

全米行く先々でマスコミや知識人のみならず、新渡戸と同じクリスチャンから厳しい非難を受け、ついには新渡戸という人物は日本の軍部に妥協して満州政策を支持していると完全に誤解されていった[82]。

だが、そうした必死の講演活動のさなかに、上海事変、5・15事件、満州国承認と新渡戸の講演内容を裏切るような事件が続発し、ついに1933年(昭和8年)2月、日本軍は中国北部の長城線を越え中国熱河省に侵攻した[83]。

これによりアメリカでの新渡戸の国際文化人としての評価は地に落ちた。

3月27日、日本はその新渡戸がかつて事務次長として運営し推進した国連を脱退した。新渡戸がアメリカから帰国した3日後のことだった。

それでも「我、太平洋の橋とならん」が新渡戸の青春時代からの一貫した信念、使命感だった。その使命に新渡戸はあえて殉じたといえよう。

脚光浴びる牧口の「郷土科教育」

その新渡戸がアメリカで講演旅行を続けていた1932年（昭和7年）7月、牧口も創価教育学の普及のため、前年に続き第二の故郷・北海道を1か月にわたり講演旅行していた。

当時は文部省の予算を伴う新しい「地方教育」に関する文教政策が発せられたことから「郷土教育」に脚光があたり、ある意味「郷土教育熱」「郷土教育ブーム」が起きていて、講演会のテーマは圧倒的に「郷土教育」だった。

82　前出　草原克豪『新渡戸稲造　1862－1933　我、太平洋の橋とならん』
83　前出　『日本史年表』岩波書店

牧口が『教授の統合中心としての郷土科研究』（以下、『郷土科研究』と略す）を最初に発刊して、郷土科教育こそ教育の基底に置くべき教科だと、その重要性を世に訴えたのは1912年（大正元年）11月だったが、それからちょうど20年目、このころになってやっと時代が牧口に追いついてきた。

すなわち、文部省は1930年（昭和5年）の12月18日、奇しくも『創価教育学体系』発刊の1か月後、全国の師範学校に「郷土研究施設費」をほかの予算とともに初めて交付した[84]。

さらに、文部省の「地方研究」すなわち「郷土研究」の思想・理念が「師範学校規程中改正」として1931年（昭和6年）1月に公布された。

それによれば、牧口がまさに訴えてきたように、従来の欧米輸入の概念的抽象的な教育を打破し、直感的実地体験的教育を実践しようとする試みであり、生活や現代社会を理解する基礎として、郷土を重視し、全ての学科を郷土に結合して教材化する[85]という、まさに牧口の『教授の統合中心としての郷土科研究』から影響を受けたとしか考えられない方向性を示している。

さらに「郷土研究施設費」の予算まで交付したということは、牧口が『郷土教育』で主張した学校教育に「郷土科」を特設する方向までにじませていた。

しかし、この背景には、世界大恐慌の影響で没落した農村を中心とする地方の教育を活性化し、国家の基盤となる郷土の実情を正しく認識理解して国民としての自覚を涵養する「国民精神の涵養」をめざそうとする国家主義的な目的があったことはいうまでもない。

国策として愛国心、郷土愛を涵養するために文部省肝いりで郷土教育運動が推進・宣揚され始めた。だがどのように教育現場で進めればいいか、五里霧中、暗中模索の状態だったことはまちがいない。

そのため、「郷土教育」の重要性を訴えてきた牧口にスポットライトが当たったようであり、各地で牧口が人気を集めたのは、「郷土教育」の講演であった。

84　伊藤純郎『増補　郷土教育運動の研究』思文閣出版、2008年5月
85　同前　伊藤純郎『増補　郷土教育運動の研究』

実際、文部省の方針を受けて、各地で郷土教育に関する講習会、研究会が相次いで開催され、それは一種の郷土教育運動と呼べるような勢いにまでなっていった。前年、1931年（昭和6年）夏に牧口は北海道で行った教育講習会のテーマも郷土教育だった。

そうした運動の影響をうけて開催される研究会、講習会に牧口は参加しては、持論の「郷土科研究」を教え、さらには創価教育学の普及に意欲を示している。

まず7月1日に、北海道・旭川で第15回上川教育会中央部研究大会（旭川・東川尋常高等小学校、参加者・300人）に出席したが、そこでは「郷土教育論」から始めて「人生の目的、教育の目的」、「教育原理としての価値」、「教育方法論」と、まさに「創価教育学」の内容まで踏み込んでの講義をしている。

そこで出席者に大きな感銘を与えたのを皮切りに、同2日も同会で講演、3日から4日にかけては富良野線方面研究大会（富良野・富良野尋常高等小学校）で連日講演、続いて7日から8日にかけては上川管内北部教育研究会（名寄・風連尋常高等小学校、約600人が参加）で講演した。

さらに8日から10日まで「郷土教育」について旭川で講演[86]、12日には帯広尋常高等小学校、13日には十勝公会堂[87]、15日には釧路、最後に19日には札幌に入り、20日には札幌女子高等学校で講演している[88]。

この時、帯広の十勝公会堂で開かれた牧口の教育講演会に参加した千葉小太郎がその思い出として

「昭和7年7月13日

牧口常三郎先生の教育講演会が十勝公会堂で開催された。帯広市内の全学校教職員その他多数の教育関係者の聴講あり。

私も柏小学校教員として受講、牧口先生は創価教育学について熱情こめて解き来り解き去り、聴衆に多大の感銘を与えられた。

---

86 「旭川新聞」1932年7月1日付け夕刊、同3日付け、同4日付け、同5日付け、同6日付け、同7日付け、同8日付け、同9日付け

87 「十勝毎日新聞」1932年7月5日付け。同9日付け、同14日付け

88 『上川教育会報』第32号、上川教育会、1933年7月、山崎長吉『人間教育を結ぶ～北海道が育んだ牧口常三郎』北海タイムス社、1993年11月

なお、先生は熱烈な法華経の信者であり、宗教問題に深く参入されている事が主催者によってつけ加えられた」[89]と述べている。

足掛け5年にわたり日蓮仏法を研鑽、信仰してきた牧口がこうした講演会前後に、主催者で懇意の空知教育会のメンバー、司会者などに日蓮仏法の優れていることを語っていたことが垣間見える。

また、この旅の合間に、牧口はめずらしく俳句を詠んでいる。天塩郡厚寒の原野で満緑の山野に咲く真っ白な除虫菊を眺めながら一句詠んだ[90]。

除虫菊　新緑原野に　雪散らし

故郷・荒浜を訪れ郷土教育の講演も

8月に入ると20日から27日までなつかしい故郷、新潟県・荒浜とその近郊を訪れる。刈羽郡初等教育研究会から招かれ「郷土教育」「創価教育学」について講演するためだったが、荒浜にも数日滞在して旧交を温めた。

母校・荒浜尋常小学校に『創価教育学体系』第3巻を寄贈もしているが、同時期に戸田城外著『推理式指導算術』も寄贈されている[91]ので、これは牧口が一緒に持参したのかもしれない。算術が苦手な子供には喜ばれただろうか。

8月25日、新潟県刈羽郡初等教育研究会主催の郷土教育研究会が柏崎市内の柏崎幼稚園で開催され、「郷土教育の意義」「創価教育学」について約3時間半にわたり講演。

朝8時半からの講演にもかかわらず、参加者は70人を超えた。次の日には正午より郷土教育座談会に出席。質疑応答、研究発表が行われ、非常に有益な話

89　美坂房洋編『牧口常三郎』聖教新聞社、1972年11月
90　『牧口常三郎全集』第10巻、第三文明社、1987年4月、渡辺力あての手紙
91　『荒浜小学校寄付原簿』

だったと地元紙も高く評価して報道している[92]。

この研究会については、北海道の講演旅行と同様に地元紙数紙が行事予告記事から報道記事までカバーしていて牧口の動静が第一の故郷、新潟でも注目されていたことを物語る。

ここで、なぜ牧口の行動予告から動静まで地元紙に掲載されて講演会にこうして多くの人が参加したのか。それは今回も牧口得意の広報渉外活動があったと推定できる。

この時、故郷・刈羽郡割町村に徴兵検査のため帰省していた渡辺力に8月6日付けの手紙で牧口は次のように書いて送った。

「もし時間があり、便宜があったら柏崎の新聞社に『創価教育学体系』第3巻の紹介か郷土教育について牧口を紹介する記事か寄稿を依頼してもらえないか。

また講演会のタイトルは『郷土教育の改善案』であり、その内容の一端はあの有名な二宮尊徳の『日々に展開する天地の経文を拝見する』という趣旨だと伝えてほしい」（趣意）と書いている（『牧口常三郎全集』第10巻、渡辺力あての手紙）。

新聞社がつい興味を示し、記事を書きたくなる内容を事前に伝えようとしている。

渡辺力はもちろん柏崎の新聞社を訪ね依頼したのだろう。ねらい通り、柏崎の2つの新聞社が牧口の講演会の予告記事から行動記録まで全て記事にしてくれている。

巻き起こる郷土教育ブームに待ったをかける

しかし、牧口が講演旅行した北海道でも、またこの柏崎でもそうだったように、日本全国で当時、郷土教育熱が高まってはいた。しかし現実の実態は牧口の意図した郷土科研究の真のねらいや方向性からははるかにかけ離れたものに

92 「越後タイムス」1932年8月7日付け、同21日付け、同28日付け、「柏崎日報」同8月17日付け、同27日付け。

なりつつあった。

新潟から帰京した翌9月に「郷土教育連盟」が主催する「師範学校長から地方教育を聴く」という「郷土教育」をテーマにした座談会に牧口も招かれて参加し発言している[93]。

ところが、この座談会に参加した各地の師範学校校長や関係者たち16人の発言がこの雑誌に30頁にわたり延々と再録されているのだが、それを検証・総括すると、「郷土教育」とは何をめざしているか、なぜ大事なのか、そしてどう進めればいいか、などについて全く「群盲象をなでる」状態で、まるで話はかみあわず、座談会の体をなさないありさまだった。

牧口の著書『教授の統合中心としての郷土科研究』(便宜的に『郷土科研究』と呼ぶ)に書かれた内容、すなわち、生徒たちが郷土を注意深く、熱心に観察すれば、そこから社会が、日本が、やがて世界が見えてくるという子供たちのための郷土科教育の鋭い視点。

それからみれば、師範学校校長たちの「郷土教育」の認識の度合いは絶望的に低い。それを、牧口はこの座談会で目の当たりにしている。

海後宗臣・飯田晃三・伏見猛弥共著『我国に於ける郷土教育と其施設』(目黒書店)に郷土科教育の重要性を展開する代表的な著書の一つとして牧口の『教授の統合中心としての郷土科研究』が取り上げられてはいるが果たして、これら関係者がそれを読んでいたかどうか疑問である。

文部省による郷土教育の国家主義的な押しつけ、それに対して生徒に教える側の師範学校の校長や教員の絶望的な無知。

それを知った牧口は、『創価教育学体系』執筆出版の最中でありながら、あえてそれを中断して、『郷土科研究』の改訂増補第10版の執筆を開始、1933年(昭和8年)4月5日に刊行した。

発行が創価教育学会、発売は戸田が起業した出版社・城文堂となっている。

---

93 「師範学校長から地方教育を聴く」『郷土教育』第25号、郷土教育連盟、1932年11月

当時、牧口の助手として『体系』発刊を手伝っていた渡辺力は前述のように、1932年（昭和7年）8月に郷里の新潟県に帰っていたが、そこで牧口が「私もかつて“郷土科研究”を出版して、その重要性を世に訴えたが、これを機に、この本を見直してもう一度世に出してみようと思う。これも君に手伝ってもらわなければならないな」とその時に述べていたと書いている[94]。

すると牧口は、この1932年（昭和7年）夏くらいから、実際にこの改訂増補版の執筆を始めたと考えられよう。改訂第10版の「序文」は翌年1月に執筆され、そこで文部省の郷土教育の奨励に対して、その浅薄な皮相性を批判し、郷土教育を根底にした改革を主張している。

この改訂増補版で全く新しく書き加えた新章節となる「第30章　『郷土教育』思想の史的考察及其と本書幷（ならび）に創価教育学との関係」では、

「然るに漫然と文部省から奨励されるからとか、他校で遣っているからとか、それを遣らねば、流行後れの嘲笑を受けるとかの理由で付和雷同するに至っては途中に於いて狼狽しなければならぬことは云うまでもない所であります。

不幸にして我邦の郷土教育は今その境遇にあるのではありませんか」と当時の郷土教育の実態を厳しく批判している（牧口常三郎『教授の統合中心としての郷土科研究』改訂増補第10版、創価教育学会）。

「教育週報」（1933年7月8日付け1面）にこの『郷土科研究』の短い書評が掲載されているが「著者（牧口のこと：筆者注）は教育の郷土化について20余年前既にこれを唱道し以てこの書の初版を世に送った。この改版書によって著者の当時の所論と今日の郷土教育のそれと幾何の開きがあるか」[95]と書いている。

この改訂増補第10版が発刊されたのが1933年（昭和8年）4月だが、同年10月、牧口は東京市教育局視学課の郷土教育のための郷土誌調査嘱託に任用されてい

94　渡辺力「『郷土科研究』再刊のころ」『牧口常三郎全集』第1巻、第三文明社、1981年、月報Ⅰ
95　「教育週報」1933年7月8日付け

る[96]。

おそらくは郷土科教育のエースとして、当時勃興し流行した郷土教育の推進役を東京市から期待された可能性がある。郷土教育のスローガンだけが叫ばれ、国家的な流行になったが、なにをどうするかの指針はなかった。だからその指導のため、専門的な知識をもち、専門的著書も書いた牧口を東京市教育局が求めたのは当然だったろうと筆者は考えている。

このことについて『評伝　牧口常三郎』では、「牧口の左遷に対し、戸田城外はそれを撤回させるための行動を起こしている。白金小学校への復帰は実現しなかったが、牧口は1932（同7）年3月31日に退職した後、33（同8）年から東京市教育局の嘱託として勤務することになった」[97]と書いてある。

しかしこの戸田の左遷撤回への行動がどのようなものだったか、そしてそれがどうして郷土誌調査研究の嘱託として東京市に任用されるに至ったか。その裏付け資料も説明も『評伝　牧口常三郎』には全くない。

さらに「戸田と共に牧口の処分撤回に尽力した鷲見行正の主催により、祝賀の会が帝国ホテルで開かれている」と鷲見行正の名前を挙げて彼が左遷撤回に尽力したとしているが、これも裏付けになる資料が全く書かれてない。

さらに、「鷲見行正の主催により祝賀の会が帝国ホテルで」と書いてあるが、その裏付け資料として挙げてあるのは『牧口常三郎全集』の「月報3」（第三文明社、1982年）に掲載された祝賀会の写真と、明石信道著『旧帝国ホテルの実証的研究』[98]に掲載された同ホテルの平面図のみ。裏付けにはならないものばかりである。

96　『東京市広報』№2324、昭和8年10月14日付け任免及辞令で任用され、同№2984、昭和13年4月16日付け任免及辞令で「郷土史に関する調査嘱託を解除」されている。郷土教育より国家主義教育が全盛になったためと考えられる。昭和10年7月版及び同12年9月版「東京市職員録」に郷土誌調査嘱託として、また『大衆人事録』第12版、帝国秘密探偵社、1937年に東京市社会局嘱託として牧口の名前がある。

97　前出『評伝　牧口常三郎』

98　明石信道『旧帝国ホテルの実証的研究』東光堂書店、1972年9月

そこに鷲見が主催した事実を裏付ける記載は全くない。また、掲載された写真はなんとなく祝賀会の雰囲気なのだが、それが何の祝賀会か明示されてない。まさに関係ない資料を挙げて想像で書いたとしか思えない。

さらに矛盾するのは、この『評伝　牧口常三郎』は雑誌『第三文明』に2013年1月号から連載された「創価教育の源流」編纂委員会編『創価教育の源流　第1部　牧口常三郎』をまとめた本なのだが、その連載第1部の第14回「『創価教育学体系』とその反響」のなかにこの祝賀会のことが記載され、そこにはこう書いてある。

「なお、年月日は定かでないが、戸田とともに牧口の処分撤回に尽力した鷲見行正の主催により『創価教育学体系』発刊の祝賀会が帝国ホテルで開かれている」[99]と。

『創価教育学体系』出版記念会は前述したように1931年（昭和6年）1月12日午後5時から4時間をかけて東京・神田の教育会館で開かれたことは「教育週報」の記事が裏付けとしてある。

すると、同じ出版記念会（祝賀会）を2度やったことになる。

一体この『評伝　牧口常三郎』がいう祝賀会は何なのか。別の出版記念会なのか、東京市の教育局の嘱託になったお祝いなのか、または別の祝賀会なのか、それも書かれていない。

この「鷲見行正主催の祝賀会」記事については本に書く以上は裏付け資料を明示してもらいたいと思う。

99　『第三文明』第三文明社、2014年2月号

第5章

『教育改造論』を発刊し教育革命の旗を立てる

話は1年前に戻るが、1932年（昭和7年）の4月から満州の現地で「満州事変」調査を始めていた国連（国際連盟）のリットン調査団の報告書が10月2日に世界に向けて発表され「日本軍の軍事行動は正当なる自衛手段と認めることはできない」と日本の主張を全面的に否定した。

現地住民による独立運動など一切なかったし満州国建国の主役は「日本軍隊と日本の文武官僚」だと断定した。

これに対して国内では、軍部、在郷軍人会、右翼団体を中心にリットン報告書排撃運動が各地で起こり、ラジオも大新聞、地方紙などのマスコミも総力を挙げてこれを攻撃した[1]。マスコミは完全に日本陸軍の宣伝機関となっていたから当然だった。

国体護持という宗教的な国家の方針・方向性がマスコミの目をゆがめ、曇らせていた。

それどころか東京日日新聞は「国連を脱退すべし」との長論文を20回にわたって掲載し、かつ社説で「連盟脱退の外なし」と訴えた[2]。

しかもリットン調査団報告書発表の半月前、9月15日には日本は満州国を正式に承認してしまっていた。承認に反対していた最後の政党内閣・犬養政権は5・15事件ですでになかった。

こうしたなか、戸田は同年10月15日に『新教材集録（もしくは、新進教材環境）』（牧口常三郎監修）の第3巻第1号を刊行した。

しかし『創価教育学体系』第3巻、第4巻の刊行執筆、推敲に多忙だったと考

1　山中恒『アジア・太平洋戦争史』岩波書店、2005年7月
2　東京日日新聞社『東日七十年史』1941年5月

えられる牧口は、当初はこの雑誌に寄稿執筆した形跡がない。

しかし、その第4巻が刊行された1934年以降は各種論説、巻頭言などを積極的に書いている[3]。

1932年12月28日には第三種郵便物の認可を得た。おそらくは全国の学校、教員に毎月郵送して創価教育学を広め啓蒙するためだったと考えられる。

また、一方では牧口の著作や戸田の『推理式指導算術』を各学校で売るために販売員（学校現場を訪ねて校長や教員に教材を販売する役目の人）が雇用されていた[4]というので、おそらくこの『新教材集録』もそうした方法で販売されていた可能性が高い。

「教育改造論」の刊行と、校長登用試験制度の一部実現へ

この年の夏7月15日には『創価教育学体系』第3巻「教育改造論」（発行所・創価教育学会）が発刊されていた。

1930年（昭和5年）から毎年1巻、この年で3巻目を発刊したことになる。

その内容は当時としてはだれも考えつかなかった教育権の独立という画期的なものから、縁故や権力者の気まぐれによって選ばれていた小学校校長を公平・平等に登用試験制度によって選ぼうという小学校校長登用試験制度。

師範学校の改革案、教員養成制度の改革、そして教員の意向を最大限尊重する教科書編纂方針、さらには硬直しがちな学校教育の内容を常時検討し見つめ直し、柔軟に変更し、最高の教育を子弟に提供するための国立教育研究所の設置、などなどあくまでも教育の現場から考え作り上げてきた日本の教育を根本的に改革するための革命的原案だった。

忘れてはならないのは牧口を苦しめた悪名高い視学制度の廃止を求めたり、ともすれば社会と断絶し、教育の内容が社会生活と密接につながらず卒業生が

3　「創価教育研究センター所蔵『新教材集録』索引」『創価教育研究』第5号、創価教育研究センター、2006年3月

4　西野辰吉『伝記　戸田城聖』第三文明社、1985年2月

進路に迷う現状を打破するため、半日は学校で学び、半日は社会で実地に職業訓練をするという画期的な半日学校制度の提唱もあった。現代のインターンシップ制度の先駆けともいえる。

そして、国家権力や行政によって恣意的に干渉され続けてきた学校をして、教員・学生による自由な学校経営・運営を可能とする教育自治権の確立をも提唱する。

明治以来の国家教育、天皇制国家教育をはるかに見下ろす驚異の教育改造論であり、牧口が終生もとめた日本国家の教育制度の根本改造の試案だった。

このまさに革命的な内容を読めば、おそらく当時の市教育局や視学たちは仰天し驚愕したであろう。それほどの驚異的な大胆な改革案が並んでいた。

これら各試案のうち小学校校長登用試験制度については、創価教育学会の特別賛助会員でもあった千葉県知事・岡田文秀が、1933年（昭和8年）9月から、千葉県において、独自の小学校校長登用政策を実施した[5]。

岡田はその子弟2人が牧口校長時代の白金小学校に学び、戸田の時習学館にも通わせ、本人も牧口と交流があった。

牧口はその岡田家の子弟2人の家庭教師（澤田忠治、のち金沢大学教授：筆者注）を戸田の尽力で紹介しており、さらに牧口は著書『創価教育学体系』を岡田に贈呈していた[6]。

それを読んだ岡田がその内容に触発されて千葉県で始めた制度だったといわれる。

牧口の教育改造の理想が政治家の心をつかみ現場で具体化された最初のケースであった。

具体的には岡田（千葉県知事、当時）が、この1933年（昭和8年）7月4日、千葉県令第28号を発し、県下の優秀な小学校教員を次代の校長として選抜し、

---

5 「創価教育学説実際状況」『新教材集録』（日本小学館）第4巻第7号、7月臨時増刊号、1934年7月、創価教育学支援会のメンバーにも入っている千葉県知事・岡田文秀が、昭和8年9月から、千葉県において、小学校校長登用試験を実施したことが記述される

6 岡田文秀自叙伝『怒涛の中の孤舟』岡田文秀自叙伝刊行会、1974年10月。『凡人唯力行～澤田忠治回顧録』日本叙勲者協会、1983年1月

訓練・研修する目的の「小学教育研究所」を設置するとの規定と細則を定めた[7]。

そのうえで小学校訓導を一定年数勤めた教員のなかから筆記試験や口頭試問、実務成績によって将来の校長候補となるべき優秀なメンバーを選抜し、一定期間、寄宿して集中訓練し、さらに特別な講師を呼んで特別な講義と研鑽を受けさせ将来の校長を育成しようとする画期的な試みだった。

夏季休暇を利用して第1期は約100人以上の応募者のなかから20人が選抜され、1933年9月から11月の3か月間、毎日朝6時起床、午前は自由研究、午後は各界の著名人の講義を受け、また夜は自由研究にいそしむという超集中的特訓の毎日を過ごすという強行軍で将来の校長候補を訓育した[8]。

将来の校長候補を3か月間の集中合宿訓練、特別講義の受講というのは日本初の試みであり、創価教育学の現場応用の大きな成果であったといえる。

だがそれはあくまでも公平な直接の校長登用試験をめざした牧口の登用試験制度にはまだほど遠いものだった。

残念ながら、この千葉県の「小学教育研究所」による3か月の集中特訓・受講制度は1回だけで終わり、翌1934年（昭和9年）8月から単なる小学校校長の夏季講習会に様変わりしている。その理由はわからない。

岡田の千葉県知事時代はわずか2年だったが、思い切った県政を行ったことで知られており、牧口の創価教育学に共鳴して、校長登用の新しい可能性に挑戦したことは間違いない。

『創価教育学体系』第3巻が発刊された1932年（昭和7年）の10月3日には牧口の四女・きみが死去した。享年13歳。肺結核だったといわれる。

牧口が三笠小学校の校長になり、校舎に併設される校長官舎に越したときには1歳だった。

7　『千葉県報』第4828号、1933年7月4日
8　『千葉教育』第501号（昭和9年1月号）千葉県教育会、1934年1月5日

毎年10月から翌年2月にかけて隔週で開催された中学受験の「東京府総合模擬試験」。

その受験者がこの年からは前年の青山会館一会場だけでは収容しきれなくなり、星製薬商業学校（現・星薬科大学）の記念大講堂（東京・荏原）、飛行会館（芝）、本所公会堂、伝通会館（小石川）などに分散して実施され、総計3千人の受験者を集めるようになる[9]。

さらに戸田の書いた受験参考書の爆発的な売れ行きが戸田の教育事業を大きく支えた。『推理式指導算術』は受験参考書として、1933年（昭和8年）末には改訂増補第25版を出すなど爆発的に売れ、これを採用する学校は、全国3653校に達していると、『進展環境　新教材集録』の12月号広告[10]に書いてある。

不景気下でも受験地獄は続き、よって受験生の熱気は下がらなかった。そして日本の景気も次第に上向いていた。戦争の影響である。

戦前の経済学者として著名な高橋亀吉が1930年（昭和5年）から同35年にかけての日本の経済力の発展について「昭和5年以降に於ける我が経済力の飛躍発展は、文字通り未曽有の高に達する」[11]と言うほどだった。

だから、戦争報道が新聞販売部数と直結するため戦争をあおるような報道を終戦まで継続した新聞ジャーナリズムと同じく、日本の財界も中国大陸での戦争を支持したことはいうまでもない。牧口価値論で明らかなように利の価値を最優先する資本主義体制下では当然の流れである。

中国国内に侵攻、国連脱退により世界の孤児に

明けて1933年（昭和8年）の年初から日本軍は中国北部の要地･山海関を占拠、さらに2月23日から熱河省に侵攻し、万里の長城がつくる長城線を突破して河北省に侵攻と、ついに中国の心臓部に侵攻していた[12]。

9　前出　山下肇『自習学館と戸田城聖～私の幼少年時代』潮出版社
10 『進展環境　新教材集録』城文堂、第3巻第14号、1933年12月、広告
11　高橋亀吉『戦争と日本経済力』千倉書房、1937年11月
12　歴史学研究会編『日本史年表』岩波書店、1966年7月

たまらずに24日、国際連盟が日本軍の満州（中国・東北）からの撤退勧告案を総会で採択した。だが、日本政府の閣議では、もしそうなったら国連を脱退をするまでのことと静観するありさま。この国連脱退という重大事態の真の恐ろしさを理解できる首脳はほとんどいなかった。

しかし昭和天皇だけはこの撤退要求を蹴ったら最悪、西欧列強との正面衝突、さらには戦争になりかねないと冷静な判断で憂慮し対応しようとした。

だが、大新聞が「日本が孤立するなら国際連盟に残っても同じ」と国民世論を煽り立て、軍部も手中にした満州を手放すなど絶対できないと内閣で強硬に主張した[13]。

1933年（昭和8年）2月24日に国際連盟は総会で日本軍の満州撤退勧告案を42対1で採択、ついに3月27日、日本は国際連盟を脱退した[14]。

文字通り「世界の孤児」への道を歩み始めたのだ。

牧口が『人生地理学』において明らかにしたように、人間も社会もあらゆる面で相互に結び付き、互いに依存し、ネットワークを作り上げて生きている。ネットワークがなければまともに生きていけないのだ。

そのネットワークを自ら断ち切り、国際関係において孤立することがいかに危険か。さらには危険を自ら招き寄せる結果になるか。日本政府も国民も全く理解していなかった。

ところが、日本軍部の宣伝機関になり下がった各新聞マスコミは国際連盟脱退を「栄光ある孤立」と絶賛した。

時の国連日本代表・松岡洋右は脱退という外交的後退の現実に意気消沈して帰国したが、彼を待っていたのは国民あげての歓呼の嵐であり、英雄を待ち受ける歓喜の群衆の出迎えだった。これで彼は戦前の英雄の一人になった[15]。

嵐のように続出する転向と左翼運動の衰微

帝国主義、軍国主義への賛美の風潮はさらに国民に満ち溢れ、戦争反対の声

13　半藤一利『昭和史1926 ～ 1945』平凡社、2004年2月
14　前出　歴史学研究会編『日本史年表』
15　前出　半藤一利『昭和史1926 ～ 1945』

は全くというほどかき消された。

1932年（昭和7年）5月、日本共産党の上部組織コミンテルンは、天皇制の打倒、帝国主義戦争を内乱に転化させるなどを目標やスローガンとした「32年テーゼ」を新しい党の戦略方針としてモスクワにいた野坂参三などを通して日本共産党に伝えた。

この方針により党員、シンパの拡大が急速に進んだ。日本軍の各地の連隊、戦艦陸奥、同長門などの軍艦にさえ党細胞がつくられたという。

全協（日本労働組合全国協議会）、共青（日本共産青年同盟）をはじめ、作家同盟、演劇同盟、美術同盟とあらゆる分野に党フロント組織がはりめぐらされ、教育界にも「新興教育研究所」（新教）という組織が全国的に拡大していた[16]。

1933年（昭和8年）2月4日から長野県下に起きた長野県教員赤化事件もこの拡大の動きがもたらした悲劇の一つだった。長野県下の小中学校、農学校、合わせて65校の教員208人が一斉検挙された[17]。このなかに、後に創価教育学会のメンバーとなる10数人も含まれていた。

長野県の教育者の間では1930年（昭和5年）に始まった大恐慌以降、教員給与の不払いや生徒の窮乏化、卒業生女子の身売りなどを目にした教員多数の間で、日本共産党系の新興教育研究所の機関誌「新興教育」などが購読され、それに共感した教員の組織化がすすみ、長野教育者労働組合（教労）が結成されつつあった。

そして小学生児童の教育内容に共産主義思想の影響が拡大していた。しかし、この2月の一斉弾圧により長野県下の教員組織は胡散霧消した。

それまでも日本共産党は、党員、シンパの数は労働組合、学生、教員の間に一時期増えたが、繰り返される弾圧によって簡単に消え、またよみがえった。なかなか民衆の大勢力とはならなかった。

16　橋川文三編『日本の百年7　アジア解放の夢』筑摩書房、2008年4月
17　前出　歴史学研究会編『日本史年表』

その理由のひとつとして、上部組織の指導通り「天皇制廃止」を方針としたが、農民や労働者にはその方針そのものがそう簡単には受け入れられず、当然、心からの支持もひろまらなかったことがあげられる。

なぜなら、明治維新以降、国策として天皇制は教育の力で国民の隅々まで浸透し、幼少から学校で「教育勅語」を国家の精神のように教えられ暗記させられたからである。

その結果、中産階級よりも農民、労働者にひときわ敬愛されたのが実に天皇であった。

結果、日本共産党が天皇制打倒の方針について国民の心からの共感を得るのは到底困難なことだった。国民は財閥や腐敗政党、政治家などを憎んでも、敬愛する天皇は対象外だったから、それを廃止する動機は見つけられなかった。

天皇制打倒のスローガンは党と大衆の間におそろしい断絶を引き起こすものでもあった[18]。

だから、それを心から目指して突き進む実際の共産党員は知識と観念で天皇制を否定できるごく少数の“観念的マルクス主義者”だけであったといえる。

牧口は現場の声を聴き、現場に学び、現場から経験を重んじて彼の教育学理論をつくった。日本共産党はコミンテルンの方針を金科玉条として、現場に学ぶことができなかった。

結局、日本共産党は天皇制解体などロシア式のプロレタリア独裁の暴力革命路線を模倣するだけで悲惨な結末を迎えることになる。

さらに1933年（昭和8年）6月、特高警察による転向誘導政策により日本共産党最高幹部の佐野学（党委員長）、鍋山貞親（党中央委員）の二人が獄中で転向を表明する。「天皇制支持」、「満州事変支持」を内容とする転向声明だった。

その翌月には投獄されていた京大教授・河上肇が「獄中独語」と題する“転向声明書”を書いた。

18　前出　橋川文三編『アジア解放の夢　日本の百年7』筑摩書房

これらを利用して特高警察は“大転向キャンペーン”を展開。共産党員の転向者が続出した。転向声明後わずか1か月で獄中の党員の3割以上が転向。

党首脳がかかわるリンチ共産党事件（1934年）もあって日本共産党は壊滅状態に陥り、戦前の革命運動から共産党自体がその姿を消すことになる[19]。

一方、合法とされて存在を許されていた左翼の無産政党・社会大衆党は中国への侵略戦争を支持して弾圧から逃れることができた。

学問の自由も吹き消されるなかを進む

しかし、弾圧は社会主義者や社会民主主義者だけでなく、自由主義に立つ学者も容赦しなかった。

1933年（昭和8年）5月、文部大臣・鳩山一郎は滝川京大教授の自由主義刑法学説が赤い思想で、社会に悪影響を及ぼしているとして京大教授休職を要求し、京大では内外あげてこれに抵抗した。

法学部長、教授から講師、助手に至る39人が辞表を提出して学問の自由と大学の自治を守る最後の砦となろうとしたが、むなしく敗退する。滝川事件と呼ばれた[20]。

最終的に滝川教授や彼を擁護した教授6人が辞職し、ここに戦前の大学の自治、学問の自由は消滅する。

同時に文部省に思想局が設置されて大学内や学者の研究の取り締まりはさらに強化されていく。

9月5日には出版法が改悪され軍部、政府当局が新聞、雑誌、ラジオを一方的に検閲、統制することができるようになった。自由な言論活動は姿を消し、ひたすら戦争賛美とその賛歌が新聞、雑誌、ラジオからさらにいっそう大量に流されていく。

社会主義はおろか自由主義も弾圧される風潮のなかでは、「教育革命」の旗を掲げる牧口の“革命の書”『創価教育学体系』はいやでも敬遠され、売れな

19　前出　橋川文三編『アジア解放の夢　日本の百年7』筑摩書房、2008年4月
20　前出　橋川文三編『アジア解放の夢　日本の百年7』

いことは自明だった。しかし、牧口は子供たちの幸福を、そして社会の繁栄をめざす教育革命の夢を捨てることはなかった。

また、11月9日から2日間かけて開かれた東京・神田の帝国教育会の全国教育者大会[21]で牧口は5百人近い全国各県からの参加者を前に師範教育について創価教育学理論をもとに講演し論陣を張った。

「学校は知識の切り売りをする場ではない。知識だけの教育ならば、印刷物のすぐれている今日では、学校に行かずともできる。

知識の詰め込みをする教員ではなく、師範学校は教育技術の専門家を育てるべきである」（趣意）[22]と教育の最高技術を持つ教員の養成機関としての師範学校であるべきとする持論を主張した。

牧口はこの帝国教育会には1920年（大正9年）1月に入会[23]している。

12月15日刊行の『進展環境　新教材集録』第3巻第14号の巻頭論文「教育国策の確立について」では、国家教育の改造を断行することの重要性を主張。

半日学校制度の導入や、小学校校長登用試験、教育参謀本部の設置など日本を救うためには教育改造をなさねばならぬことを改めて主張した[24]。

この『新教材集録』の編輯綱領が同号の40頁に掲載されているが、それによればこの雑誌はあくまでも「学校の教材として重要と考えられる内外世界の重大事項を採集、記録して教員のために役立てる原動力を供給」（趣意）する目的の雑誌だった。

しかし『創価教育学体系』第4巻が脱稿した1934年春から、この雑誌に牧口は「巻頭言」「教育時評」ほか「研究論文」を本格的に寄稿して「創価教育学」普及の場としている。つまり、この時からこの雑誌は「創価教育学の普及」を目的とした雑誌に変わったと思われる。

---

21 「帝国教育会創立五十周年記念教育大会開催要項」『帝国教育』第637号、帝国教育会、1933年11月、目次前頁

22 『帝国教育』第639号、帝国教育会、1934年12月

23 『帝国教育』第451号、帝国教育会、1920年2月

24 『進展環境　新教材集録』（城文堂）第3巻第14号、1933年12月、無記名論文だが牧口の執筆であることは内容から明らか

新渡戸稲造などの味方を失う

この年、牧口の援護者であり、最大の理解者であり創価教育学賛助会のメンバーだった新渡戸稲造に不幸が起きた。

新渡戸はこの1933年（昭和8年）8月から太平洋会議に出席のためアメリカに渡っていたが、急病のため10月16日（現地時間10月15日）カナダ・バンクーバーの州都ビクトリアで逝去した。膵臓難症だった。享年72歳。葬儀は10月18日にバンクーバーで行われた[25]。

この悲報を受け、牧口など郷土会のメンバーにより「新渡戸を偲ぶ郷土会の会合」（東京・有楽町の鉄道協会）が10月24日に開催され、小田内通敏、草野俊助、尾高豊作、今和次郎、尾佐竹猛ら郷土会常連メンバーとともに牧口も出席して、新渡戸宅で長く開催された同会のごとく皆で食卓を囲み、新渡戸のありし日の姿を偲び冥福を祈った[26]。

なお郷土会の当初の幹事役だった柳田国男は参加していない。

さらに新渡戸の遺骨は日本に運ばれ11月18日、東京・青山葬儀場に当時の首相・斉藤実はじめ2千人以上が参列し告別式が行われた。

おそらく牧口たちも参列したはずだが記録は未発見である。

このあと、新渡戸の弟子として郷土会でともに活躍した前田多門などを実行委員とする故新渡戸博士記念事業が行われ、新渡戸の銅像などがつくられ多数の賛同者が拠金したが、その拠金者名簿に牧口の名前がある[27]。だが柳田国男の名前はない。

葬儀は創価教育学会創立からちょうど満3年目の日に行われた。激動の3年間だった。

この3年間で有力な支援会のメンバー、犬養毅、新渡戸稲造がこの世を去っている。

25　前出　草原克豪『新渡戸稲造　1862－1933　我、太平洋の橋とならん』（新版）
26　小田内通敏「新渡戸先生を中心とした郷土会」『郷土教育』第37号、郷土教育連盟、1933年11月
27　『故新渡戸博士記念事業報告』故新渡戸博士記念事業実行委員会、1937年12月

同じく牧口の幼馴染であり、ともに荒浜小学校に通い、東京で再会後、通信制・大日本高等女学会の事業で牧口を助け、その広告部長をつとめた親友・品田奥松がこの年3月に死去した。

牧口が通信教育から身を退いた後、広告会社を興し、その社長として主に雑誌広告の分野で活躍し、東京荒浜会でもともに活動していた竹馬の友であった。14日に死去し、その葬儀・告別式（東京・神田の駿河台の品田宅・密葬）に牧口は友人総代として参列した[28]。

なお、古い友人の死去といえば翌1934年（昭和9年）、牧口の明治時代からの古い友人で社会主義者だった山根吾一が死去した。12月7日、その追悼会が東京・銀座四丁目にあったグリルで開かれた。

社会主義には距離をおいた牧口だったが、友情や人間関係を終生特別に大事にした人だった。

出席した西川光次郎など社会主義者を徹底してマークしていた特高警察の監視の眼があったと思われるがあえて出席して山根を追悼した。

山根は日本人移民を排除する「日米紳士協約」（1908年）などアメリカのさまざまな法的規制で渡米事業が挫折した後、妻・千代とも別れ、単身アメリカに渡り、サンフランシスコで通信社を営んでいたが、その後帰国。

大阪に住み、この1934年（昭和9年）11月に上京した際、親戚の家で脳出血に襲われ死去していた。享年67歳。

驚くことが行われた。1933年（昭和8年）の7月から8月にかけて日本全国で防空演習が行われ、敵機の来襲を想定して街の全灯火を消した中での演習が至極まじめに行われた。

いったいどこの飛行機が来襲するのか。中国軍機による空襲などありえなかったから、当然、英米の大国を想定したと思われるが全くそれを秘密にしたままの演習だった。

---

28 「東京朝日新聞」1933年3月16日付け夕刊、品田奥松の孫・御嶽稔提供の写真による。

しかしのちの東京大空襲の経験・教訓からわかるように敵機が日本上空に来襲するような戦局とは、すでに敗戦＝亡国の一歩手前のありさまで、そうなれば紙と木でできた日本家屋の都市はほとんど猛火を発して焼失し、日本国民には悲惨な焦熱地獄の運命が待っていることだけは明らかだった。

それは敗戦を意味する演習であり、最初から負けることを想定したととられてもしかたない演習だった。笑われても仕方のない演習だった。

それを見た「信濃毎日新聞」の気骨ある論説委員は「関東地方防空大演習を笑う」という記事を掲載。たちまち発禁処分となる。

所詮、どれほど全国的な大規模防空演習を繰り広げ、配給班、防護団、救護団などを結成しても国民を空襲から守ることなどできない[29]。

しかし、それをあえて進めていったのは軍部が来るべき大戦に備え、国民の組織化を着々と進めるためだったともいわれている。

事実、太平洋戦争中は隣組組織、自警団、町内会、婦人会組織が日本全国に張り巡らされて防空体制がつくられ、市民は消防訓練や防空壕つくりなどの戦争協力を強いられ、さらに相互を監視し合う隣組組織をつくることになる。

したがって、日本の軍部はこの1933年（昭和8年）ころからすでに来るべき世界大戦を不可避と想定して準備していたとしか考えられない。

事実、この翌年10月には戦艦大和、武蔵などの超弩級戦艦の建造プロジェクトがスタートしている。（松本喜太郎『戦艦大和　設計と建造』アテネ書房、2000年9月）

中国大陸の戦争にこの超弩級戦艦は全く不要であり、アメリカ、イギリスなどと太平洋を戦場とする大戦争を想定した準備としか考えられない。軍部中枢は極秘のうちに着々と米英を相手にする世界大戦の準備を進めていたと考えて間違いないだろう。

だがそのアメリカも同時に対日戦争が不可避なことに気が付き、その準備を

29　半藤一利『昭和史1926～1945』平凡社、2004年2月

始めようとしていた。

同年4月1日、アメリカの下院陸軍委員会に対して前米国空軍司令官ミッチェルは「日米戦争は不可避であり、そのために空軍を大拡張して、陸海空軍を国防省の統制下におくべき」（趣意）とする、のちの統合作戦本部の策定を建議した[30]。

1931年（昭和6年）の満州事変は、もともと石原莞爾が構想したものだったが、その真意は来るべき世界大戦の準備のため満州を植民地にして国力を高揚させ、来るべき世界戦争、すなわち対英米戦争に勝利するための想定、計画だったとされる[31]。太平洋戦争開戦のちょうど10年前からその準備は始まっていたのだ。

一方、国家予算はこの年には満州進出で費用が莫大になるとしてさらに膨張を続け、32億3800万円（現代に換算するとほぼ1兆円）の巨額にのぼった。新聞が「日本はじまって以来の非常時大予算である」と書き立て、以来「非常時」が流行語になった[32]。軍国主義の流れを止めるものはなくなっていく。

さらにこうした予算の効果もあり戦時景気の波は大きく日本経済をうるおし、ウォール街の大暴落から始まったあの世界恐慌から日本だけは早くも脱することができた。

世界全体が戦争の準備に入る

世界大恐慌の震源地だったアメリカは疲弊のどん底から立ち上がるためにこの1933年（昭和8年）3月、フランクリン・ルーズベルトが大統領に就任。ニューディール政策を開始してアメリカ経済の前途にかすかな明かりが見えてきた。

一方、恐るべきはドイツで、第1次大戦の敗戦による多額の賠償金支払いを求められ、その圧力により1919年から同23年まで天井知らずのインフレが進行。それがドイツ経済を絶体絶命の状況に追い込み、それまでドイツ国家を支えて

---

30 「読売新聞」1933年4月1日付け夕刊
31 橋川文三編『日本の百年7　アジア解放の夢』筑摩書房、1978年5月改訂版
32 半藤一利『昭和史1926～1945』平凡社、2004年2月

きた中産階級に壊滅的な打撃を与え、彼らをナチス党などの右翼運動に駆り立てていく。

さらに、世界大恐慌によりドイツ経済は破綻に直面する。

左右両翼の政党がこの事態を背景に勢力を拡大するなか、ヒトラー率いるナチス党は民衆から吹きあがる領土喪失の屈辱、底なしの不況をユダヤ人資本家とマルクス主義に立つ労働組合のせいにして巧みに民衆の不満を吸い上げ、選挙に勝利して党勢を一挙に拡大。この年1月には老衰した大統領ヒンデンブルクから組閣命令を受け、ドイツの政権を奪取していた[33]。

ここからドイツ民衆の歓呼の嵐と圧倒的な支持のもとにナチス・ドイツによる世界支配のための第3帝国建設、すなわち世界大戦開戦への助走が始まった。

ナチスドイツが民衆の賛同を勝ち取り、民主主義国家ワイマール共和国から選挙で選ばれた事実を忘れてはならない。

東西同時の世界大戦の助走、すなわち地獄の業火のような戦乱の恐怖を民衆の集団深層心理が予感したかのように、この1933年（昭和8年）の夏、日本国中が「ヨイヨイヨイ」の「東京音頭」の大流行に巻き込まれた。

〽踊り踊るなら、チョイト、東京音頭、ヨイヨイ
　花の都の、花の都の、真ん中で、サテ
　ヤートナー　ソレ　ヨイヨイヨイ
　ヤートナー　ソレ　ヨイヨイヨイ

まるで日本中がマスヒステリーにたたきこまれたかに見えたという。あらゆる町や村で東京音頭を踊り狂う人々が見られたのである。

それはまるで江戸時代末期の維新前夜、時代の夜明けを予感したかのような民衆の「ええじゃないか」の狂騒に似ていた[34]。

迫る明治維新への不安心理、畏怖、そして期待を「ええじゃないか」の狂騒と陶酔へ流し込んだ幕末と同じように、目前に迫る昭和の動乱、地獄のような

33　上山春平・三宅正樹『世界の歴史23 ～第二次世界大戦』河出書房新社、1990年5月
34　橋川文三編『日本の百年7　アジア解放の夢』筑摩書房、2008年4月

戦争の時代を予知するかのような民衆の集団無意識が織りなす狂乱の踊りだったと言えるかもしれない。

明けて1934年（昭和9年）4月3日、皇居前に全国の小学校教員の代表3万5千人が集まり、全国小学校教員精神作興大会（主催・全国連合小学校教員会）が開かれ[35]、その場で小学校教員が国家主義、軍国主義教育に全面協力する方向が確認される。

満州事変以来、日本の教育界は軍国主義礼賛一色になり、全国連合教育会、帝国教育会、各府県の教育会といった半官半民的な教育諸団体がこぞって中国における日本軍の侵略戦争を支持してきた。

また教員自らが先頭に立って児童・生徒から金を集めて軍への献金をした。あるいは慰問袋を陸海軍に送る運動をおこし軍国主義の熱気を高め、排外主義をあおりたててきた。

教育の軍国主義化、日本独自の天皇制ファシズムを推進する重要な役割を果たしたのが小学校教員であった。

牧口の天皇制国家教育に挑戦する教育革命運動がいかに困難な環境にあったか、これだけでも十分に認識できよう。

これら教育諸団体の中心思想は「教育勅語」にある天皇絶対主義であり、やがてこの翌年に起きる美濃部博士の「天皇機関説」問題では教員団体が先頭に立ってこの「天皇機関説」を攻撃し、学問の自由を奪い、異端排撃のための「国体明徴運動」（日本の国の形は絶対不可侵の天皇を最高中心の国であることを宣揚する運動）を在郷軍人会などと共同して進めることになる。

牧口の『創価教育学体系』がめざす方向とは全くかけ離れた方向へ、小学校教員は進み始めていた。牧口の本が売れなかったのは当然であったろう。

日本の天皇制ファシズムを推進した第一の勢力はいうまでもなく軍閥であり、陸軍の青年将校たちだった。第二の勢力は、その軍閥を礼讃したマスコミだった。彼らが国民の意識を変えたといってよい。そして第三の勢力は軍国主義教

35　前出　歴史学研究会編『日本史年表』

育を盲目的に推進した教育者たちであったことはまちがいない。

教育革命に向けて教員結集を開始

小学校教員までもが天皇制ファシズム、軍国主義の走狗になり、軍部への全面協力を宣言した1934年（昭和9年）のこの4月、満6歳になっていた池田大作（のちの創価学会第3代会長）は東京府東京市羽田第二尋常小学校（現・大田区立糀谷小学校）に入学する。

「入学したころ、私はご多分にもれず腕白であった。背は低くクラスでも前から数えたほうが早かったけれど、遊ぶときは負けていなかった。成績は中位であり、いたって平凡な少年であった。特徴らしいものはなにもなかった」（「私の履歴書」『池田大作全集』第22巻）と後年、振り返っている。

池田大作少年が小学校に入学したのと同じ1934年4月、牧口、戸田を中心に教員たちによる「日本小学研究会」が組織され牧口の創価教育学に賛同する教員の結集が始まった。

牧口がいよいよ『創価教育学体系』第4巻を脱稿しその創価教育学説を社会に大きく広め、教育革命の実現に向け乗り出そうとした時期だった。

最初は『新教材集録』読者で東京市内の小学校教員が中心だった（『新教材集録』日本小学館、第4巻第4号）[36]。それまでの教育雑誌『進展環境　新教材集録』はこの年から『新教材集録』と名前を改め、出版社も城文堂から日本小学館に名称が変わった。

時習学館におかれたこの出版社・日本小学館を会場として日本小学研究会の5月の集会が開かれ、その場で牧口から創価教育学説の紹介があり、併せて参集した教員が自分の学校・教室で創価教育学の実験をしてもらい、その結果の報告をお願いする依頼をした[37]。

そしてその1934年（昭和9年）5月15日、牧口と戸田は教育改造をさらに具体的に進めるため、4月に発表した「日本小学研究会」を発展的に解消して新たに『日本小学教育研究会』の結成を宣言した（『新教材集録』日本小学館、昭

36 『新教材集録』日本小学館、第4巻第4号、1934年4月
37 同前『新教材集録』第4巻第4号

和9年5月号)[38]。

その宣言には「全国憂国俊秀の教育研究家参集し、教育理論、実際教育技術について真摯なる研究、批判、検討をなし、これを発表実行しいささか教育界の革正、進展に資せんとして、ここに日本小学教育研究会の結成を宣言す」とある。

「日本小学教育研究会」の活動と挫折

研究会会長は牧口常三郎。牧口が全力で挑もうとする教育改造に向けて微弱ではあったがようやく組織らしい組織が出来上がろうとしていた。

日本小学教育研究会はさらに全国の教員に対し「報告原稿の募集」を始めると発表した[39]。

するとさっそく多数の優秀な論文が集まり、編集員は連日、徹夜になるほどの多忙な日々になり、優秀な論文が選ばれ『新教材集録』に掲載された[40]。

また、日本小学教育研究会の地方支部として、石川、山口、長野、神奈川、新潟、秋田、山形、大分の各地に計11支部が結成されている[41]。

但し、支部といっても『新教材集録』の読者で周囲に賛同する教員がいれば支部とするとなっていたので、ある意味、名前だけというのがほとんどの実態だったようである。

その支部のひとつとして実体を伴ったものとして横浜支部がある。これについては、牧口が横浜市神奈川区に住む異母弟・柴野孫七郎宅に1年にわたり毎月通い、柴野周辺の小学校教師などに創価教育学体系の講義をしていた[42]のでこれが横浜支部と呼ばれたと考えられる。

---

38 『新教材集録』(日本小学館)昭和9年5月号、1934年5月

39 同上『新教材集録』(日本小学館)昭和9年5月号、1934年5月

40 『新教材集録』第4巻第6号、日本小学館、1934年7月、編集後記

41 『新教材集録』(日本小学館)昭和9年6月号、1934年6月、新教材集録編輯部謹告

42 柴野孫七郎「証言　牧口先生と私」『大白蓮華』第352号、聖教新聞社、1980年6月。1934年脱稿の『創価教育学体系』第4巻で「ついこのごろ、横浜における少壮篤学教師のために教育学の講義をしていた」と書いている。『牧口常三郎全集』第6巻

牧口が『日本小学教育研究会』の結成を宣言し、微弱ながら組織的な教育改造運動を本格的に始めようとした時、前述したように、この年新春から東京の教育界には『帝都教育疑獄事件』が起きた。

校長になりたい一心で市視学に賄賂を贈った校長など多数が逮捕され、牧口を教育界から追放した東京市視学も逮捕され、その責任をとって市教育局長が辞任する事態になったのは前述のとおりである。

これについて牧口は、関係者の校長が教員として20数年かけて貯蓄した千円という大金、さらに加えて千円を借金して贈賄の費用にあて、ようやく昇りつめた校長の椅子を数年ならざる間に失墜し、悲惨な運命をたどった実例を紹介して「旧式教育生活の断末魔が教育疑獄によって明瞭にさらけ出されているではないか」「『学校長登用試験制度』の実行と『視学廃止』以上の名案が差し当たり外にあるであろうか」と厳しく批判し、『創価教育学体系』の「教育改造」を実行する以外にないと改めて提言している（『新教材集録』第4巻第4号、日本小学館）[43]。

さらに、この6月17日には静岡の教員を集めて静岡師範学校で、小学国語読本の講習会を開催することになった。その予定が前掲『新教材集録』6月号に掲載されている。主催は、日本小学教育研究会、後援は静岡県教育会で創価教育学に賛同する小学校の教師を糾合するはずだった。

だが、講師に予定していた文部官僚が突然、欠席を通告してきたためその講演は中止になる[44]。

静岡県教育会が後援することも、あるいは文部官僚が担当することも牧口の幅広い個人人脈による企画だったと考えられるが、国家教育を根底から批判し教育改造を唱える牧口の前に次々と障害が立ちふさがるのは当然だったといえよう。

同じく「夏季体操科講習会」の開催予告が『新教材集録』（前記同号）に出ている。主催は、日本小学教育研究会。講師は、文部省体育科の官僚と青山師

43　「教育時評」『新教材集録』第4巻第4号、日本小学館、1934年5月
44　前出『新教材集録』第4巻第6号、編集後記

範付嘱学校の訓導となっている。

しかし、これも実施されたという報告や記事は同誌の後の号にはない。おそらくこれも何かの問題が起きて実施できなかった可能性が高い。

日本の天皇制教育を根底から変えようとする牧口の『創価教育学体系』による試みに対して妨害、反対が起きるのは至極当然であり、それに文部官僚や教師たちがたじろいでしまった可能性が大きい。

しかし牧口の燃えるような教育改造の熱意をだれも、何者も止めることはできなかった。

1934年（昭和9年）6月20日、牧口は彼が著した一連の『創価教育学体系』の最終巻となった第4巻『教育方法論』（発行所・創価教育学会、発行兼印刷者・戸田城外）を発刊した。

当初の計画では第5巻以降も出版されるはずで、牧口の執筆も始まっていた[45]が結局、この第4巻が最終巻となる。

その内容だが、知識の切売りをするだけの国家教育はすでに破産しているとして、知識の注入よりも知識の構成方法の指導を重視すべきと主張し、教材の選択権を教師に与え、諸学科の中心に郷土科をおいて児童・生徒の世界観をつくる重要性を説いている。

さらに国定教科書の編纂のありかた、国字の改良、そして教員養成機関としての教育科大学（教育大学）を設置すべきとの革命的、創造的な教育改造方針を展開し論じたものである。

当初、前述したようにこの第4巻のあとさらに続巻を発刊する予定だったが、それは彼の後継者・教育者が「創価教育学」を教育現場で実践し、その成果や、実験結果をもとに執筆することが期待されていた。

だから牧口の教育学を深く理解し、賛同して教育現場で実験・実践する強い

45　新教改題『教育改造』第6巻第7号、日本小学館、1936年7月刊行の裏表紙には『創価教育学体系』広告が掲載され、第5巻「教育方法論（下）」が近刊と紹介されている

意志と実力をもったいわば“教育改造の同志”ともいうべき教育者が必要になっていた。

「日本小学教育研究会」に集まってきた教育者から続々とそれを担う人々が現れることが期待されたといえよう。

だが、残念ながらこの「日本小学教育研究会」はその後、全く影を潜めてしまう。原因は不明だが、おそらく“革命の書”『創価教育学体系』を前にして、また相次ぐ講習会の不可解な中止などを見て、それを学び実践することがいかに危険か、それを教師たちが改めて思い知らされたためではなかろうか。

結局、「日本小学教育研究会」は挫折したと考えられる。

挫折と再起を繰り返しながら前進

これまで、牧口の人生は挫折と再起の連続だった。しかし、牧口は退かない。一連の著作に一段落を打った1934年（昭和9年）8月25日、国策倶楽部の例会に参加。30余人の出席者を前に、「師範教育の根本革新」と題して、日本の師範教育に警鐘を鳴らし、改革を訴えた。

この倶楽部は日本の医療問題、教育問題、農業問題、海外関係などあらゆる分野について先進的政策、画期的方針を発信し社会を改良しようとする団体で、その政策をまとめた小冊子「国策叢書」を第1輯から第6輯まで刊行していた。

この日の講演者は社会主義者として著名な高津正道など7人で、内外の国家的諸課題について自らの新たな政策、新提言を講演している。それが『経国論策七大綱』（「国策叢書第5輯」）としてまとめられ発刊された。

それによれば牧口は、当時発表された文部省の「師範教育制度改正要綱」を『創価教育学体系』第4巻『教育方法論』をもとに真っ向から批判している。

すなわち師範学校を専門学校同等の地位に高め、文理科大学と高等師範学校を発展的に解消して師範大学を創設するという文部省の改正案。それには師範教育にとって最重要な教育技術の向上、あるいは人格の涵養という視点が全くないではないかと批判。

そのうえで、教育の目的は何かと問う。

それは「人生の目的」から出発して考えるべきであり、それを「幸福」と仮定するなら、それを実現する「価値創造の教育」こそ師範教育がめざすものであり、単なる知識の寄せ集めの師範教育であってはならない、と批判した（趣意）（『経国論策七大綱』国策叢書　第5輯）[46]。

なお、牧口の主張だけでなく国立大学などからの反対意見も多く、さらにこの内閣も更迭されて結局、この文部省の師範大学構想は日本では日の目をみなかった[47]。

前述したように、この1934年（昭和9年）、教育学会は明治以来の天皇制国家教育体制という牢固とした教育制度の壁に突き当たり、結局は進展をみることはなかった。

それについて牧口は後年、こう書いている。

「天下滔々たる学者に対して吾々の微力ではどうにもしかたがなく、創価教育学を発行したとて『馬耳東風』。止むを得ず、同志諸君の実験証明の力を待つより外になしとあきらめて著書をやめてこの実験証明にうつったのである」

「それでもやっぱり愚人にほめられたさの名誉心がこびりついて居たために大衆に呼びかけていたのだが、これも思い違いで、少数の同志を見出す外に方法がないといふことが失敗して見て初めて悟ることが出来たのである」（牧口常三郎「大善生活法の実践」『価値創造』第4号）[48]と。

つまり、講演会や投稿活動を通して大衆に呼びかける大量宣伝方式ではなく、教育者としての実力と、不退の意志と勇気をもった少数の同志をこつこつと結

46　『経国論策七大綱』（国策叢書　第5輯）国策倶楽部、1934年8月、内務省警保局『出版警察報』第66号、1934年3月

47　「教育週報」1935年9月7日付

48　牧口常三郎「大善生活法の実践」『価値創造』第4号、『牧口常三郎全集』第10巻、第三文明社、1987年4月

集することを真剣に考え始めたと考えられる。

それは教材雑誌の単なる読者からは現れようがなかった。牧口の岩に爪を立てるような地味で根気強い同志糾合の対話がこの前後から始まる。

この年10月に北海道師範学校の後輩で東京・砧小学校の教員、木村光男が同僚の三ツ矢孝と共に牧口の自宅を訪問した。

そこで牧口は二人に対し創価教育学と、それによる教育改造を進める重要性を語った。

美坂房洋編『牧口常三郎』に掲載された三ツ矢の手記によれば、最初の日は夕方6時半から真夜中まで話は続いたという。

次回訪問は10月15日午前10時と約束。

当日、牧口は先ず三ツ矢達に人生の目的を聞いた。

次にそれは幸福ではないか、と牧口は論をすすめ、その幸福の内容は価値ではないかと新カント派の価値論の真・善・美ではなく利・美・善であるという牧口独特の価値論を説き始めた。

そしてここから、牧口は価値論を一気に理路整然と展開した。三ツ矢たちは圧倒され、あっけにとられた。

その次に、人間の最高の生き方は価値論の上から言っても価値を創造し、社会に大善をもたらす最高の宗教の信仰にあり、その最高の宗教とは日蓮仏法以外にないと説いた。

そして躊躇する二人に「難しいが若い君たちが実行、修行するのは大切だ。どうだ？勇猛精進したまえ。やれる。必ずできるよ！」と激励した。

さらに「実行だよ、精進だよ、私も実践はしている。若者は実行と決意、やれば必ずできる」とさらに奨励した。

その熱意と確信に触発され、二人はその場で日蓮仏法を実践することを決意した。

5日後の同月20日午前10時、二人は牧口宅を訪問し、そこから東京・目黒の日本小学館をともに訪問して戸田城外にあいさつ。

そして同月29日から二人は日蓮仏法の信仰を正式に始める。それにあたり必要な心構えや注意すべき点を事細かに牧口は教示し、そのあと新宿で記念撮影をした（美坂房洋編『牧口常三郎』聖教新聞社）[49]。

この間ほぼ半月という時間をかけて牧口は二人に価値論、教育改造論を語り、結論として日蓮仏法の信仰実践を勧めたことがわかる。

それが当時の弘教（折伏）の状況であったから入信するまで相当な時間がかかり、同志が1年にわずかしか増えなかったのも当然といえた。

長野県教員赤化事件関係者を受け入れる

しかし、牧口のもとに1934年（昭和9年）から同35年（昭和10年）にかけて、1933年（昭和8年）の長野県教員赤化事件に関係した20代の青年たちが次々にやってきた。

彼らを戸田が経営する出版社や進学塾が採用した[50]からである。

牧口も戸田も彼らが元「アカ」であり、治安維持法違反の前科があることを問題にしなかった。

当時、共産党関係の元教員で治安維持法違反により職を追われた人物が転向を表明しても正規に採用される可能性はほとんどなかった。

思想犯転向者を保護する活動をしていた財団法人「輔成会」の機関誌『保護時報』にも転向者の就職が容易ではないことが報告されている。（時論「転向者の就職問題」『時論』第18巻第3号）「アカ」と呼ばれるだけで社会から白眼視され排除されたからである。

同じころ、のちに創価教育学会の会員になる長野・松代小学校の教員だった林幸四郎が文検の本試験を受けるための準備に上京し、東京の教員採用試験を受けた時「長野県の教員をやめて東京の採用試験を受けるのは長野県でなにか

49　三ツ矢孝「開かれた新人生の道」『牧口常三郎』聖教新聞社、1972年11月
50　前出　美坂房洋編『牧口常三郎』

あったためではないか」と執ように赤化教員の疑いをかけられ、長野県に問い合わせがいき、無実とわかるまで簡単には採用されなかったと述べている[51]。

林は全く赤化教員とは関係なかったが、そこまで疑われている。

当然、長野県では元赤化教員で治安維持法違反により職を追われた人物を正式採用するのはおよそできないことだった（小林杜人『「転向期」のひとびと～治安維持法下の活動家群像』新時代社）[52]。

当時の赤化教員だった人物の名簿を調べると、検挙後、保釈出所した者のうちでその後、代用教員になることができたのはほんの数人程度で代用教員にすらなれない元教員があふれていた。

やむなく東京に出てきた元教員もいたが、東京でも結果は同じだった[53]。

信濃毎日新聞
號外
戰慄！教育赤化の全貌
共産黨系全線に彈壓
起訴七十七名に達す
教員のみで實に廿九名
教育界未曾有の大不祥事
組織と其の發展
二・四事件
教科書を巧みに逆用し
教壇の神聖を汚辱す
反戰、反宗教、闘爭意識を注入
兒童自治會の組織十余に上る
全協教勞部の行動
組織過程
檢擧動機と其の情況
活動状況

長野県教員赤化事件を伝える「信濃毎日新聞」の号外。事件は昭和8年2月4日に起きたが、報道管制により、9月15日付けで公表された。この逮捕者の中に創価教育学会に入るメンバーが多数いた。

51　林幸四郎「創価教育学会の草創のころ」『牧口常三郎全集』月報7
52　小林杜人『「転向期」のひとびと～治安維持法下の活動家群像』新時代社、1987年9月
53　信濃毎日新聞編集局『信州　昭和史の空白』信濃毎日新聞社、1993年1月、林幸四郎「創価教育学会の思い出」『林幸四郎作品集』私家版、1991年1月

長野師範学校卒の元赤化教員・渋谷信義もどんなに長野で探しても見つからずやむなく、1934年（昭和9年）暮れに、広い東京に行けばなんとか見つかるのではとの思いで上京。

だが、探しても、探しても東京でも簡単に職は見つからなかった。しかしわらをもつかむ思いで訪ねた進学塾「時習学館」で館長の戸田城外に会い、その塾の講師になることができた。

もちろん、牧口にさっそく折伏され日蓮仏法を信仰する。

牧口達は天皇制国家と内務省、特高警察への不服従の精神をここでも貫いた。驚くべき英断だった。

その渋谷の紹介でひとり、また一人と牧口門下に加わる元教員が現われ、創価教育学会の機関誌『新教』を発行する城文堂の社員、あるいは時習学館の講師として職を得た。その中には元長野県教労組の書記局にいた元青年教師もいた。

天皇機関説排撃と奪われる思想・信教の自由

この1934年（昭和9年）2月11日、戸田は、時習学館の教員だった松尾幾と再婚したが、その1週間後、貴族院本会議で憲法学者・美濃部達吉が書いた書物にある「天皇機関説」が“赤い思想”ではないかと糾弾され、以後、大議論に発展する。

天皇機関説とは「国家の統治権は国民の共同体である国家にあり、天皇は国家を代表する最高機関である」という美濃部の見解であり、1912年（明治45年つまり大正元年）に公表され、その後の学界と政界の多数意見となっていた[54]。

天皇の持つ強大な権限、権威に対して議会や内閣の持つ権限を認め、それを徐々に強めようという立憲君主制に立つ美濃部の説でもあった。

これに対して天皇の権威や地位は絶対であり、その力を使って国家を経営す

54　正村公宏『日本の近代と現代～歴史をどう読むか』NTT出版、2010年8月

べきというのがあの国家社会主義者・北一輝の思想であり、軍部がそのとおりに天皇を絶対化するにあたっては美濃部の説は最も疎ましい考え方だった。

そこで不当にも天皇機関説を「アカ」として攻撃したのである。

彼らは、あくまでも天皇を絶対化し、その絶対的権威を利用することを狙って美濃部の説を攻撃し葬ろうとしたと考えられる。

北一輝も徹頭徹尾、天皇を利用しようとしていたことは、その有名な著作『日本改造法案大綱』をみれば明らかで「天皇ハ国民ノ総代表タリ、国家ノ根柱タルノ原理主義ヲ明ラカニス」[55]と書いていて、決して現人神とも絶対とも書いていない。むしろ天皇機関説に近い。

彼がついぞ天皇を尊重も尊敬もしてなかったことは明白で、ただ目的のために天皇を絶対と祭り上げ、利用しようとしただけだった。

驚くことに天皇自身は天皇機関説を認めていて「軍部においては機関説を排撃しながらも、かくのごとく自分の意志にもとることを勝手におこなうのは、すなわち朕（天皇自身：筆者注）を機関説扱いにするものではないか」「今日、軍部が朕の意見に従わず、天皇機関説を否認しようとしていることは大きな矛盾ではないか」「日本の国体は機関説の論議くらいにて動かさるるものではない」[56]と鋭く批判している。

天皇機関説は当初、軍部革新派（すなわち、右翼グループ）や在郷軍人会が取り上げていただけだった。

ところが当時の政党はこれを政権奪取、政争の具にするため取り上げ、政府に対する攻撃の刃とした[57]。

大正デモクラシーの担い手だった政党が、その10年後にはなんと右翼勢力に手を貸し、学問の自由を平気で切り崩していったのである。

---

55 北一輝『日本改造法案大綱ほか』みすず書房、1959年7月

56 尾崎士郎『天皇機関説』文藝春秋、1951年（この天皇の証言は当時の天皇の側近だった本庄侍従武官長の日記を尾崎が筆写したものだという）

57 橋川文三編『日本の百年7 アジア解放の夢』筑摩書房、2008年4月

美濃部の著書『憲法精義』はこの年、発禁処分となり、やがて美濃部自身も貴族院議員の立場を追われた。

牧口は人生、教育の目的は幸福であるとして死ぬまでその理想を追求した。しかし信念も理想もない政党政治家にはそれが全くといっていいほど見えない。権力と自己の利益追求しか目的がないという底知れぬ堕落がそこにあった。

この時から、日本人の思想、信条の自由が国家によってさらに奪われていく。

思想、信条の自由は信教の自由の上に拠って立つものでもある。したがってこの時から、日本国民の信教の自由も根本的に奪われたことを意味する。

こうして軍部は狙い通り天皇を絶対化して、その権威と力を利用して思うがまま戦争へ国民を駆り立てていく。

牧口のもとに結集する青年教師たち

天皇を絶対化しようとする軍部、右翼に対してその天皇制を否定する共産党員はもとよりその色がついた人物は、逮捕され収監され、転向を表明し釈放された後も徹底的に監視されていた。

だから、特高警察の絶え間ない監視下にあった渋谷のような人物を採用するのは企業、団体にとって相当、危険なことでもあった。だがあえて牧口と戸田はそれをしたのである。あくまでも権力に不服従を貫く牧口、戸田の姿がそこにあった。

しかし、この1935年（昭和10年）の正月、今度は時習学館講師の職を得ていた渋谷の紹介で同じく長野県教員赤化事件で逮捕・拘留されたあとに釈放され上京していた矢島周平が、職を求めるため牧口を自宅に訪問した。

その時、牧口は矢島に言った。「君はマルクス主義によって世の中が救えると考えているそうだね。わしは法華経の修行者です。法華経によって社会を救っていこうと思っています。

法華経が勝つかマルクス主義が勝つか。大いに議論をしよう。もしマルクス主義が勝ったらわしは君の弟子となる。もし法華経が勝ったら君はわしの弟子となって世のために尽くしましょう」と言ったという。

矢島は「これはすごい人だ」と思い、その提案を快諾した。

それから約束通り2日おき、あるいは3日おきくらいに牧口を夜分に訪ねては議論をした。議論をしたというより法華経の大要を聞いたということだった。

こうして3ヶ月を過ぎ、矢島が「恐れ入りました。長い間ありがとうございました」と言って牧口宅を辞そうとした時、牧口は「おい 君待ちなさい。初対面の時の約束をよもや忘れはしないだろうね」と言った。

矢島が頭をかいて座りなおすと「これから早速、中野の歓喜寮へ行って御受戒を受けるのです」と日蓮仏法の信仰に入るよう念をおしたという（美坂房洋編『牧口常三郎』聖教新聞社）[58]。

こうして矢島はこの1935年（昭和10年）春に日蓮仏法の信仰を始めた。

牧口の脳裏にはかつて明治時代に彼を社会主義者にと勧誘し白熱の議論を交わしたあの山根吾一、片山潜など明治の社会主義者たちの姿がよみがえっていたであろうか。

木村、三ツ矢、矢島の入会の実例が物語るように牧口は彼らに価値論を中心にする創価教育学説と、教育革命の必要性、それを推進するための日蓮仏法の信仰実践を教えている。

牧口はその日蓮仏法の信仰については教学面では毎月、時習学館で開かれる堀米泰淳の講義、また歓喜寮で開催された堀日亨の講義、あるいは御講と呼ばれる住職・堀米担当の歓喜寮の教学講義から学び続けていた。

講義では常に最前列で熱心に聴講していたと当時を知る人は異口同音に語る。

58 美坂房洋編『牧口常三郎』聖教新聞社、1972年11月

さらに1935年（昭和10年）の「富士宗学要集」出版については、その発起人となって出版を推進した。

これは元日蓮正宗管長の堀日亨がそれまで日蓮正宗内で秘伝とされて一般には開示されなかった日蓮仏法の教学の重要部分をはじめ枢要部分をまとめたもので、多くの人に読んでもらい講義するため出版しようとしていた。

「富士宗学要集」購入先約者の名簿に、堀米泰栄と並んで牧口常三郎や当時の創価教育学会メンバーの名前が載っている[59]。

翌年刊行されるこの「富士宗学要集」の刊行に協力して率先して申し込みをしたことがわかる。

元外交官・秋月左都夫が応援

一方で牧口を勇気づけるニュースもあった。1934年（昭和9年）から、35年（同10年）にかけてのころといわれ、時期は明確ではないが、元駐オーストリア大使で、かつ元読売新聞社社長・秋月佐都夫から、牧口に会いたいとの連絡が入ったという。

このあたりについては具体的な資料はなく、戸田の書いた小説「人間革命」（妙悟空著）に描写されているだけで、そこから事実の推移を想像するしかない。以下は、その小説の内容から導かれる想像である。

東京は世田谷区・豪徳寺の境内にひろがる秋月邸、そこへ招きを受けて牧口、戸田が訪問した。

そこで秋月から「価値論は、日本が生んだ全く、新しい独創的な思想であり、それを書いた牧口さんにぜひ、お会いしたかった」と、牧口とその創価教育学を絶賛した。

これを機縁に、牧口は創価教育学による教育革命運動について懇談するため、秋月のもとを度々訪問することになった[60]。

59　『大日蓮』昭和10年6月号、大日蓮社、1935年6月、「富士宗学要集」会員芳名帳
60　戸田城聖（妙悟空）『人間革命』精文館、1957年7月

当然、牧口は教育革命はもとより、その活動の根本におく日蓮仏法について語り続け、秋月は信仰にも強い関心をもち始めた。その後、秋月は創価教育学会顧問に就任することになる（牧口常三郎『創価教育学体系梗概』）[61]。

なお、この出会いについては前述したとおり、牧口と同行したと考えられる戸田城外が第二次大戦後に著した小説「人間革命」（妙悟空著）にしか裏付けを求めることはできない。しかし小説では牧口と秋月の出会いが1941年（昭和16年）に設定されている。

小説だからやむをえないが、これは5年ほど実際とは食い違いがある。

なぜなら1935年（昭和10年）春刊行の『創価教育学体系梗概』には創価教育学会綱領、要項に並んで役員名簿があり、そこに柳田国男、前田多門などと並ぶ創価教育学会顧問の筆頭に元オーストリア大使・秋月佐都夫の名前があるからである。

さらに、同年7月21日に開催された教育学会研究部総会に秋月が講師として登壇し講演しているので出会いは1935年（昭和10年）春までであったのは間違いない。

『創価教育学体系梗概』を著し教育革命を推進

この『創価教育学体系梗概』は36頁ほどの活版印刷の小冊子、いわゆるパンフレットで、内容はまず牧口の『創価教育学体系』刊行の目的を明らかにした上で、当時の創価教育学会の五大主張を提示。

詰め込み教育や画一主義教育、あるいは知育偏重、無方針な自然教育を排除してその代案を提示、真の教育法を提供するというその五大主張を列挙したうえで、『創価教育学体系』を第1巻から第5巻（未完）まで簡便に紹介している。

61　牧口常三郎「創価教育学体系梗概」『牧口常三郎全集』第8巻、第三文明社、1984年11月

この『梗概』の内容を分量でみると、創価教育学説とその関連する部分、すなわち、『創価教育学体系』全4巻の膨大な内容のまとめがページ数で8割、日蓮仏法の宣揚と入信の勧めが2割くらいになる。

そして重要なのはその「結語」の部分。「法華経と創価教育」のタイトルで牧口自身が日蓮仏法の信仰に入ったいきさつ、日蓮仏法がその法則と生活上の現象が一致するきわめて優れた教えであり、牧口の創価教育学と根底で一致する宗教であると言明している点である。

そして研究や実践にあたって「信の確立」、すなわち強烈な確信、信念を持ち続けることが創価教育の先決問題でもあることを訴えている。

そして牧口は「要するに創価教育学の思想体系の根底が、法華経の肝心にあると断言し得るに至った事は余の無上光栄とする所で、従って日本のみならず世界に向ってその法によらざれば真の教育改良は不可能であると断言して憚らぬと確信するに至ったのである」[62]と書いている。

ここから牧口の教育革命運動には日蓮仏法が不可欠になったことを言明。牧口門下になるにあたって牧口が日蓮仏法の信仰を推奨したのはこうした背景があったことがわかる。

単なる教育改良、教育改造運動ではなく全人間的な意識改革を伴う信仰次元からの個人の変革、すなわち人間革命を根底にした教育革命運動こそ牧口がめざす新しい目標となったことを明かしたのである。

この革命観は少なくとも当時の社会で唱えられていたあらゆる革命方式とも全く次元を異にするものであった。

左右いずれの立場にあるにせよ、当時の革命勢力がめざしたのは権力奪取による政治体制、経済機構の変革であり、その後で一律的・強制的に人間の思想や意識を統一しようとする全体主義、国家社会主義（ファシズム）の次元を一

62 「創価教育学体系梗概」『牧口常三郎全集』第8巻、第三文明社、1984年11月

歩も超えるものではなかった。

そこでは人間の尊厳は欠落し、人間の解放を目的としながらついには人間がその手段とされ、残虐な弾圧、処刑や粛清が常套手段となり、結果、大多数の人々に大きな犠牲と不幸を招いて終わった。

左右両翼の全体主義国家の興亡の歴史には民衆の犠牲と不幸の果てしない歴史が重なる。

牧口が意図した教育・宗教革命は日蓮仏法による人間生命の傾向性そのものの変革を志向するがゆえに、より根源的な革命の意味を持っていたと言える。これが牧口の当時の教育革命観であった。

牧口が指摘するように、政治・経済はもとより、これら社会活動を共有し、協働する人間の思想や営為は、究極的には 人間性・人格そのものに由来しているからである。

従って日蓮仏法による人間革命があらゆる革命に先行しなければ、どんな革命も所詮は上辺だけのものにならざるを得ない。

宗教革命（すなわち日蓮仏法の信仰と実践）によって、一人の生命をその根底から変革し、教育改造すなわち教育革命を果たす。

そこから社会の変革を最終的にめざす。

だがそのためには天皇制国家による国家教育、教育勅語による教育に対峙しながらそれをめざさなければならない。不可能に思える挑戦だった。

そこに到達するには天皇制国家に不服従にして漸進的、不服従にして永続的な教育革命の道を選択する以外に道はなかっただろう。

こうしてみると、このパンフレットはちょうど同じ1935年（昭和10年）代に牧口周辺に「創価教育学」を学ぶために集まった青年教師や、特に長野県の教員赤化事件関係者のために日蓮仏法の信仰を勧めるいわば“ミニ折伏経典”の趣をもったものとも考えられよう。

もちろん、このパンフレットをなぜ作成したか、それを牧口は明らかにしていない。ただ、当時の状況を考えれば、これが最も可能性の高い理由と考えられる。

そして、糾合したこの若者たちと共に、牧口は初めての組織的運動を始める。

第6章

教育・宗教革命への旅立ち

1935年（昭和10年）、のちに創価学会の第3代会長になる池田大作少年は、尋常小学校の2年生に進級したが、父・子之吉がリウマチで寝たきりとなり、約5年間、仕事ができなくなる。

やむなく一家は手広くやっていたノリ製造業を縮小。生活は苦しくなり、池田少年も家業のノリ作りを手伝い始める。

（「私の履歴書」『池田大作全集』第22巻）

この同じ1935年（昭和10年）ごろから牧口は粘り強く対話を進め同志を糾合していく。

入会したばかりの長野県教員赤化事件の当事者・矢島に対して牧口は「どうしても教育革命をやりたい。革新ではだめだ、革命だ！

現状に飽きたらない革新的な考えを持った若い人々を糾合しよう。こちらの理念、確信を述べて新しい人を集めよう」と語ったという[1]。

ここから、同じ長野出身の渋谷と矢島は長野師範の同窓生を求めて都内の小学校の教員を回り、創価教育学説に賛同する人を募った。

さらに牧口から紹介状を書いてもらってはその紹介先を回った。

また創価教育学説に賛同する人が現れると、さらにその友人を紹介してもらい牧口を紹介し弘教の対話活動を繰り広げた。

それによって教育学会に参加したのが木村栄（渋谷区）、林孝四郎（麻布区）、上村久三（長野県出身）などだった。

1　矢島秀覚（周平）からの聞き書き（大宮・正因寺において1978年ころ上藤取材）

「創価教育学､特に価値論の話をしながら『研究しよう。教育界を革新しよう』という話をした。そして関心、興味を持った人に『牧口先生に会おう』ということで牧口先生のお宅へ連れて行くと、先生はいきなり法華経の話をする。相手はびっくりしてしまう。

2か月で50人ぐらいを連れて行ったがマルクス主義の影響で宗教は進歩的でないと思った人はびっくりして帰っていった」と矢島は語っている。

それに懲りず、その後、渋谷と矢島などの紹介により、長野県教労の元書記だった石澤泰治はじめ、高地虎雄、小林済、土岐正三など、あの長野県教員赤化事件に連座した青年たちが続々と、牧口のもとを訪ねてきた。

牧口は真摯に彼らと法華経とマルクス主義のいずれが社会改革に適切であるかを議論。

その理路整然とした話を聞き､日蓮仏法の信仰を進められ､牧口の門下に続々と加わってきた。

また、そのなかには戸田が経営する出版社や進学塾に採用されるものもいた[2]。

しかし、元赤化教員の彼らが、日蓮仏法を信仰することで、牧口自身が驚くほどの変貌を遂げた。思想が変化したのではなく人間が変わった。この経験が牧口に大きな影響を与える。

教育革命を担う青年教師の拡大進める

振り返ってみれば、1935年（昭和10年）初頭まで、牧口の周辺には戸田以外には10数人の活動家しか認められない。

すなわち牧口の折伏で日蓮仏法を信仰した数人の青年教師と、あとはほとんどが戸田の創設した出版社「日本小学館」と進学塾「時習学館」の関係者だけ

2　前出　美坂房洋編『牧口常三郎』、司法省保護局編纂『讃功録』1941年2月、石澤泰治の略歴に「昭和8年4月　日本小学館夜学校勤務」とある。河原萬吉『思想犯転向者座談会記録』槃澗学寮東京事務所、1936年9月、小林済の証言など

だった。教育改造をめざすにはあまりに弱小な団体でしかなかったのが当時の創価教育学会だった。

矢島の証言では、1933年（昭和8年）か34年ぐらいから始まったと言われる堀米の日本小学館における講義に、矢島も1935年（昭和10年）から参加をした。

彼は「法華経の難解な内容を説かれていたと思う。出席者は5～6人で10人を超すことはほとんどなかった。三ツ谷、木村、土岐、渋谷、稲葉、そして矢島などであった」と述べている。ほかに牧口や戸田、そして時習学館の関係者を入れればたしかに10数人だったはずである。

だがこの長野県の元赤化青年教師たちが、牧口の同志として教育改造運動に加わったことで、1935年（昭和10年）後半から牧口の教育革命運動の展望は突如、大きく開かれた。

ある意味で窮乏化する子供たちとその親たちの飢える農村に真っ先に心を痛め、それを何とかしたいとの問題意識を最も大事にしたがゆえにマルクス主義思想に走った行動力のある元青年教師たち。

彼らが加わったことで教育学会の行動力、組織力が強化されたことは間違いない。この1935年（昭和10年）春に刊行された先述の小冊子『創価教育学体系梗概』によれば創価教育学会に初めて研究部が設置されている[3]。

牧口がその研究部の研究所長に就任し、戸田城外は同研究部の常務理事に、そして顧問として、先に紹介した元オーストリア大使・秋月左都夫、学習院初等科長・石井国次、貴族院議員・古島一雄、東京朝日新聞顧問・前田多門、同・柳田国男、日本大学教授・田辺寿利ら11人が名を連ねている。

さらに理事に山田高正、幹事に矢島周平がつき、元赤化教員などの長野県勢が研究部員に名前を連ねている。

3　「創価教育学体系梗概」『牧口常三郎全集』第8巻、第三文明社、1984年11月、春に開催された研究部総会に秋月佐都夫が顧問として登壇しているがその人事が掲載されているので梗概は1935年春刊行とみて間違いないだろう

「研究部」には、国語科（読み方、綴り方、書き方)、算術科、地理科、国史科、理科、唱歌科、図画科、体操科、手工科、修身科の十教科が設置され、各教科別に、東京市内の小学校教員と研究部員計30数人が創価教育学に基づいた研究、応用に取り組むとされている[4]。

率先垂範の牧口や戸田の弘教活動などが功を奏し、総勢で約50人近い人がそろったことになる。牧口の努力が実りつつあった。

だが、このなかで日蓮仏法の信仰をする同志はまだまだ少ない。メンバーの信仰の深化が必要だった。

「中野の歓喜寮では毎月、日蓮正宗の僧・堀米泰栄を中心に御講をやっていた。

この御講で堀米は『五重相対』『一念三千』などの基本教学を教えていた。いずれも牧口先生は常に最前列に座っていたが、御講が終わった後、そこに来た人に残ってもらい牧口先生を中心に会合をやった。これが教育宗教革命正法研究会の例会というものだった。

座談会らしい座談会の始めであったように思う」このように矢島は証言している[5]。

1935年（昭和10年）4月30日には東京・神田の教育会館を会場にしで創価教育学会講演会を大々的に開催。牧口は「創価教育学組織概観」「応用科学としての教育学」と題して講演した（「教育週報」第519号）[6]。

5月4日には同じ会場で「教育原理としての価値論」と題し講演（「教育週報」第520号）[7]。内容の記録はない。おそらく新カント派の価値論を凌駕する牧口価値論を存分に語ったであろう。

同じく5月7日には午後6時から同会場で「教育改造論」を語った（「教育週報」

4　「創価教育学体系梗概」『牧口常三郎全集』第8巻、第三文明社、1984年11月
5　埼玉県大宮の正因寺で矢島秀覚（周平）からの聞き書き
6　「教育週報」第519号、1935年4月27日付け
7　「教育週報」第520号、1935年5月4日付け

第521号）[8]。

ここで注目したいのは、牧口の創価教育学説の講演会を一挙に大型会場となる東京・神田の教育会館で開いたこと。

それまで会場と言えば、時習学館か学校の教室、牧口の自宅などで、せいぜい参加者が10人程度と考えられていた。

多数の参加が十分に可能と見込んだからこそ収容人員が大きい教育会館に会場を格上げしたと考えられる。

すなわち結集力がアップし、大型会場の講演会運営を可能にするスタッフの人数がそろったことを物語っている。

それを担ったのは長野グループ、すなわち長野県出身の元青年教師たちと考えられる。

当時の会員の一人、三ツ谷孝によれば、昭和10年当時、教育学会に集ってきた青年教師は、東京の芝、目黒、蒲田、神奈川・横浜近辺の教師が多かったという。彼らは議論好きで酒も好きだった。飲み友達を求め、教育技術の完成を求めて教育学会に集ってきたともいえる。

当時、戸田は蒲田にあった「カニ料理」の店にこの教師たちをよく連れて行っては盛大に宴会もやっていた。時には数十人もの青年教師が集まり気勢を上げていたという[9]。

戸田はさまざまな形で陰で教育学会を支えていたが、その出費は相当なものだったろう。だが、それについて戸田は何も語らず、書いていない。

さらに5月26日の午後1時半から、東京・大森の「見晴」において、創価教育学会研究部総会が開催される（「教育週報」第523号）[10]。

それを紹介する新聞記事では「活動方針について種種打ち合わせを行う」と

8　「教育週報」第521号、1935年5月11日付け

9　三ツ矢隆からの聞き書き（聖教新聞社に於いて、1978年ごろ上藤が取材）

10　「教育週報」第523号、1935年5月25日付け、予告記事

され、総会といってもそれほどおおげさなものではなく、大きく広がった組織の中核になった長野グループはじめ推進役となった教育者たちの懇親会ではなかったかと思われる。

その場で研究部に所属する教員がそれぞれ『創価教育学体系』の各論を執筆するための各教科の学習指導法の研究を進めることが徹底された。

そして、その一例が発表され、会員がその原理を各学校で応用し、次回その結果を持ち寄るよう要請されている。牧口の『創価教育学体系』の第5巻以降の続編は彼らが書くことになっていた。

翌6月になると大型会場で開催した「創価教育学」の講演会でそれに興味・関心を示した人々のために今度は牧口がめざす教育革命のため、日蓮仏法をひざ詰めで語る会が催される。

それが「創価教育学原理としての法華経講話会」であり、東京・豊島区目白の牧口宅で6月26日から27日の2日間、午後6時から行っている。担当の講師は、日蓮正宗・歓喜寮の住職・堀米泰栄だった。

続いて、同29日と7月2日～4日まで、会場を今度は東京・杉並区和田本町の歓喜寮に移して同じく堀米の担当で開催した（「教育週報」第527号）[11]。

この講話会の内容は不明だが、新会員に日蓮仏法をさらに理解しその信仰を深める目的や、教育会館で牧口の講演を聞き、高い関心をもった教育者に信仰を勧める、すなわち折伏・弘教活動にその目的があったと考えられる。

このころ、牧口の教育革命路線に日蓮仏法の信仰を深めることがひときわ大きな方針となっていたことがうかがわれる。

教育学会の機関誌『新教』を改題刊行

この年7月から創価教育学会の機関誌のような扱いだった『新教材集録』を『新教』と改題[12]。正式に創価教育学会の機関誌とした（発行人・戸田城外　発行所・

11　「教育週報」第527号、1935年6月22日付け、予告記事
12　前出『評伝　牧口常三郎』第三文明社

日本小学館)。

この新しい機関誌の『新教』の表紙、デザイン、題字のデザインを担当したのが長野師範出身の図画工作担当教諭の林幸四郎だった。

この年の春に長野師範の先輩で、時習学館で働く教員赤化事件の関係者が彼を訪ねてきていた。そこでデザインの依頼があり、時習学館に牧口を訪ねて日蓮仏法の話を聞き信仰を始めていた。

そのデザイン依頼の時に「新しい機関誌をつくる」と聞かされている[13]。

機関誌となって何が変わったのか。現在までにわかっているそれまでの『新教材集録』の内容・構成をみると、名前のとおり、教員たちの授業の助けとなる教材を集めた雑誌であり、副教材となるもの、教室での話題となる記事が中心。

牧口の巻頭言、教育時評、論説があるもののわずかのページに過ぎない。

ほかには教育学会の動きを伝えるニュース的な記事がわずかに1～3頁入る程度だった。

しかし、これが『新教』に変わると、表紙タイトルは当然「新教」だが、その下に、「教育革命」「宗教革命」のサブタイトルが入っている。

内容・構成も「教育革命」「宗教革命」関連記事が6割以上を占め、教材関連は4割弱になる。

果たしてこれで一般の学校教員がどれほど購読し満足したかは不明だが、『新教』が「教育革命」「宗教革命」のための教育学会機関誌であることは明白になった。

この『新教』改題直後の1935年(昭和10年)7月25日午後6時から教育学会は研究部総会を東京・神田の教育会館で開催した(「教育週報」第532号)[14]。

参集者数の記録はない。

ただ、これはあくまで想像だが、前回5月の総会は料理屋での開催で懇談会であったのに比べると、教育会館という大収容会場の開催であり、牧口のほか

13　林幸四郎「創価教育学会の草創のころ」『牧口常三郎全集』第三文明社、『月報』7
14　「教育週報」第532号、1935年7月27日付け、消息欄

研究部顧問の元オーストリア大使・秋月左都夫、同じく顧問で貴族院議員の古島一雄が講演しているところをみると大幅に参集者がふえたのだろう。

もちろん、この講演会に参加した新来の教育者にも弘教拡大が進められたと考えられるが、記録はない。

天皇の絶対化が更に進む

この研究部総会から一週間後の8月3日、当時の岡田内閣はそれまで議論が沸騰していた日本の国のかたち、すなわち「国体明徴」について正式な見解を発表した。

ここまで、日本の国のかたちについて、議会や言論界で大問題になり雑誌「改造」や「文藝春秋」など多数の雑誌で議論が噴出していたが、結論として「日本の国は天孫降臨の時に下した神様のお告げによって明らかなように、万世一系の天皇が国を統治する世界無比の国家なり」（趣意）とした。神代の伝説が時の政府によって公認されたことになる。

そして美濃部達吉の「天皇機関説」を国体に反すると声明した。

これによって、軍部の狙い通り天皇はさらに神格化、絶対化され、文部省は各学校に「国体明徴」運動を呼びかけ、学校の教員、教育諸団体は在郷軍人会などと共同してこの運動を国の隅々まで広げた。

以後の日本は万世一系の天皇が統治する神の国とされ、それから逸脱する言論はたちまちに弾圧されるようになる。天皇機関説排除と国体明徴により、軍部独裁、天皇制ファシズムの思想的、宗教的支柱がさらに確立されていく。

続いて1935年（昭和10年）11月、文部省は教学刷新評議会を設置。「国体観念、日本精神を根本」とする「学問と教育の方途」すなわち学問、教育の基本の方向性を明確に打ち出した。

その答申によれば明治以来の国民、特に知識階級の人々に浸透した西洋近代思想、なかでも特に個人主義・自由主義・主知主義・観念論及び唯物論等の本質を明らかにしてその影響を受けないようにせよ、となっている。個人主義、自由主義といった基本的人権にかかわる部分まで踏み込み、それを禁止し、排除するという暗黒時代の到来を告げる方向が打ち出された。

こうした天皇制ファシズムへ傾斜する一方の日本で教育革命の活動を進めることがいかに危険で困難なことであったか、想像に余りある。しかし、牧口、戸田を中心にした創価教育学会はたじろがなかった。

9月10日午後2時から、教育会館において創価教育学会主催の講演会が開催されている。

だがその内容は今までと異なり、識者による「ハイデッガーに就いて」、「現今の読み方教育を評す」という題名の講演で、まさに教育団体の講演会らしい内容。

牧口の講演テーマも「教育法の五重相対階級論」となっている。

おそらく日蓮仏法の宗教批判の原理「五重相対論」を牧口の創価教育理論に応用した各教育理論を批判した内容ではないかと考えられるが詳細な資料は残っていない。

また、この講演会はめずらしく会費が1人30銭とされている[15]。それまで教育学会の講演会に会費をとった記録はない。

専門家の教育講演会であり、有料は当然かもしれないが、教育団体による教員向けのハイデッガー関連の講演会にして一般教員を集め、最後に牧口が創価教育学を説いたと考えられる。

国体明徴宣言下の苦心の活動ではなかったかと思われる。

続いてこの年の秋以降、厳しい思想統制下でも教育革命運動に多くの同志を結集しようと牧口は次に、長野県に焦点を合わせた。元赤化教員の故郷である。

そこには、元赤化教員というだけで人生の展望が開けなくなった多くの人がいた。

同年1935年（昭和10年）11月、牧口を中心に教育学会のメンバー４人が長野

---

15 「教育週報」1935年9月7日付、「消息欄」

県庁を訪ねて教育関係者らと懇談している。

さらに牧口はその長野県で「教育改造と宗教革命」、「赤化青年の完全転向は如何にして可能なるか」という講演をして帰京（『新教』第5巻12号別冊、日本小学館）[16]。その時、牧口たちは事前に、特高警察の本部である内務省警保局、警視庁労働課長を訪問し、長野県警保部に電話をしてもらい、了解を得ている。

その講演はこの年12月に出された機関誌『新教』第5巻第12号の別冊に論文「教育改造と宗教革命」「赤化青年の完全転向は如何にして可能なるか」として紹介されている。

問題はこの講演がだれに対して行われたかだが、それは書かれていない。これは筆者の想像だが、翌年2月に牧口たちは長野県を訪問し、元赤化青年たちに弘教拡大するが、その準備がこの講演ではなかったかと考える。すると対象は長野県の特高警察の関係者ではなかったかと考える。

それを裏付けるのが、この講演の冒頭で「現在の赤化青年の全てを完全に転向せしめ得るだけの指導原理はあるか」と問うていること。赤化青年たちにこの問いを発するのは、話としてはそぐわない。赤化青年を完全転向させようとしている人々、すなわち特高警察の関係者とすれば納得できるからである。

その講演内容の続きを読むと、牧口のもとを訪れ教育学会に賛同し、日蓮仏法を信仰した長野県教員赤化事件の当事者たちが日蓮仏法に目覚めて、観念の世界ではなく、人間性の上でも生活の上でも前向きに人生の行路を劇的に転換した完全転向の実証をもとに、同じくそうした青年が新しい人生をあゆむには創価教育学を学び、さらに日蓮仏法を信仰する宗教革命の実践のみによってのみ可能であると訴えている。

ここで初めて牧口は「宗教革命」という言葉を使っていることが注目される。これが具体的に何を意味するのか。

この言葉が後に関係者によって使われた例を調べると「日蓮仏法」を信仰し

16　『新教』第5巻12号別冊、日本小学館、1935年12月15日

実践することを意味しているように思われる。『新教』第6巻第5号で元赤化教員の高地虎雄が「日蓮正宗の信仰に入り勇敢に宗教革命を実行した」(66頁)「今日、創価教育学会に入って、日蓮正宗へと宗教革命を断行した」(71頁) と言う表現からそれが見えてくる。

この『新教』別冊は教育学会関係者のみならず希望者に頒布されている。
教育革命・宗教革命の啓蒙文書として活用、使用された可能性が大きい。

大本教への熾烈な弾圧と信教の自由の最後

その直後の12月8日から翌年にかけて皇道大本（大本教）に対する第2次の弾圧が始まった。

警官隊500人が京都府の綾部・亀岡の同本部、施設を急襲した。本部、教団施設は全てダイナマイトで破壊され、信者的3000人が国体変革を目指したとする罪状を着せられ、治安維持法違反で取り調べを受け、最終的に987人が検挙された。

さらに61人が起訴され、拷問によって16人が獄死した（出口英二『大本教事件』三一書房）[17]。

この皇道大本（大本教）には軍部革新派の軍人も数多く入信し、その外郭団体「昭和神聖会」は政治団体とみなされ、機関紙数十万部を発行して政府を攻撃していた。5・15事件の被告たちが獄中で大本教の出版物を読みふけっていたという話もある。

最大勢力時には信徒、シンパ合わせて800万人とも称され、1931年（昭和6年）の10月事件（右翼クーデター計画）ではその首謀者・橋本欣五郎中佐と大本教の出口王仁三郎教主が連携し全国の信者を動員する計画があった[18]ともいわれた。

17　出口英二『大本教事件』三一書房、1970年1月
18　安倍源基『昭和動乱の真相』中央公論新社、2016年2月改版

そこでまた右翼と協力して大規模なクーデターを起こす可能性があると特高警察は判断し、1年がかりで弾圧を準備していたのも事実だった[19]。

怖ろしいことにその弾圧を正当化するため、まるで国体変革の結社があったかのような証言をさせるため特高警察はすさまじい拷問、取り調べを執ように続け、結果、16人が獄死した[20]。

右でも左でも、そこに少しでも国体をおびやかし革命につながる可能性があれば、あらゆる手段を使ってでも徹底してつぶすのが当時の政府の方針だったといわれる。

軍閥とつながる軍内皇道派革命勢力に直接警察が手を出すのは難しかったこともあり、先ず、その資金源、人員供給源のひとつとなりうる皇道大本をつぶしたとも考えられている。

結局、当然のことながら治安維持法違反の彼らの罪状は二審で全員無罪になり、さらに1945年9月に大審院法廷でも逆転無罪が確定した[21]。

どんな宗教団体、思想団体であっても、根拠も罪状がなくとも国体護持のためなら一夜にしてそれを消滅させるだけの絶対的で非人道的な実力行使をしたのが当時の内務省、警察権力だった。

翌1936年には「教育勅語」を教義に取り入れていた「ひとのみち教団」が、翌々年には「天理本道」が然るべき理由もなく弾圧された。

これらの弾圧を目の当たりにして、日本に信教の自由など存在せず、いつ弾圧されてもおかしくないことが明らかになったが、牧口たちは少しもひるまない。

牧口の教育革命・宗教革命運動もある意味、危険な領域に近づきつつあった。用心深い牧口は、長野県から帰ると、大本教弾圧の中心だった内務省警保局、警視庁労働課長を訪問している。

19　朝日ジャーナル編集部『昭和史の瞬間　上』朝日新聞社、1974年5月
20　同上　朝日ジャーナル編集部『昭和史の瞬間　上』
21　前出　出口英二『大本教事件』

おそらくは長野県での創価教育学会の活動について報告したと考えられる。

前述したように、長野行きの前に内務省から長野県警保部に特別に電話をしてもらっているが、それをわざわざ機関誌『新教』にも書いている[22]。

創価教育学会が決して危険団体ではないという証明である。つまり、大本教を弾圧した特高警察の本拠、内務省警保局と連係している団体であるという証明である。

さらに言うならば敵中に自ら入ることで敵を味方にする牧口の戦略だろうか。

この年、日本の綿布輸出量が史上最高になり、国際収支も17年ぶりに黒字になる。軍需景気、そして満州、朝鮮への綿布ほかの輸出増大によって日本経済は長期不況からすでに大きな好況に変わっていた[23]。

だが、それは満州や中国への侵略戦争によりもたらされた結果であったことは言うまでもない。

22　同前『新教』第5巻12号別冊
23　歴史学研究会『日本史年表』第5版、岩波書店、2017年10月

第7章

教育革命へ！青年の熱と力を結集

暗黒時代を前に不服従を貫く

明けて1936年（昭和11年）、日本史上最大の軍事クーデター2・26事件が起きた年である。

ひしひしと迫る暗黒時代到来の危機を前に、牧口は新年早々から教育革命運動をスタートする。動きは激しかった。

1月3日から時習学館で3日間にわたって連続講演を行う（『新教』第6巻第2号）[1]。講演内容は明らかではないが、教育改造運動へ、創価教育学体系の講演であったろうことは間違いないだろう。3日か4日のどちらかでは神奈川の美藤栄祐が入会、入信した。（美藤の妻・トサからの聞き書き）

同11日から創価教育学研究所の研究所員2人とともに、土浦から筑波鉄道に乗り茨城県筑波方面を訪問、12日には茨城県下妻を訪れ、県下の青年教育者と座談会を開催。その場で茨城県支部の発足式を行った[2]。これは牧口が自ら出席して結成された最初の地方支部とされる。

15日には創価教育学会運動大綱に関する打ち合わせ会が時習学館内の学会本部・事務室で開催され、牧口、戸田のほかに6人が参加している（『新教』第6巻第2号）[3]。うち4人は長野グループのメンバーだった。

教育学会はもう運動大綱を考える時代を迎えていたことがわかる。わずか1年足らずで運動が大きく進展していた。

続いて18日には機関誌『新教』の編集会議（学会本部・事務室）が開かれ牧

1　『新教』日本小学館、第6巻第2号、1936年2月
2　同前　『新教』日本小学館、第6巻第2号
3　同前　『新教』日本小学館、第6巻第2号

口、戸田、山田高正、渡辺力、矢島周平、渋谷信義、小林斉、土岐正美、三ツ矢孝、林幸四郎、などが出席している[4]。

当時の創価教育学会の執行部と考えていいだろう。ここでも長野グループが中核になっていたことがみえる。前歴に関係なく能力で評価する牧口、戸田らしい人事であった。

翌19日には日蓮正宗の第1回「富士宗学要集」講習会が東京・向島の本行坊で開催。堀日亨が講義した。

前年にこの刊行に協力し率先して申し込みをした牧口もこの講習会の開催発起人50数人の一人として名を連ねていた[5]。

日蓮仏法の真髄をまとめたこの富士宗学要集は、もともと堀日亨がその生涯をかけて全国の日蓮宗各派の寺院、学林に研究の足を延ばし、苦心に苦心を重ねて収集した日蓮滅後の日蓮宗各派の古書、問答記、文献資料、それらを集大成した134巻の「富士宗学全集」の肝心部分である。

すなわちそこから特に秘伝とされたものなど重要な文献資料を選択し、注解を加え、加筆して全10巻にまとめ収録したものでもあった。

だがその内容は一般人にとっては実に難解であり、これをぜひ堀日亨から講義を受けて学びたいとの強い思いから牧口など50数人が協議し発起人として堀日亨に懇願し、関係者に呼びかけ実現した。

しかしその編纂には時間と労力がかかり、牧口も編纂の応援に加わり、堀日亨から感謝されたという[6]。

以後、足かけ3年にわたり全12回の講義が行われたと記録にある。牧口もその全てに参加した可能性がある。

4　『新教』日本小学館、第6巻第2号、1936年2月
5　『世界の日蓮』昭和11年3月号、1936年
6　前出『評伝　牧口常三郎』

この第1回の講習会に牧口だけでなく創価教育学会会員も多数参加した。そして4時間の講義終了後、全員で夕食をとり、30分の休憩後、その場で、牧口を中心に、講習会参加者全員を対象にして、創価教育学会の教育宗教革命正法研究会（座談会）を開催している。

信仰と教養の学習、そして創価教育学の理論武装、これには講義を終えたばかりの堀日亨までもが参加して教育学会の活動を高く評価している。

1月22日には創価教育研究所員が横浜方面に出かけ、横浜の教育者と懇談し、神奈川県支部設置を決定している。2月中旬に支部発会式挙行の予定と機関誌に記載があるので支部は予定通り結成されたと推定される[7]。

1月24日には、牧口が創価教育研究所員数人とともに帝国美術学校を訪問し金原省吾校長、名取尭教授らと懇談している[8]。

金原は武蔵野美術大学の前身・帝国美術学校の創立者の一人だが長野県諏訪郡湖東村出身で長野師範学校を出ているのでおそらく、長野出身の青年教育者と同窓か縁があったのではないだろうか。

その人脈で創価教育学の啓蒙と仏法対話が目的だったようである。

しかし、それは新しく加わった青年教師たちに牧口自らが対話を通して訓練を兼ねての実践活動だったのではないかと考えられる。

長野県教育界への弘教拡大に綿密な準備

27日には、研究所員2人が銀座交詢社に教育学会顧問で貴族院議員の古島一雄を訪問。学会の現況報告をしながら古島から長野県高遠出身の政界の大物・伊澤多喜男の紹介状を受け取っている（『新教』第6巻第2号）[9]。

7　『新教』日本小学館、第6巻第2号、1936年2月
8　同前　『新教』日本小学館、第6巻第2号
9　同前　『新教』日本小学館、第6巻第2号

伊澤は警視総監、台湾総督、東京市長などを歴任し、内務省には非常な影響力をもっていた。特筆すべきは天皇機関説事件に絡んだ国体明徴運動に対しては厳しい批判を行った。のちの国家総動員法の審議では、貴族院では数少ない反対票を投じている。天皇制ファシズムの激流に抗しためずらしい硬骨漢だった。

このため軍部からは旧体制の象徴的な存在と目され、右翼青年将校による尊皇討奸の計画では襲撃候補者として度々名前が挙がった人物である。なぜ、この人物の紹介状が必要だったのか。その答えは想像するしかない。

事実から想像できるのは、この2月に牧口を先頭に1週間をかけ長野県の諏訪、伊那、松本、長野市方面に同志糾合の活動を展開するが、その活動を円滑に進めるための紹介状ではなかったかと思われる。

矢島は「昭和11年の正月ごろ、牧口先生から信州へ（弘教に）行こうと言われた。秋月さんなどと連名で、長野県の各小学校へ事前に手紙を出した」[10]と証言している。

内容は不明だが、後の事実を総合して考えると、牧口が長野で開催する座談会の連絡、出席を呼びかける内容ではなかったかと考えられる。

この手紙に添えて刊行したばかりの『新教』昭和10年12月号別冊「赤化青年の完全転向は如何にして可能なるか」が同封された可能性もある。

牧口の準備にぬかりはなかった。

長野行きに先立つ2月1日から2日にかけて、牧口は研究所員二人とともに神奈川県逗子を訪問し、そこに滞在していた創価教育学会顧問の秋月左都夫、日大教授の田辺寿利を訪問し、懇談している[11]。

創価教育学について高く評価している田辺に改めてそれを講釈する必要はない。秋月も同様である。

だからこれはあくまでも想像だが、おそらく日蓮仏法について語ったものと

10　矢島秀覚（周平）から聞き書き
11　『新教』日本小学館、第6巻第2号、1936年2月

考えられる。つまり弘教活動である。

このころから、同志拡大は弘教、つまり日蓮仏法への信仰を勧める折伏（しゃくぶく）がメインになり始めた可能性がある。いわゆる「宗教革命」の推進である。

同じ2月1日には牧口門下の研究部員が宮崎県を訪れ、各地で創価教育学の講演を行ったというが詳細は不明である。しかし、機関誌『新教』の記録では宮崎県支部を設置となっているので同志糾合が目的の宮崎行きだったと考えられる[12]。

東京だけでなく、日本全国に教育・宗教革命の波動を広げようとしていたことは間違いない。

厳寒の長野県で弘教拡大の先頭に立つ

そしていよいよ牧口は1936年（昭和11年）2月上旬に教育学会の長野グループメンバー3人とともに長野県に赴いた。

そこには、かつて赤化教員として活動し逮捕・投獄され、保釈された後も就職もできずに不当な差別に苦しむ元教員数百人がいた。

彼らへの弘教・拡大が目的だった。

結果、2月の8日から15日にかけて厳寒の長野県各地（諏訪、伊那、松本、長野、上田）7か所で座談会が開かれ、事件関係者など合計80人以上が参加し結果17人が入会、日蓮仏法の信仰者になるという大きな成果をあげた（『新教』第6巻第3号）[13]。

この大成功の推移をよくみると牧口は物事の成否は99％準備で決まるといわんばかりの行動哲学の人だったことが改めて見えてくる。

もしこの時、長野県各地に牧口や長野グループの青年たちがいきなり行って弘教活動を繰り広げ、各地で座談会を開いたら何が起きるか。

12　『新教』日本小学館、第6巻第3号、1936年3月
13　前出　美坂房洋編『牧口常三郎』117頁、前出　『新教』第6巻第3号

先ず、集まる人などほとんどいなかったろう。また、集まっても警戒するだけでまともに話を聞こうとしなかっただろう。それを十分に想定し、予測して万全の手を打っている。

元教員赤化事件全関係者は転向後も全て特高警察により監視されていた[14]。彼らは転向を表明したあと保釈された仮出獄者だった。仮出獄者は地元の警察署から監視され、職業につく場合も、旅行する場合も、必ず事前に報告し、さらに月一回は、現状を報告する義務があった。(『仮出獄取締細則』司法省令第25号、1908年9月10日)

ならば、座談会を開く前に、参加予定者や監視している警察を全て安心させる必要があった。

そのため、前述したように長野出発の直前、長野県高遠出身の政界の大物・伊澤多喜男[15]の紹介状を牧口は受け取ったと筆者は考える[16]。

前述通り伊澤は警視総監を歴任し、内務省、特高警察には非常な影響力をもっていた。

各地の座談会の準備に前述の伊澤の紹介状が大きな力を発揮したのではないだろうか。

おそらくこの紹介状をもとに長野県特高警察に座談会開催の連絡をし、さらに先発した矢島などが元赤化教員に事前に座談会出席の働きかけをしたうえで、牧口は長野に入ったと考えられる。

実際、矢島は「前もって長野県庁に行き、(特高警察の) 保安係に承諾を求め、教員時代の同僚を座談会に呼んだ」とも証言している[17]。

そうでなければ、元赤化教員は特高警察の監視を警戒して参加を拒否した可能性が大きい。また、突然の座談会にもかかわらず各会場に10人以上が参集す

---

14 機関誌『新教』第6巻第4号、日本小学館、1936年5月「管内の思想犯は常に注意を怠らない」と特高刑事が牧口達に述べている。

15 伊澤多喜男　長野県高遠出身、警視総監、台湾総督、東京市長などを歴任。内務省、特高警察には非常な影響力をもつ。国体明徴運動を厳しく批判し、国家総動員法の審議では、貴族院では数少ない反対票を投じている。

16 前出『新教』第6巻第2号、日本小学館

17 矢島秀覚 (周平) から聞き書き

ることはあり得なかった。

明らかに牧口は弘教拡大活動のために東京と長野の特高警察をその手元に引き寄せ、協力関係をつくり、参加者に恐怖感や不都合を感じさせない工夫をしていたことが見えてくる。

権力への不服従をしたたかに貫いてきた牧口の面目躍如たるものがそこにあった。また、そこまで手を打って準備したからこそ、わずか1週間で17人もの同志が長野県に誕生したと考えられる。

特高警察刑事をも折伏の対象に

それだけではない。牧口は泣く子も黙る特高警察さえ折伏しようとしていた。

長野県から帰ってきて1週間後の2月22日には元赤化教員完全転向者の懇話会を、東京品川・五反田の「蔦幸」という料亭で開催している。

創価教育学会が主催したこの会合にはなんと特高警察の刑事を含む15人が参加して、長野県教員赤化事件の関係者の体験を聞いた。

この催しに参加した特高警察の刑事とは、常時左翼関係者を監視していた大崎警察署特高係の刑事2人だった。

結果、元赤化教員の見事な更生ぶりに二人は驚き「我々の監視のもとにある大崎署管内の思想犯関係の要注意人物は60余名いて、常時その動向に注意しているが創価教育学会に加わった5名の諸君には全く安心しており、ここ1年間何の注意も監視もしていない。

それは諸君の知っての通りだ。今更過去を思い出させても悪いと思うほどの変わりようで驚いている」と驚嘆ぶりをありのまま述べている。

なぜ特高刑事が驚嘆するのか。元赤化教員の高地虎雄はこう述べている。それは転向した元左翼の人間は、当然ながら極度の個人主義、利己主義に陥り、人生に後向きになる。ところが創価教育学会に入って、日蓮仏法を信仰する宗教革命を断行した元赤化青年が、信念に燃えて明朗になり、国家のために、社会のために宗教革命と教育革命に向かって精進しているさまは、警視庁特高課はもちろんのこと、内務省警保局、検事局、その他国家百年の計を達観している名士達の驚嘆の的になっている」と（『新教』第6巻第6号、1936年6月。趣意）。

これに対して、牧口は「そこまで変わったことに驚くなら、なぜ彼らがここまで変わったかその根本をつきとめようとされてはどうか」と深夜まで日蓮仏法の信仰の力のすばらしさを説いた（『新教』第6巻第4号）[18]。つまり折伏である。

2月23日には先述した第2回富士宗学要集講習会（東京・向島の本行坊）に牧口を始め創価教育学会メンバーが出席。当日は積雪35センチという記録的大雪だった。

雪の2・26事件の3日前である。だが、定刻の午後1時には、会場は満員になり講義は5時間に及んだ。

当時の研鑽の熱気が伝わってくる。もちろん、牧口は最前列で聴講したはずである。

講習会終了後、その場で、夕食、そして休憩後、講習会参加者を対象に、創価教育学会の教育宗教革命正法研究会、すなわち座談会（出席者約20人）を開催している。

ここでは矢島周平などが長野県での弘教活動の成果を報告し大喝采を受けた[19]。

だが、この3日後、大事件が起きる。

2・26事件であらわになった日本の教育制度の限界

2月26日早朝、皇道派と呼ばれる青年将校たちは日本を天皇中心の軍部独裁国家、国家社会主義体制の国にするとして日本史上最大のクーデター2・26事件を起こした[20]。

18　前出『新教』第6巻第4号、日本小学館、1936年4月、「大崎警察署特高刑事2人を教化」とある

19　『新教』第6巻第3号、1936年3月、『大日蓮』1936年3月号でも紹介

20　歴史学研究会編『日本史年表　第5版』岩波書店、2017年10月

それを導いたのが北一輝の『日本改造法案大綱』の革命思想だった。その思想はマルクスの影響を受けているが「国家改造の基本は天皇大権の発動によって3年間憲法を停止し、貴族院、衆議院を解散して全国に戒厳令を敷く」、そのうえで私有財産を制限する、特権階級の廃止、土地と大企業の国有化などの大改造に踏み切るという思想だった。（北一輝『国家改造案原理大綱』『日本改造法案大綱』みすず書房、1959年7月）

この思想の影響力は大きく、それに心酔した青年将校による国家改造の運動が急展開した。

積雪の帝都で2月26日早朝、彼ら青年将校が指揮する将兵千４百余が首相官邸、各大臣の私邸、警視庁などを襲撃した。さらに陸軍省、参謀本部、朝日新聞社などを包囲・占拠する大がかりなものとなった。

彼らは腐敗した政界、財界、そして重臣・特権階級はもちろん、彼ら青年将校に命令する将官たち、いわゆる軍閥さえ激しく攻撃しようとした。だから陸軍省、参謀本部も襲った[21]。

軍閥とは、陸軍大学校卒業生というエリートによって構成され、日本軍を指揮・支配する中核だった。軍閥こそが日本を誤らせる根源のひとつと青年将校たちは考えてもいた。

「革命とは軍閥を倒幕することなり。上官に背け！軍紀を乱せ！たとえ軍旗の前でもひるむことなかれ！軍閥を倒せ！軍閥を倒せ！軍閥を倒さずして革命はない！」と革新将校は絶叫した[22]。

最終的には襲われた首相官邸で岡田首相の身代わりが殺害され、内大臣・斉藤実、大蔵大臣・高橋是清、教育総監も殺害され、鈴木貫太郎侍従長が重傷を負った[23]。

21　前出　橋川文三編『日本の百年7　アジア解放の夢』

22　青年将校の中核的存在・磯部浅一の獄中日記（1936年8月7日付け）『地獄のメルヘン～日本文学における美と情念の流れ』笠原信夫編、現代思潮社、1986年10月

23　前出　橋川文三編『日本の百年7　アジア解放の夢』

しかしこのクーデターは、革命ではなかったとされる。なぜなら、時の内閣を倒し、重臣を倒しても、それに代わる革命政権を青年将校自らが樹立しようとはしなかったからである。

軍閥の一派（皇道派）が、クーデターを起して内閣・重臣を倒せば、天皇はそれを理解し、自分たち皇道派の中心者（大将たち）が内閣を組閣することができる。

そして別の一派（統制派）を押さえ込み、何とかするだろう、とあとを任せる方針だった。

ところがあとを任せられた彼ら（皇道派の大将たち）がこの土壇場になって尻込みするというお粗末な結果になった。

なぜ尻込みしたか。信頼する側近を無残に殺傷された天皇が激怒していることが伝わったからである。

天皇の侍従武官だった本庄繁の日記によれば、天皇は事件翌日に「朕（天皇自身：筆者注）ガ股肱（ここう　最もたよりになる：筆者注）の老臣ヲ殺戮ス、此ノ如キ狂暴ノ将校、其精神ニ於テモ何ノ恕ス（じょす　ゆるすの意:筆者注）スベキモノアリヤ」と激怒し、「真綿ニテ、朕ガ首ヲ締ムルニ等シキ行為ナリ」と天皇自身を害する行為と断定。武装解除、武力鎮圧を勅命した（本庄繁『本庄日記（普及版)』原書房）[24]。

この日、戒厳令が公布され戒厳司令官が任命されたが、決起した青年将校たちのバックには将官がいたのですぐには動けず、その鎮圧部隊のぐずぐずした対応に対し天皇は「朕自ラ近衛師団ヲ率ヒ、此が鎮定ニ当ラン」と天皇自らが鎮圧の先頭に立つと宣言した[25]。

これはさすがに無理だったが、想定外の天皇の激怒とその行動によって皇道派の中心にいた大将たちは完全に意気消沈し尻込みするばかりだった。

部下の青年将校たちが命がけで立ち上がったのに、進むことも、責任をとっ

24　本庄繁『本庄日記（普及版)』原書房、2005年7月
25　同上 『本庄日記（普及版)』276頁

て自ら果てることもできない将官たち、これが日本を指導する軍閥の本質だった。

彼らは立身出世を最高の目的、目標に、秀才として陸軍大学をめざし、入学卒業し、念願通り大将になった人物たちだった。

牧口はその「価値論」で人間として最大最高の目標をめざすことの重要性を訴えたが、彼らの目的は立身出世だけだった。

人間として真の目的観を見出すことのできない日本の教育制度の欠陥と限界がそこにあった。

そうして出来上がった人物には立身出世だけが目にちらつき、民衆の幸せなど眼中になくなる。

だからこういう非常事態にどう対応するか全くわからず右往左往し、結果について責任をとる覚悟もなかったことがみえてくる。

みずから手をよごすことなく、青年将校たちを汚れ役として決起させ、うまくいけば全権を掌握し仲間の将官たちと甘い汁を吸おうとしたが、都合が悪くなるとほかに責任を押し付けて逃げ出す。

こうした将官たちが陸軍大学の秀才がつくる軍閥の正体だった。前述した2・26事件で処刑された青年将校の一人が「軍閥を倒せ！軍閥を倒せ！軍閥を倒さずして革命はない！」と絶叫したのも彼ら軍閥の本質を見抜いていたからだろう。

この軍閥を構成する将官たちの多くはやがて始まる太平洋戦争の指揮をとり、ガダルカナル島、ニューギニア戦線、ビルマ戦線、フィリピン戦線などで補給を軽視、もしくは無視して、意味のない理不尽な作戦に何万、何十万の市民を兵士として送り込み、何千、何万の兵士を餓死させた。

それでも一向に反省もしなかった。そういう将軍たちになる。

牧口の教育革命が目指したのは、こういう低い目的観をもった価値のない“無能な秀才”、“価値のない軍人”を生み出さない教育だった。

結局、反乱軍鎮圧の奉勅命令によりクーデターは失敗した。そこには国民の共感も支持もなにも生まれなかった[26]。国民の幸せではなく、軍閥の権力争いと栄誉栄達が目的だったから当然である。

首謀者17人が死刑判決を受け、クーデターに直接関与しなかったあの北一輝も翌年処刑される。この北一輝の『日本改造法案大綱』の根本的誤りが、前途ある多くの青年や、政治家、重臣の命を奪ったのは間違いあるまい。

ところが、反乱将兵たちの軍閥に対する憎悪に近い感情に脅威を感じた「統制派」の軍上層部は、「粛軍」の名のもとに「皇道派」とみなされる軍内異端分子を徹底して粛清。関係者3千人を満州（現・中国・東北）に送った[27]。

テロへの恐怖が言論・思想統制をさらに強める

それだけではすまなかった。左右の革命思想にさらに脅威を覚えた軍部と政府により思想統一も強化された。

クーデター後も戒厳令を敷いたまま、5月までにはメーデーの禁止、特高警察の強化、思想犯保護観察法公布と強圧的政策を続け、さらに6月には不穏文書臨時取締法広布、7月には左翼文化団体員の一斉検挙がされた[28]。

これにより、牧口のもとに集まった元赤化教員への監視は当然、一層厳しくなったはずであり、彼らを社員として雇用した戸田の進学塾、出版社に対しても厳しい目が注がれたに違いない。

しかし2・26事件の最大の影響は日本の政界・財界・言論機関をはじめ教育界や良識者、学者、文化人などに底知れぬ恐怖をもたらしたことだろう。

もし軍部の方針に反対すれば2・26事件のようにテロにより殺傷されるとい

26　中野雅夫『昭和史の原点　4～天皇と二・二六事件』講談社、1975年2月、半藤一利『昭和史』平凡社、2004年2月

27　朝尾直弘、上田正昭他編『要説　日本歴史』東京創元社、2000年7月

28　歴史学研究会『日本史年表』第5版、岩波書店、2017年10月

うテロの恐怖によって強圧的に支配されることになったと言っても過言ではない。

以後、このテロの恐怖に脅迫され、言論は更に封殺され、軍部の思うままに操られるという恐怖の連鎖反応が国民を従順な羊に変えていく。

さらにその圧力のもと、5月18日には陸・海軍省管制が改悪され、軍部大臣の現役武官制が復活する。これは軍部が同意しない組閣に対し、軍部から大臣を出さないことでそれをつぶすことができることを意味し、軍部独裁にさらに近づく法制の改悪だった。

軍部が自在に内閣を操り、国政を牛耳る仕掛けがまたひとつできたことを意味する。

これらの動き全てを見れば、軍閥は、この2・26事件を天皇制ファシズム、軍部独裁の強化のためにまさに徹底的に利用し、そして成功したことになる[29]。

戒厳令下でも弘教拡大

戒厳令下の東京では牧口を中心とする創価教育学会は決してひるまなかった。直後の3月3日には研究所員2人が教育学会顧問・秋月左都夫、そして柳田国男宅を訪問して教育問題に関して懇談。

さらにその帰途、長野師範の先輩で帝国美術学校長（教務主任）・金原省吾[30]を訪問して懇談、5日後にもまた同じ金原を訪問して懇談している。

師範学校の先輩・後輩の関係であり、繰り返して訪問した事実からおそらく弘教拡大のための対話ではなかったかと想像できる。

その3月8日の午前10時から、東京・杉並の歓喜寮において、教育宗教革命正法研究会例会、すなわち堀米泰栄を中心とする御講が開催され、牧口など教育学会会員が参加。ともに生死の問題、大我について研究・討論した。

29　同前　橋川文三編『日本の百年7　アジア解放の夢』

30　金原省吾　長野県茅野市出身の美術史学者で昭和期の歌人で帝国美術学校教授もつとめた

この例会終了後、研究所員3人が帝国美術学校の金原省吾、そして総合科学協会常任幹事・篠原雄を訪問している。金原は3度目であり粘り強い弘教の対話の継続だったろう[31]。そうであれは戒厳令下でも弘教拡大の活動が続いていたことがわかる。

牧口のもとに集まった青年教育者の教育改造、なかんずく宗教革命にかける勢いは加速し3月14日には矢島など研究所員2人が、プロレタリア作家の松田解子[32]を訪問して懇談している。

このあと、『新教』第6巻第4号（1936年4月）にその松田解子が「対宗教のはしがき」のタイトルで寄稿している。

「蟹工船」で有名な小林多喜二とともに戦前のプロレタリア文学の旗手とされた女流作家である。

その寄稿文に書いてあったのは彼女の父母の信仰と家庭内の争い、アンドレ・ジイドのキリスト教批判の言葉、そして、労働者と資本家の祈りの食い違いなどであり、最後に「宗教に対していま私の抱いているすべては懐疑であり、その方向は否定的である」と結んでいる[33]。

この原稿の内容から、3月14日の研究所員と松田解子の懇談が日蓮仏法の弘教のための対話であり、さらに寄稿の依頼であり、この原稿がまさにその松田の回答であったことが推定できる。

翌15日、東京・向島の本行坊における第3回富士宗学要集講習会に参加のため牧口は研究員とともに会場に向かう。

翌16日には研究所員3人は特高警察の中枢・内務省警保局を訪ね2人の担当官と思想問題、宗教問題、教育問題等について懇談している。

31　『新教』日本小学館、第6巻第4号、1936年4月

32　松田解子は小林多喜二の戦友の一人。代表作「おりん口伝（くでん）」本名大沼ハナ。秋田女子師範学校本科二部卒。昭和3年、処女短編「産む」が読売新聞新人賞に入選。日本プロレタリア作家同盟に加わり小林多喜二、宮本百合子、本庄陸男、武田麟太郎らと親交した。詩集『辛抱づよい者へ』（同人社書店)、長編『女性線』、『朝の霧』を刊行。

33　同上『新教』第6巻第4号

これは想像だが、おそらくは2・26事件以後の、ひしひしと迫る思想弾圧への内務省の動きと教育学会の活動・展開への影響などの情報収集が目的ではなかったかと考えられる。

そのまま3人は警視庁労働課の係長を訪問して転向者指導問題について懇談している。内容は不明だが、おそらく監視が厳しくなった転向者すなわち長野グループへの影響などについて、情報収集が目的ではなかったかと考えられる。

当時の機関誌『新教』には研究所員たちが繰り広げた訪問・対話の模様がさらに次のように記録されている。

17日、教育学会顧問・石井国次、教育評論家・高山潔、続いて、学習院初等科・竹沢義夫、仏教社会学院長・浅野研真を訪問。

18日、東京帝国大学農学部教授・大町芳衛を訪問。

19日、総合科学協会常任幹事・篠原雄、帝国美術学校教授・名取尭を訪問、懇談。

この名取の原稿がのちの『新教』の同年第5号に掲載されているので、これも原稿依頼の可能性もあるし、弘教の為の対話だった可能性もある。

22日、東京女子大学校教授・伊藤千真三を訪問。

23日、哲学者の三木清、谷川徹三を訪問し宗教、思想、社会問題について懇談[34]。

どのような目的で懇談したかは書かれてないが、各界の識者と何を語りあったかは興味深い。

30日には教育学会幹事・矢島と研究所員・石澤、高地の3人が大審院の平田勲検事を訪問。教育革命問題、日本精神再認識の問題について懇談している[35]。

34　同上『新教』第6巻第4号
35　『新教』日本小学館、第6巻第5号、1936年5月

このように3月中だけでも延べ22人の著名な学者、研究者、官僚を訪問し対談しているが、こうした3月の後半の対話・懇談に牧口は同席していない。

おそらくは、この3月28日、牧口の三女・ツナが、時習学館に勤務する渡辺力と結婚しており、牧口自身がツナの嫁入り仕度の目録[36]を執筆したなどの記録もあり、愛弟子と娘の結婚ということもあってか種々多忙だったせいかもしれない。

4月になると、教育評論家・稲毛金七（早大教授）、教育研究家・竹沢義夫、帝国医学薬学専門学校教授で哲学博士だった赤須文男などを訪問して懇談している。

しかし、前月31日の大審院の平田勲検事訪問の報告を受けたことに関係があるのか、牧口は、同11日は研究所員とともに改めてこの平田勲検事を訪問し、法曹界で最も関心の高い赤化青年の転向問題、そして宗教革命問題等について懇談したと記録にある。

当時の機関誌で「宗教革命」という言葉が使われる場合、ほとんどが日蓮仏法の弘教拡大、すなわち折伏の意味で使われている場合が多い。

おそらくは、日蓮仏法の法理と実証、すなわち長野県の赤化青年教員の目覚ましい人間変革の姿をもって牧口はこの左翼活動家の転向問題に取り組んだことで有名な思想検事に弘教拡大の対話をしたと考えられる。

なお、この期間、機関誌『新教』は毎月15日に刊行され、牧口は相当の論文、巻頭言、解説を執筆。研究所員の長野グループのメンバーも宗教問題、教育問題について執筆している。

一方で牧口は4月1日発行の雑誌『帝国教育』第690号（4月号）に論文「師範教育内容批判（文部省師範教育改善案の批判）」を寄稿[37]している。

当時の文部省の師範大学設立を大きな方針とする師範教育改善案を真っ向か

---

36 「目録」渡辺力氏所蔵

37 『帝国教育』第690号、帝国教育会、1936年4月

ら批判し、教育科学の確立、教育原理として新しい価値論が必要なこと、代わって創価教育学の教育改造論を提唱している。

なお、この内容は創価教育研究所による「師範教育内容改革案の要領」として機関誌『新教改題　教育改造』1931年7月号に再録されている。

大日本帝国文部省の師範教育改革案に真っ向から立ち向かい、真の師範教育は「創価教育学」に依るべきであると堂々の論陣だった。

教育研究所の青年教育者たちも牧口の教育改造の方針にしたがい、日本の教育界や思想界の人物に体当たりでぶつかり、一直線に創価教育学を訴えていった。あるいは日蓮仏法の弘教拡大の端緒を見つけようとしていた形跡もある。

創価教育学会綱領を発表

会員の急増に伴う結果であろうか、4月15日刊の『新教』第6巻第4号の末尾に初めて「創価教育学会綱領」が掲載され、会の目的や組織が明確になった。

「本会の目的」として「創価教育学体系を中心に、教育学の研究をなし、国家百年の大計たる教育の徹底的革新を遂行し、且又それが根底たる宗教革命の断行をなすを以て目的とす」と初めて、創価教育学会が教育革命と宗教革命を同時に断行せんとする団体であることを明確にした[38]。

この1年前、牧口が作成した『創価教育学体系梗概』では、「本会は創価教育学体系を中心に教育学の研究と優良なる教育者の養成とをなし、国家教育の改善を計るを以て目的とす」（会則要項の第1章「総則」の第2条[39]）となっていたところから大きな飛躍だった。

1年間で目的とするところが国家教育の改善から教育革命と宗教革命へとはるかに大きく深くなっていたことがみえてくる。

牧口の教育革命路線に加えて日蓮仏法による宗教革命運動がさらにひときわ

38　『新教』第6巻第5号には「創価教育学会要覧」が新たに掲載され、その「目的」としてこの文章が入れてある。

39　「創価教育学体系梗概」『牧口常三郎全集』第8巻、第三文明社、1984年11月

大きな存在となったことをこの綱領は物語っている。

それは、牧口のめざす目的がまた、はるかに遠く、さらに困難になっていたことを意味する。

だが、これまで通り、牧口は立ち止まらない。逡巡しない。

牧口の教育革命運動は弘教拡大運動と表裏一体になり、青年教師だけでなく一般社会人にも入信・入会メンバーが急増していく。

この創価教育学会綱領では、正会員（教育·宗教革命の実践者で会費納入者）、準会員（機関誌の購読者·誌友）、賛助会員、特別賛助会員（ともに学会の支援者）が資格として正式に発表された。

また、本部の組織も明確になり、役員として顧問、理事、幹事などが置かれ、牧口が所長をつとめる創価教育研究所にも改めて研究所員、研究部員が置かれることになった。

さらに機関誌『新教』編集部、教育・宗教革命正法研究会（日蓮正宗の堀米泰淳を中心に日蓮仏法を学ぶ場）、教育宗教革命団実践道場（教育者に限らず一般社会人で日蓮仏法を信仰する者の研究会）も置かれることが明確にされた。

そして、各県に支部が置かれることも改めて規定された。一支部は正会員5人以上で構成され、研究会、講演会を随時開催することになった。

教員以外にも急増する会員

1935年初頭までは10数人だった日蓮仏法を信受する会員[40]が1936年6月、機関誌『新教』[41]に掲載された名簿によれば教育関係者だけで約70人、さらに一般社会人や家庭の主婦なども加わってきているのでおそらくはその倍近い数の人が日蓮仏法の信仰者となったと推定できる。その推定が正しければわずか1年で信仰する会員が約10倍に急増したことになる。

40　機関誌『新教』第6巻第4号、日本小学館、1936年4月15日
41　機関誌『新教』第6巻第5号、日本小学館、1936年5月15日

教育関係者だけの名簿を見ると創価教育学研究所の所長・牧口常三郎、常務理事・戸田城外、理事・山田高正、幹事・渡辺力と矢島周平、『新教』編集部2人、研究所員3人となっている。

さらに創価教育学研究員として13人、創価教育学会正会員22人の名前が紹介されている。

それに創価教育学会顧問として、秋月左都夫、石井国次、古島一雄、前田多門、柳田国男、田辺寿利ら12人。

創価教育学会特別賛助会員として15人。

以上、総勢72人の名前が掲載されている。

さらにこの1936年（昭和11年）、教員以外でも会員が急増していた。翌年出る『創価教育法の科学的超宗教的実験証明』では100人内外の教員以外の全員がいると紹介されている。

なかでも牧口周辺で、彼を感動させる出来事が満州（中国・東北部の日本植民地）にあった満州鏡泊学園で起きていた。

この学園は東京にあった国士館の流れをくみ、満州開拓に貢献する人材育成のため1934年（昭和9年）に吉林省鏡泊湖の湖畔に建設された農業実習を中心にする私塾のような学園であった[42]。

当初、日本全国から公募された2百人に及ぶ学生がいたが、中心者などが抗日ゲリラに襲われて死去すると、抗日ゲリラの重圧や病人の続出で学園は1年足らずで存続の危機を迎え、関東軍から解散するように命令される。

やむなく1935年（昭和10年）11月、学園は解散する[43]。

しかし学園の主事だった西津袈裟美など執行部、そして学生30人ほどが現地に残り、その理想実現のため学園存続と再建を強く主張して活動していた。

---

42 『満州鏡泊学園　第五次経過報告書』満州鏡泊学園東京事務所、非売品、1935年

43 寺林伸明ほか編『日中両国から見た【満州開拓】－体験・記憶・証言－』お茶の水書房、2014年2月

彼らは関東軍や満州国本部、さらには日本の東京にも出向いて拓務省当局とも折衝を続け、頑強にその理想と信念を貫こうとした[44]。

そのことが、1937年刊『創価教育法の科学的超宗教的実験証明』に「教師以外の生活法革新の証明」の第一番目に紹介されている。

すなわち牧口は「満州吉林省鏡泊湖畔に移住開墾をなし理想郷を創設せんと期しつつある鏡泊学園36名の団体生活である」[45]として次のように紹介している。

「学園の主事・西津はその同郷の教育学会会員が東京にいたため、満州から鏡泊学園再興の交渉のため上京した際、その同郷の会員自宅に宿泊した。

ところが久しぶりに会ったその会員が健康においても言動においても一変した感があり、家族団らんの朗らかさに驚く。

何の理由でそうなったかと聞いたところ、牧口の価値論を実践していると聞き、せっかく満州から上京して拓務省庁などと交渉しながら行き詰まり悩んでいたためたちまち価値論の説得力に共鳴した。

そして翌日から満州軍、陸軍省、拓務省、そのほかとの折衝に価値論を応用して説得を試みたところ著しいほどの交渉成果が表れ、自信と勇気を回復した。

さらに牧口からも価値論の根底にある日蓮仏法の詳しい話を聞き、納得して日蓮仏法の信仰に入った。

そして満州に帰り鏡泊学園の半数の者の信仰を勝ち取り、勇気と歓喜を以て開拓に取り組んでいるという。」(趣意)と[46]。

この西津たちの懸命な姿に当初は学園を解散させようとした関東軍将校も感動し、逆に応援する側に変わり1936年(昭和11年)3月に「撤退すべきではない」という意見書[47]を関東軍参謀部に上げて応援してくれた。

44　野田美鴻編『先師録～山田悌一先生伝』非売品、1978年2月

45　牧口常三郎『創価教育法の科学的超宗教的実験証明』(『牧口常三郎全集』第8巻、第三文明社、1984年11月)

46　前出『創価教育法の科学的超宗教的実験証明』

47　『人柱のある鏡泊湖』満州日日新聞社、1940年5月

これにより形勢は逆転。奇蹟的に学園の残留と再建が決まった[48]。軍の命令は、絶対的なもので、それを撤回させるなどということは当時では奇蹟的な出来事といえよう。

これについて牧口は「経文の予証通りの種々なる現証も起ったにより、いよいよ信仰を深め、そこで先ず半数（学園残留者の半数の意味か：筆者注）の信仰同志と共に生活法を更新し、今や非常なる歓喜と、何者もおそるるところなき心とをもって奮励努力しつつ、必ず模範郷を実現せんといそしみつつある」と書いている（牧口常三郎『創価教育法の科学的超宗教的実験証明』）[49]。

その後、吉林省鏡泊湖の湖畔では学園残留者の指導や行動で農業、漁業が盛んになり、学園村塾という塾が作られ、日本人学生はもちろん、満州族、朝鮮族の少年をも教育し、営農、漁業、林業、畜産業を教えた。

結果、この塾の卒業生から満州拓殖公社、保険会社、行政官、警察官など多彩な人材を輩出する[50]。

それに続いて3百人の青年義勇隊を誘致してその訓練所を開設。西津袈裟美が1939年（昭和14年）の6月前後にその所長に就任した。

この青年義勇隊は世界の植民史上先例のない形態で、徴兵以前の青少年を開拓民として国防の第一線に立たせようとするものだった。

かつて郷土会で牧口の仲間だった石黒忠篤などが政府に建白し1938年（昭和13年）から4年で31万人を満州に送り込む計画が進む[51]。

それから2年、この湖畔には西津などが主導して学園村塾、訓練所を中心に日系移民、満州族、朝鮮族が定住。

最終的に各種商店、旅館、飲食店などが立ち並ぶ戸数約9百戸の大鏡泊湖村が1941年（昭和16年）に誕生することになる[52]。

48　前出 『人柱のある鏡泊湖』満州日日新聞社
49　前出『創価教育法の科学的超宗教的実験証明』
50　寺林伸明ほか編『日中両国からみた【満州開拓】～体験・記憶・証言』お茶の水書房、2014年
51　橋川文三編『日本の百年7　アジア解放の夢』筑摩書房、1962年4月
52　前出『先師録』

この中心だった西津は創価教育学会機関誌『教育改造』7月号（1936年7月刊）に、また1941年に創刊された機関紙『価値創造』に唯一の海外支部、満州国支部の支部長として名前が明記されている[53]。

こうした教育者以外の会員については、まだ当時の名簿は未発見ながら、翌年発刊の『創価教育法の科学的超宗教的実験証明』では、「価値論の研究から家庭の宗教革命をなして、人格価値に大飛躍をなしている居るものが100人以上に達して居て」[54]と記されている。

これは翌年の記録なので、この1936年には教育者以外で100人に近い一般社会人、家庭の主婦などが日蓮仏法を信仰する会員として加わっていたことがわかる。

研究部総会で教育学会の会長について語る

1936年（昭和11年）4月17日には研究所員、『新教』編集部員の長野グループのメンバーなどが牧口の自宅に集まり、雑誌『新教』編集に関する打ち合わせを行っている。

長野グループが創価教育学会のまさに中核になっていたことがみえてくる。

そこで原案を考えた上で翌18日、時習学館内にある学会本部の会議室で『新教』編集会議を開催し、牧口を中心に4月号の批判、5月号の検討を行った[55]。

同月23日には牧口は研究所員ら6人とともに創価教育学会顧問の貴族院議員・古島一雄を銀座・交詢社に訪問。2日後の25日には研究所員ら4人とともに創価教育学会顧問の秋月左都夫を世田谷の自宅に訪問。

時局問題、思想問題、教育改革について懇談している。おそらく1週間後に迫った創価教育学会の研究部総会で秋月が講演するので、その内容についても打ち合わせをしたはずである。

---

53 『教育改造』7月号、日本小学館、1936年7月。機関誌『価値創造』創刊号、1941年7月、4面

54 前出『創価教育法の科学的超宗教的実験証明』全集第8巻

55 『新教』第6巻第5号、日本小学館、1936年5月、146 ～ 147頁

その創価教育学会研究部総会は東京・神田の教育会館で4月30日の午後1時から開催され、牧口は同顧問の秋月左都夫とともに出席した。

参加者数は不明だが、研究部総会なので、50人程度は参加したのではないかと思われる。

総会では「会務報告」、「昨年度の回顧、批判」、すなわち研究発表とその批判、そして「今年度の計画案」すなわち研究発表のテーマなどが発表され、その検討などが行われた。

牧口はここで創価教育学会の会長について初めて公に語った。「教育学会の会長はいかなる人物を推戴すべきか。自分がなりたいという人物は御免蒙りたいが、この人でなければならないという人物には、お願いしたくても今の小さな学会の勢力では及ばない。しばらくは隠忍自重してもっと多くの同志を糾合したい」（趣意）と（『新教』第6巻第6号）[56]。

顧問の秋月左都夫は、「日本の教育改良に対する創価教育学会の使命」と題して講演。「吉田松陰の松下村塾に出入りした人もそう多くはなかった」と松下村塾と比較しながら「牧口先生以下の皆様が不撓不屈の精神で進んでいることは後世必ず認められるだろう。だから、いま認められないからといって落胆してはならない」と研究部メンバーに大きな期待を寄せた[57]。

2日後の5月6日から5日間、創価教育研究所の研究所員・高地虎雄が長野県を訪問した。

その訪問先の多くは彼が赤化事件で関わった当時の学校やその教員、そして彼を取り調べた特高警察関係者だった[58]。

その研究所員の5日間の弘教の旅の準備のため牧口はそれをさかのぼる5月4日、研究所員3人とともに、警視庁労働課、さらに特高警察の元締めの内務省警保局を訪問して懇談。

56　『新教』第6巻第6号、日本小学館、1936年6月
57　同上『新教』第6巻第6号
58　同上『新教』第6巻第6号

同日、牧口に同行してもらった研究所員3人は、さらに3人だけで内務省職業課長、大審院の平田勲検事を次々に訪問して準備している[59]。

牧口のごとく、物事は全て準備で99.9%決まるという教訓のままだったろう。

この準備が功を奏したか、5月9日高地は長野検事局に思想検事を、長野地方裁判所に裁判部長を、さらに特高警察の課長などを訪問、懇談してさらに活動の環境を整えている。

あの教員赤化事件後、長野県を去った研究所員のあまりに変わった姿を見た特高警察の刑事たちは驚いたに違いない。

その夜、長野市中野会館で7人が集まり座談会を開催、そこで創価教育学会の長野支部が結成された。

支部長は教員赤化事件関係者で、教員を休職して禅寺で2年間修業したが何も得られず、ついに日蓮仏法を信受したという人物だった。

11日には、その高地がかつて奉職し逮捕された長野県・韮崎小学校に直接赴き、教員10数人と座談会を開催。

同じ日の夜には逮捕当時の教え子たちが全員集まって、うれしい一夜を過ごしている。

ほかには倉科の倉料小学校、埴生村の小学校、さらに八幡小学校で恩師や旧友と懇談、座談会を開催し弘教の対話を繰り広げ、最終的には県内各地で2人の人物を日蓮仏法の信仰に導き、また10人近い準会員（機関誌の誌友）、正会員（教育・宗教革命の実践者で会費納入者）が生まれた[60]。

なお、長野県の特高刑事の一人は元赤化教師がそこまで蘇生した姿、事実に相当な衝撃を受けたらしく翌月5日、長野県から上京した際、元赤化教員の招待に応じて教育学会本部（時習学館内）を訪ね、そこで開かれた座談会に出席して懇談している[61]。ここでも牧口は、この特高刑事を折伏したに違いない。

59　同上『新教』第6巻第6号

60　同上『新教』第6巻第6号、『教育改造』7月号、日本小学館、1936年7月、長野県会員名簿

61　同上『教育改造』7月号

3年前の事件の検挙の際は相当強引な取り調べをして悪評が高かった特高刑事だけに、和気あいあいの懇談は隔世の感があったという[62]。

牧口自身が行かなくてもこうした大きな結果が出たのは特筆すべきことであろう。研究所員たちが牧口の薫陶と実践活動により大きく成長した証でもあった。

機関誌の内容充実へ編集部を激励叱咤

5月15日には『新教』第6巻第5号（5月号）が発刊されたが牧口はここに論文「科学と宗教との関係を論ず（上）―石原理学博士の『科学と宗教』を読みて―」、および「創価教育学講座　教育態度論」を執筆寄稿した。

「科学と宗教との関係を論ず」（上・下）（同下は6月号に掲載）では、科学界と宗教界とが対立を深めつつある実情に触れ、物理学者・石原純の唱える理神論的な宗教観[63]に対し、それはキリスト教を対象とした考えで、仏教には遠く及ばないと批判。

さらに宗教は価値創造に関わる現象であるから、自然科学的把握のみに限定してはならないと論及。

そのうえで宗教の本質の把握は自然科学的方法では実際には不可能であり、信仰実践を重ね、その体験の分析とその評価という価値科学的方法によってのみ可能であると体験の重要性を強調している[64]。

このころ、国体にそぐわない思想の持ち主として社会主義者や、自由主義者に続いて国家権力の弾圧の手は宗教団体に及び、前年の12月の大本教に続いてこの年9月には、「ひとのみち教団」の教祖が天皇を冒涜しているとして、不敬罪で幹部が検挙・起訴され、翌年には教団の結社が禁止された。「ひとのみち」は天皇崇拝を強調し、教育勅語を教典としていた。

62　同上『教育改造』7月号

63　理神論：神がなしたのは宇宙の創造とその自然法則の創造だけであり、宗教的奇跡、予言、啓示などによる神の介入はないとする説、神の存在を合理的に説明しようとする理論。

64　前出『新教』第6巻第5号、『新教』第6巻第6号

国体を否定するような内容はなかった。それでもなお教義内容が問題視され弾圧されている。

改めて確認するが、国体とは神聖不可侵である天皇への絶対服従を原則とする政治体制（天皇制国家）を指す。

国体観念に合わない思想、宗教は異端として排除されるのが必然の運命となった。創価教育学会もやがて同じ運命をたどる。

4月下旬から時習学館・日本小学館の職員らによる『創価教育学体系』の読み合わせ研究会が持たれて、各自が輪番で熟読玩味した結果を持ち寄り討論した。4月は体系第1巻を学びあい、第2回は同第2巻の「価値論」に進んだ。

その5月16日の研究会で牧口は以下のように参加者を激励鼓舞した。

「名聞名利から考えれば全く問題にならないようなこの小さな創価教育学会に集まっていただいただけでも、皆さんが決して目先の小利益ではなく、今はどんな苦労をしても将来の大目的を達成しようとする有為の青年であるには違いないと思う。

これほどの人材はどこにもいるわけではない。

しかし、それほどの人材の集まりならばもっと良い雑誌（『新教』）ができて当たり前。それなのに、この雑誌はいったい何か。

結局、まだ各自の目的観が明確ではなく、それを達成する方法論が暗中模索の域を脱しきれてないからではないか。

これほどの勇士の皆さんがいながらどうしたことか。

結局、各自の目的観がまだ狭い自分の自我にとらわれ、雑誌『新教』のめざす国家教育の改造という大目的に合致せず、そのために自分の長所を発揮して他人を包容することもできず、逆に自分の短所を自覚しながら他人に包容されることに甘えるという、異心同体のありふれた団結に堕してしまっている。

本当の『異体同心』即妙法団結になりきることができない結果であろう。

それはまた千人にひとりもできえない宗教革命（日蓮仏法の信仰：筆者注）

をするまでの勇気をもちながら、いまだ十分の信仰を深めるに至ってない結果以外のなんであろうか」（趣意）[65]と。

この牧口所長の『新教』編集メンバーを高く評価しながらも、痛烈な叱咤激励は、日蓮仏法の深い信仰と修行なくして異体同心の団結はならず、それなくして教育改造運動もありえないことを改めて強調したものだった。

牧口は学問的な理解も重要ながら、さらに日蓮仏法の信仰をより深めることを求めていたことが見えてくる。いかんせん、彼らはまだ日蓮仏法の信仰を始めて1年前後であり、初心者に過ぎなかった。

この背景については、当時の研究員のひとり、三ツ矢孝がこう証言している。

「当時の青年教育者の多くは自分の学校における教育技術の向上に役立てるためだけに、創価教育学や牧口所長の理論を学ぼうとしていた。

だから、新しい教育学のさらなる発展とか教育改造をめざす牧口所長の指導に反発したり、素直に従おうとはしないものもいた。

さらには創価教育学会の目的と自分のそれを合致させえないものも多く、いわんや日蓮仏法と教育改造運動の関連がつかめずとまどうものや、『宗教家になるために教育学会に入ったのではない。創価教育学の研究だけをすればいいのであって、信仰は必要ない』と露骨に批判する者もいた」[66]と。

編集部のメンバーも多かれ少なかれそうした傾向があったと思われる。

最高の善をめざす、すなわち人々が最高の幸福を享受できる社会をめざす牧口の心情を本当に理解して、教育改造、宗教革命に邁進しようとする研究員がほんの少数だったのは事実のようであり、牧口がそれを見抜いていたといえる。

その実態はこれから半年もしないうちにあらわになる。

65　同上『新教』第6巻第6号、1936年6月
66　三ツ矢孝からの聞き書き

文部省への挑戦

牧口はさらに新しい挑戦を始める。『新教』の編集に関する緊急幹部会が1936年（昭和11年）5月28日に学会本部会議室（時習学館3階）で牧口を中心に開かれた[67]。

戸田理事長提案の「『新教』改題」案とその「内容充実の方法案」について協議がなされ、会議は数時間にわたって続いた。

書店の店頭に並ぶ雑誌『新教』を編集部員の知人が見て「これはキリスト教の宣伝雑誌か」と見向きもしなかった事実をもとに、緊急に機関誌のタイトル改題の会議は開かれた。「教育改造」と「創価教育」の2案が最後まで残った。

しかし議論は白熱し、なかなかまとまらなかった。

そこで暫定の改名案として、牧口の提案で、最適な誌名ではないと断りながら一応「教育改造」とする。そして将来適当の誌名が考えられたときは何時でも改題するとの条件付きで7月号から『新教』の誌名を『教育改造』とすることを決定した。

「さしも息詰まるやうな大論戦も台風一過一同割れるが如き大拍手裡に満場一致『教育改造』と7月号より改題することに決定」とある[68]。

『新教』6月号（第6巻第6号）の巻頭には編集陣の心意気を示す次のような「改題宣言」が掲載される。

「本誌『新教』を改題して、次号より『教育改造』となし、一層帝国教育の改造に邁進せんとす。

吾が『創価教育学会』は同志の運動とともに、日一日と進展し、今夏を期して、全日本の教育改造運動の力強い第一歩を踏み出さんとするに至った（後略）」と。

もともと『創価教育学体系』による教育改造が目的だった同会にとっては適

---

67 『教育改造』第6巻第7号、日本小学館、1931年7月、

68 「宗教革命の実践記録」『教育改造』第6巻第7号、日本小学館、1931年7月。しかし、同号の「創価教育学会消息」152頁では「改題会議は6月3日午前10時半より」とある（どちらが正しいか不明）

当な名前であったと思われるが、この誌名はその後大きな波乱を呼ぶことになる。

7月15日、その『教育改造』7月号（『新教』を改題、第6巻第7号）が発刊された。改題した直後だけに、その意気がおおいに感じられる誌面構成になっている。

先ず「巻頭言」は時の文部大臣が官僚・学閥の殻を破り、学制改革を根本的に断行しようとしていることを高く評価し、沈滞堕落の教育界を改革する目鼻をつけてほしいと要望している[69]。

続いて、この文部大臣の学制改革の意気に感じ、帝国教育会をはじめ9団体で組織する師範教育改善促進連盟の「師範教育改善案」が出されていたが、それに対して創価教育学会の修正案、修正意見をまとめ、さらに牧口がこれまで論陣を張ってきた「師範教育内容改革案」を提示するという力の入った論文だった。この巻頭論文は16頁にのぼる。

そのうえで文部大臣の学制改革腹案を批判する3頁の論文が続く。

これらは明らかに時の政府、文部省の方針を真っ向批判する内容であり、雑誌『教育改造』の面目躍如の鋭い筆鋒であり、牧口の国家権力に対する不服従の姿勢を実に明確にあらわしている。

機関誌「新教」は、1936年（昭和11年）7月に「教育改造」と改題された。しかし、その後続刊の形跡がなく、最後の機関誌となったと思われる。

続く牧口の論文「善悪観と大小観との混迷～価値批判の原理」では、組織の大小とその善悪の違いには何の関係もなく、清濁併せ呑む団体（善も悪もなく集まった団体）は所詮は

69　同前『教育改造』第6巻第7号、日本小学館

数だけであって本当の価値も力も持たない。

しかし、そうした全体主義の団体はかえって善の人を圧迫、迫害する傾向がある。それが昨今の教育界であり日本社会ではないか（趣意）と、見方によっては痛烈に天皇制ファシズムが進行し善の団体や個人が弾圧される日本の政治、社会を批判している[70]。

それまでの『新教』とこの『教育改造』を比較すると、従来は教材雑誌だったので当然、「教材解説、資料編」が3分の1程度を占めていたのに、『教育改造』では15％に減り、変わって「創価教育学」の解説や、「教育改造」運動関連記事が40％に、そして「宗教革命」すなわち日蓮仏法の解説・信仰論が30％に増えている。

牧口の叱咤激励にこたえて、まさに「教育改造」を推進する中心的言論機関として出発したとみることができよう。

しかしながら、こうした記事だけでなく、2・26事件で死刑になった北一輝の『日本改造法案大綱』を想起させる挑戦的な題名「教育改造」という雑誌、さらには政府・文部省を真っ向から批判するこの雑誌を購読することは、日本の多くの教員にとっては、恐怖、脅威そのものではなかったかと考えられる。

改題した機関誌の後続巻が消えた謎

当時の『教育改造』編集部にいた矢島周平の証言によるとこの改題により、売れ行きは急激に落ちて地方からの返本が激増したという[71]。

そして機関誌『教育改造』は改題後1か月で突如、姿を消す。

8月号が出た形跡は一切ない。休刊、そして廃刊となったと考えるのが妥当だが、その記録も、証言もない。いつの間にか消えた。

これは非常に大きな謎だが、現在に至るまで、それに対する明快な見解、回

70　同前『教育改造』第6巻第7号、日本小学館
71　矢島周平（秀覚）から聞き書き

答は、さまざまな牧口関連の本には出ていない。

筆者はその答えのひとつが先の矢島の証言であろうと考える。

「教育改造」という危険な匂いを発する名前の雑誌、しかも「宗教革命」「教育革命」と革命を掲げて政府・文部省を真っ向から批判するこの雑誌を全国の平凡で事なかれ主義に陥ったほとんどの教員が果たして購読しただろうか。

多くが購読を拒否したのではないかと考える。

まず、日本史上最大の軍事クーデター2･26事件が勃発以来、まだ半年足らず。左右両翼の革命運動は特高警察によりさらに徹底的に監視、弾圧されていた。

だから機関誌のタイトル「教育改造」は教員にはあまりに刺激が強すぎる“危険雑誌”になっていた可能性も考えられる。

次に、これは最大の理由だと筆者は思うのだが、創価教育学会の財政基盤を一手に支えてきた戸田城外の会社の経営が危機に瀕したからではないかと思う。

すなわち雑誌『教育改造』を発刊する出版社、戸田の日本小学館は破産状態、もしくは倒産危機に陥っていたのではないかという推測である。

その裏付けになるのが帝国興信所による当時の各企業の経営、信用状況を毎年調査・記録した『帝国信用録』[72]にみる戸田の会社の経営状態である。

それによれば会社経営者・戸田の前々年1934年（昭和9年）の年商または収入は1万円以上2万円以下、対人信用度は普通、会社の盛衰（営業状態、将来性）は常態、つまり普通だった。

それに対して、前年の1935年（昭和10年）と翌年1937年（昭和12年）の対物信用（財務状況）は「負債」となっていて戸田の会社は債務超過だったことがわかる。

さらに、両年の対人信用（会社の信用度）も「梢（やや）薄（うすい）」と5

72　帝国興信所『帝国信用録』第27版～第36版（1934年～1943年）、塩原将行「『新教』第6巻第1号掲載の牧口常三郎の論考5編」『創価教育』第4号、創価教育研究所、2011年3月

段階の下から2番目、盛衰（営業状態、将来性）も「梢（やや）薄（うすい）」と5段階の同じく下から2番目と報告されている。

経営状態が非常に危機的な危険水域に入っていたことがわかる。

そして、問題のこの1936年（昭和11年）、『帝国信用録』には、実のところ戸田の会社の記録がない。

つまり経営実態がないとして空白になっている。

これが何を意味するのか。間違いなく戸田の日本小学館は破産状態に陥っていたことになる。

それも無理はなかった。牧口の『創価教育学体系』を第1巻から第4巻まで刊行したのは戸田の経営する出版社だった。

戸田がその全財産を投じて採算度外視で出版したが、全く売れなかった。収益がなかったのだから広告も打てなかった。

だからよけいに売れず、残るのは借財だけだったろう。

実際に調べてみると戸田の出版社では1935年（昭和10年）にはベストセラー『推理式指導算術』の増補改訂版など9点の本を出版しながら問題の1936年（同11年）の3月までにわずか2点を出版したのみ。

さらに4月以降は全く出版した本はなく、翌1937年（同12年）春まで出版実績が全くない。

出版社でありながら出版する本がない、つまり、破綻状態にあったと推測できるのである。つまり、本を出版するお金さえなかったといえよう。

さらに戸田が編纂兼発行人として刊行する機関誌『新教』を、この1936年7月から改題して『教育改造』7月号として刊行したものの、売れ行きが急激に落ちたため、その後の号を刊行する経営的体力が全くなくなったとも考えられる。

それを裏づけるのが牧口畢生の大著『創価教育学体系』第5巻の原稿が、ちょうどこの時期に完成していながらついに出版できなかった事実である。「四十五年前教生時代の追懐」『五十年回顧録』に牧口はこう書いている。「と

もかく『創価教育学』第五巻を書き上げ総論だけを漸く六年目で完結した」と。（『牧口常三郎全集』第7巻）

原稿が完成しながら刊行できなかったのは戸田の出版社の経営がほぼ破綻していたからであろう。それしか考えられない。戸田は生命がけで自費で牧口常三郎の『創価教育学体系』を発刊してきた。その原稿が完成しながら発刊できなかった事実は大きい。

このため1936年（昭和11年）6月ごろに研究員、正会員以上が72人、地方の会員25人、合計97人[73]にまでなった教育学会、さらに百人以上の一般社会人の会員の活動が7月以降、どうなってしまったか。機関誌が消えたため記録は残ってない。

長野県の元赤化教員たちが消えた謎

その後どうなったかを推測する材料が『新教』第6巻第5号にある。

そこに創価教育学会員一覧が掲載された上でさらに次の予告記事がある。

「創価教育学会研究員全員（これは会員の誤植か：筆者注）数十名は今年8月中旬より1週間、日蓮正宗総本山大石寺において修行をなす予定」とある。

8月中に行われる日蓮正宗総本山大石寺における夏季修養会に創価教育学会会員数十人が参加して研修する計画があったことが窺われる。

しかし当時の研究員は3人なので数十名となると数字が合わない。研究員と正会員の数十人という意味であろうか。

ところが改題した『教育改造』が刊行された7月15日から1か月後の同8月13日から4日間、静岡県冨士宮で行われた「第1回創価教育学会夏季修養会」に参加したのは、牧口・戸田と顧問の秋月左都夫を除けばわずか7人であった（美

73　同前『新教』第6巻第5号の会員名簿と『教育改造』第6巻第7号の地方会員合計数

坂房洋編『牧口常三郎』聖教新聞社）[74]。数十人どころではなかった。

そのうち、それまで教育学会の拡大活動の主流メンバーだった元長野県教員赤化事件関係者はたった1人、高地虎雄だけだった。

ところが彼もこの修養会参加を最後に教育学会から離れて長野県に帰り、以後、関係を断っている。

のちにこの高地は当時の教育学会と自身の関係についてこう述べている。「私は日蓮正宗の信仰は、全然分からなかった。ただ教育改造に共鳴したのだった」と（信濃毎日新聞社編集局『信州　昭和史の空白』）[75]。

数か月前にはたった一人で長野県を回り、長野支部を結成し、元赤化教員数人を日蓮仏法の信仰に導いた中心的活動家の1人だったが、その創価教育学会への思いと実態はこういうものだった。

そのほか、創価教育学会本部（日本小学館）に参集していた長野グループのメンバーもほとんどが姿を消し、その後、矢島以外は姿をみせることはなかった。教育学会から去ったと考えられる。

これはなぜなのか。大きな謎である。

中心的活動家さえ消えたこの謎について、従来の牧口研究者からは何も語られてない。

筆者はその理由として次のように考えている。

第一に考えられるのは、繰り返すようだが前述した戸田の出版社・日本小学館が、ほぼ倒産状態に陥り機関誌『教育改造』も返本の山で休刊、もしくは廃刊状態になってその編集部が解散し、その編集に携わっていた長野グループは失職し、離れていったというのが第一の理由であろう。

もうひとつ、これに追い打ちをかけたのが戸田の事業の中心だった進学塾「時

74　前出『牧口常三郎』聖教新聞社には「13日に始まり、14日には秋月も加わり、白糸の滝で記念撮影、16日解散の日程で参加者は9人、創価教育学、価値論、日蓮仏法の教義などを真剣に研鑽したと書かれている。夏季修養会の参加者記念写真（1936年8月14日、白糸の滝で）があり、そこには7人の参加者の記念写真がある。

75　信濃毎日新聞社編集局『信州　昭和史の空白』信濃毎日新聞社、1993年

習学館」だったと筆者は考える。

白金小学校など名門の小学校の進学希望者に非常に好評で、多数の塾生をあつめ、さらにそうした塾生たちを中心に始めた戸田の模擬試験にも多数の進学希望者を結集した「時習学館」。

だが、多数の元赤化教員が「時習学館」の建物内にある「日本小学館」に集まっていたことによって「戸田はアカ（共産主義者）だ」、「時習学館はアカの集まりだ」という風評が流れ、その風評被害で塾生の数は減少したという話もある[76]。もしそれが本当ならば、中心の時習学館の経営も危うくなっていたとも考えられる。

もともと、元赤化教員は牧口の創価教育学や日蓮仏法を求めて牧口や戸田の膝下に参集したわけではない。あくまでも生きるため、職を求めた結果、戸田の会社、学習塾に就職できたからこそ牧口の元に集まったのではなかったか。

そうであれば、その職を失えば当然、故郷に帰るか、別の就職口を探して奔走することになる。

それが、彼らが一斉に創価教育学会から離れた最大の原因はではなかったかと筆者は考える。

考えてみれば、彼らが牧口のもとに集まり教育革命運動の実践、行動、そして日蓮仏法の信仰を始めた本当の理由はなんだったのか。

果たして本当に『創価教育学体系』に心を動かされたのか、日蓮仏法に大きな魅力を感じたのか。

あるいは牧口の人物像に魅かれたのか。牧口価値論で自身の価値観を論破され、議論に負けたため門下に加わったのか。

もちろん、それらはみな間違いではないだろうが、最大の要件はなんといっても、だれも相手にしなかった元赤化教員が、ここで初めて職にありつけたことであろう。

極端すぎる表現だが、男にとって仕事は命であり、生きる糧（かて）なくし

76　時習学館に学んだ山下肇の6歳下の弟、山下三郎など、当時の生徒などの証言による

て人はなにもできない。

彼らには戸田の経営する時習学館、日本小学館に就職ができた喜びと、安心感が根底にあったことは間違いないだろう。

だれも相手にしてくれなかった元赤化教員をまともな人間として扱い、生きる糧を提供し人間としての誇りを回復してくれた創価教育学会。

その中心者・牧口常三郎が生命をかける教育革命運動に参加することは当然の流れだったのではなかろうか。

しかし、戸田の事業が破綻してその職を失い、生きる糧を失えば、元赤化教員の彼らに東京でほかの就職の可能性はほとんどなく、故郷に帰るしか道はない。

相次ぐ戦地への出征

彼らが創価教育学会や牧口から離れれば、わずか、半年や1年足らずの信仰歴、いわば初心者に過ぎない彼らの心からやがて速やかに信仰は失われるのは自然ではなかったか。

さらに故郷に帰った彼らを待っていたのは戦地への出征だった。

故郷に帰った高地虎雄は半年もしないうちに出征し、「松本50連隊」に入り中国大陸を転戦し何度も重傷を負うが無事生還する。

しかし、戦死者もでた。教育労働者組合（教労）長野支部の書記局員で逮捕・投獄、転向後に牧口のもとにきた石沢泰治[77]も長野県で高地とほぼ同時に出征し中国大陸の戦場で戦い、壮烈な最期をとげた（司法省保護局編『讃功録』司法保護協会）[78]。

そのほか、戦病死したものもいた[79]。

信仰仲間もいない孤独な生活環境、過酷な軍隊生活の中で信仰を続けること

77　山田国広『夜明け前の闇』理論社、1967年11月

78　司法省保護局編『讃功録』司法保護協会、1941年2月

79　小林杜人『「転向期」のひとびと～治安維持法下の活動家群像』新時代社、1987年9月、岡野正『1930年代教員運動関係者名簿　改訂版』

は、およそ難しかったはずである。

「私は日蓮正宗の信仰は、全然分からなかった。ただ教育改造に共鳴したのだった」という前述の高地虎雄言葉が全てを物語っている。

釈尊の説いた仏教経典の最高峰・法華経、それを末法においてさらなる高次元の哲理と実践に高めた日蓮仏法をそう簡単に理解できなかったのは無理もない。

信仰の初心者だった彼らがこうなったのをだれも責めることはできまい。

時を同じくして創価教育学会の理事だった山田が突如去っていった。理由は不明だがおそらく破産状態になった戸田の事業を見限ったのではないだろうか。

また同じく教育学会幹事で長野グループの中心だった矢島もその後しばらくの間、姿を消した。

矢島はその後、幸運にも東京市内の小学校に就職したという[80]。

まとめて言うならば長野県の元赤化青年教育者たちは牧口の『創価教育学体系』を一応は理解し賛同して、教育革命に立ち上がったが、結局、日蓮仏法の信仰を持続、継続することができなかったということになる。日蓮仏法を持ちつづけることは、それでなくとも至難のことだった。

この前後に牧口から去っていった教育者は長野県の元赤化教員だけではない。この創価教育学会の活動家の中核が去るとともに、彼らが結集し、またともに活動した多くの青年教師たちも潮が引くように去っていったと考えられる。

当時の創価教育学会の活動資金、財政の全てをになう戸田城外の事業がこのように全面的に危機を迎えていては、牧口の教育・宗教革命運動への影響は避けられず、しばらく停滞をまぬかれなかったと思われるが、機関誌がなくなったためその詳細は不明である。

なお、この時に起きていたこととして、『評伝　牧口常三郎』では、「また同

80　矢島秀覚（周平）から聞き書き

じ年に、学会役員・編集部員・研究所員等の数人が私利私欲のために結託し、勝手な動きを起こしている。その動きに加わった者たちは、牧口の思いを心底から共有していなかった。戸田は、それを知って激怒し、厳しく叱責した」と書いてある（『評伝　牧口常三郎』378頁）[81]。

この「私利私欲のために結託し、勝手な動き」という重大な記述が果たして何を意味していて、その裏付け資料が何かは一切書かれていない。

ただ脚注に「後に戸田は、この頃のことを回想して、妙悟空の筆名で次のようにつづっている。『世の中に、ひとつの事業が進行する時に、その内部にその遂行目的を理解しなかったり、或は感情的に反抗しようとしたり、或は大きな目的よりも自分自身の利害を考えるものが居るものである。こういう人々は感情から出たにもせよ、或は己の愚かさからにしても必ず一致団結してその目的遂行の破壊にかかるものである』」（小説「人間革命」62、『聖教新聞』1953年1月10日付1面）と[82]。

この小説に書かれたことがいつの時代で、そして具体的に何を表現しているのかは全く書かれてないし、不明である。

しかも小説という創作を引用してこれほど重大な事件が起きたことの裏付けにするなどありえない。筆者は、この件ははるか後に起きる別の事件を描いたものだと考えている。それは別の機会に語られることになる。

秋月の経済的支援で研究生制度が発足

1936年（昭和11年）後半には多くの教育者は牧口のもとから去っていった。

それは翌年の1937年（昭和12年）9月におこなわれた教育学会の発会式に参加した教育者が参加者約50人中15人程度だったという証言[83]からもみえてくる。これについては、次章で紹介する。

だが生涯そうであったように牧口は決して屈しない。その生き方は常にそう

81　前出『評伝　牧口常三郎』378頁
82　同上『評伝　牧口常三郎』
83　矢島秀覚（周平）から聞き書き

であったように権力にも権威にも逆境にも環境にも、そして時代にも不服従を貫くことだった。

牧口のもとから多くの青年教師が去ったが、教育者以外の会員多数が残った。そのメンバーは革命の書『創価教育学体系』だけに魅かれた人物ではなく仲間が去っても日蓮仏法を信仰し続けるメンバーであったと思われる。

前述したように1936年（昭和11年）8月13日から、夏季休暇を利用して静岡県富士宮の大石寺で開催された第1回創価教育学会夏季修養会に集まったのは予想に反して牧口、戸田、そして顧問の秋月左都夫を除けば、たった7人だった。

客観的には教育学会の運動の挫折であったが、新しい進展があった。
それまで牧口の創価教育学説に共感し、新しい可能性を発見した秋月左都夫から教育学会の活動に対する財政的な支援提案があった。

それを受けて、牧口が以前から考えていた創価教育学説の教育現場における実験証明、およびその実験証明をする担当教員による『創価教育学体系』第5巻以降の各論執筆を具体化する研究生制度新設が決まった[84]。

すなわち体系各論の執筆を担当する青年教師を第1期研究生（実験証明委員と命名）として6人を選抜任命し、この年10月からその6人の研究生に1年間10円という破格の研究奨励費が給付されることになった。現在に換算すると10万円以上になるだろうか。

どのようにしてこの秋月の厚意にこたえられる人材を見つけるか、その研究生の選抜条件、資格を牧口は考え抜いた。
そして最終的に、日蓮仏法をまじめに信仰する純真さと、正しい性格をもった人物であるとしたのだった（「創価教育法の科学的超宗教的実験証明」『牧口

84　前出「創価教育法の科学的超宗教的実験証明」『牧口常三郎全集』第8巻、創価学会『大白蓮華』第12号、1950年

常三郎全集』第8巻）[85]。

矢島周平からの聞き書きでは、当時、牧口は周囲に「教育と宗教は同心円である」、「同志であるならば共通の信仰に立脚するところまでいかねばならぬ」、「信仰なくして『価値論』も創価教育学の理論も本当の所はわからない」と信仰の重要性をあくまでも訴え続けていたという[86]。

この年10月からこの研究生制度が始まり、晴れて実験証明委員に任命されたのが木村光雄、木村栄、渡辺力、林幸四郎、寺坂陽三、三ツ矢孝の六人の現役の青年教師だった。

このなかに長野県出身者はいるが元赤化教員はひとりも含まれていない。

1936年（昭和11年）12月には研究生のうち5人を連れて、牧口は秋月の神奈川県逗子にあった別荘を訪ねて懇談している。

研究生のひとり、三ツ矢孝の証言によれば、研究会は時習学館、牧口の自宅、研究生の自宅を会場に開催されて意見を交換、牧口の理論を教育現場で実験し考察し、反省し工夫する文字通り実験証明の試みが続けられた。

研究生の専門や担当の教科ごとの実地授業、研究授業が研究生の在職する小学校で開かれ、牧口をはじめ、秋月、古島や研究生が参観することもあった[87]。

彼らは牧口の学説を研究したり参考にするだけの青年教師を乗り越える宗教的信念と革新性、実践力あふれる人材であり、教育宗教革命を遂行できると期待されていた。

しかし、元赤化教員だった人物が牧口の薫陶を受け、教育革命運動に先頭に立って取り組み、わずか半年余りだったが日蓮仏法を研鑽し、実践しながら、ついに「私は日蓮正宗の信仰は、全然分からなかった。ただ教育改造に共

85　同上「創価教育法の科学的超宗教的実験証明」『牧口常三郎全集』第8巻
86　矢島秀覚（周平）からの聞き書き
87　前出「創価教育法の科学的超宗教的実験証明」『牧口常三郎全集』第8巻

鳴したのだった」と述懐した事実はなにを物語るか。教育改造は彼らが元信奉していたマルクス主義、それは近代合理主義の理論であった点からみれば理解はたやすかったろう。だが、日蓮仏法の信仰は近代合理主義を超えた世界にあり、簡単に理解できなかったであろう。

選ばれた6人の研究員も同じく、本格的な信仰を始めてから1～2年という初信者であり、信仰の深さや、それへの不動の確信があったかどうか、研究員として果たして牧口の期待に応えられたかどうか、それは疑問である。

この1936年（昭和11年）12月、日本の傀儡国家・満州国に近い中国の西安で中国共産党掃討作戦を指揮していた国民党の蒋介石が元満州軍閥の張学良に、突然、拉致監禁される西安事件が起きる。

張学良は国民党、中国共産党がともに手を結び日本の侵略に対抗すべきと主張し両者を和解させる。いわゆる国共合作である。

それまで日本軍の進出を横目に内戦を続けていた国民党軍と中国共産党軍が内戦を終結し、抗日民族統一戦線を結成し日本に対して頑強に、強力に抵抗する流れが一本にまとまった。

ある意味、大陸に進出した日本には大きな脅威になるに違いない事件だったが、日本には危機感は全くなかったと言われる[88]。

中国民衆の力がどれほどのものかを見極めることもできず、あくまでもそれを過小評価した。

牧口の「認識せずして評価するな」という鉄則のまるで逆だった。無認識による評価の連鎖がやがて日本を泥沼の消耗戦に、そして国家の破滅に導くことになる。

すでにこの年1月、日本はロンドン軍縮会議からの脱退を通告したのに続き、この同じ1936年（昭和11年）12月、ワシントン海軍軍縮条約が失効した。

日本は国際連盟を脱退してから国際的な孤立に陥っていたが、軍縮のくびき

88　朝尾直弘、上田正昭他編『要説　日本歴史』東京創元社、2000年7月

がなくなったことで今度は世界の軍縮の流れに逆らい急速に軍拡路線を進み始める。

そして、ヨーロッパで孤立感を強めるヒトラー率いるナチス・ドイツに接近。この年末に反コミンテルン（国際共産主義同盟）を目的とする日独防共協定を締結した。世界で孤立しつつあった日独のファシズム体制が、一歩軍事同盟に近づいた瞬間だった。

第8章

根源の革命・超宗教革命をめざして

天皇絶対主義が強制される時代を超えて

明けて1937年（昭和12年）、日本はこの年いよいよ長い長い戦争の泥沼に足を踏み入れることになる。

その正月、池田少年（のちの創価学会第3代会長）の家では、父・子之吉がようやく寝たきりの状態から回復へと向かう兆候を見せていた。「一家そろって健在で正月を迎えた喜び。子ども心にも、久しぶりの春の訪れを知ったものである。父が病床から離れ健康を取り戻しつつあることだけで、暗かった家の空気は一変して、うれしい正月だった」（「私の履歴書」『池田大作全集』第22巻、聖教新聞社）と書かれている。

1月27日、創価教育学会は顧問・秋月左都夫を招いて懇親会（品川・玄海で）を開催した。牧口は戸田とともに出席し参加者と懇談し記念撮影をしている。（美坂房洋編『牧口常三郎』グラビア写真による）

写真から判断すると参加者は全員で14人。うち、研究員6人は全員参加し、特別賛助会員2人も参加している。

教育学会の事業計画やその打ち合わせであれば、教員ではない稲葉伊之助親子や医師の田中省三などの参加はそぐわないので、おそらく研究員6人を激励する意味で戸田が主催した新年会の懇親会ではなかったかと思われる。

なお、この時初めて創価教育学会の会員名簿が作られ、そこには約百人が名を連ねたという『評伝　牧口常三郎』などの話もあるが、それを裏付ける資料は全くない[1]。

1　『評伝　牧口常三郎』第三文明社、2017年6月、『牧口常三郎』聖教新聞社。1936年刊の『新教』第6巻第5号などの会員名簿と混同した可能性がある。

1937年（昭和12年）5月31日、文部省編「国体の本義」が20万部も出版され、それが全国全ての学校に配布され、思想・言論に至るまでその統制が徹底された[2]。

内容は「天皇への絶対服従･信伏の道」、それこそが国民のただひとつの思想、道徳であるという天皇絶対主義と日本主義だった。

間違いなく日本政府が右翼思想そのものを公認した証だった。

ここから逆に自由主義、個人主義などの欧米風思想の排斥に拍車がかけられた。

皇国史観に疑問を投げかけたり、あるいは神道に対立する教義を説く宗教も排斥されるに至る。政府は来るべき戦争に備え、国内の思想統一をさらに徹底すべく、子供たちにまで天皇絶対主義を叩き込もうとしていた。

天皇制ファシズムの思想的下部構造を国民のなかに築き上げようとしていたと考えられる。

以後、1945年（昭和20年）までの8年間にわたりこの方針は貫徹され、上からの権力による天皇絶対主義の押し付けと、各種学校での天皇中心の皇国史観教育、近隣住民組織による相互監視などにより、この思想教育の流れは日本全国民の心に奔流となって浸透し、ほとんどの人々の心を支配するに至る。

牧口の教育革命の前途は厳しくなる一方だった。

日中戦争の火ぶたが切られる

7月7日、中国の北京・盧溝橋で日中双方が突如戦火を交わし、現地軍の指揮官が独断で攻撃を拡大、ついに日中全面戦争が始まる。

驚くべきことだが、日本が中国大陸の泥沼のような消耗戦によりその運命を決したこの戦争は、内閣も天皇の統帥権も全く無関係に、現地軍が独断で開始したものだった。しかも日本は本格的に中国との戦争に入る心がまえもなかった。（橋川文三他『日本の百年8 ～果てしなき戦線』筑摩書房』）

2　歴史学研究会『日本史年表　第5版』岩波書店、2017年10月

近衛首相も、当初、必死の不拡大方針を取ったものの、すでに彼の政治力では統帥権の独立を盾にする軍部を到底押さえることはできなくなっていた。最後はこの事件は全く中国側の計画的な挑発であるとして、5個師団の大兵力を送ると決定せざるを得なかった。

日本軍は華北を総攻撃、さらに翌8月に上海で中国軍と交戦、日本本土から爆撃機が飛び立ち、中国本土を渡洋爆撃した。

さらに首都・南京をめざして怒涛の進撃を開始する。戦線が一挙に中国全土に広がっていく。

この日中戦争が始まると、その戦勝報道がすでに軍部の宣伝機関にされていた新聞、ラジオのマスメディアから流され、連戦連勝の報道は日本国民を熱狂させ、各地で昼は旗行列、夜は提灯行列が繰り広げられ、「万歳」の歓呼が日本全国に広がっていった。

だが、戦争の拡大は一般庶民の家庭にどこまでも大きな犠牲を強いる。小学校4年生になっていた池田大作少年（後の創価学会第3代会長）の長兄・喜一が出征したのはこの年だった。（「私の履歴書」『池田大作全集』第22巻、聖教新聞社）

市民に底知れぬ犠牲と悲しみをもたらす戦争は、牧口価値論からも最大の悪であることに違いはない。しかし、大日本帝国のため、天皇の軍隊による聖戦遂行と言われて、ほとんどの市民は戦争反対を口に出して言う事は出来なかった。

ついに近衛内閣は9月から戦争勝利のため、国民精神総動員運動を開始した。内務官僚、警察、市町村役場が推進する官制国民運動だったが、「挙国一致・尽忠報国・堅忍持久」をスローガンに戦争協力のための国民思想の統一と戦意高揚を図ろうとしたものだった。

各学校もその戦争協力のための軍国主義教育、すなわち生徒を立派な軍人に育てる教育がますます重要視される。

この怒涛のような右翼国家社会主義思想、天皇絶対主義、皇国史観、それらがからみあって作り上げられた天皇制ファシズムの流れに日本の人々は圧倒され、飲み込まれていく。

もしそれに抵抗しようとする個人があったとすれば、その激流を跳ね返す心の砦をもった人だけであろう。

究極のところそれを透徹した眼でみつめて跳ね返すことのできる価値観と実践力を持った人のみであったろう。

そのひとりが牧口常三郎であったことは間違いない。

牧口は負けてはいなかった。

7月22日から28日まで第2回創価教育学会修養会を前年同様、静岡県富士宮の日蓮正宗・大石寺で開催した[3]。

参加者は牧口とその三男の牧口洋三、研究生の渡辺力、木村栄、有村陽三、三ツ矢孝など計14人だった。牧口は、教育学会の中心的メンバーに日蓮仏法の奥義を少しでも伝え、学ばせたかったはずである。(「参加者寄せ書き」渡辺力氏所蔵)

だが前年の修養会に参加した者のうち再度、参加したのは渡辺力、三ツ矢孝の2人だけ。さらに研究費をもらっていた6人の研究員のなかでは2人が参加していない。

たゆまぬ強い信仰と創価教育学の研究、そして応用・実践を続けるのは容易なことではなかったのは間違いなく、連続参加した三ツ矢もその後、姿はみえなくなる。

宗教革命宣言の書『創価教育法の科学的超宗教的実験証明』刊行

日本にも、そして教育学会に迫る危機の状況に対して、1937年(昭和12年)9月に、牧口は小冊子『創価教育法の科学的超宗教的実験証明』(発行兼印刷者・戸田城外　発行所・創価教育学会)を刊行し不屈の教育革命からさらに大きく

3　日蓮正宗宗務院『大日蓮』1937年8月号

進んで根源的な革命、すなわち超宗教革命を遂行することを宣言した。
「牧口の超宗教革命宣言」といってよい。

その冒頭で牧口は「国家社会の究極的根底たる教育が今のままでは国家の前途はないと嘆いた秋月左都夫によって、40年間顧みられなかった創価教育学が初めて評価され、6人の青年教師の1年間の実験によってその正しさが証明されることになった。だが、これを人類の幸福のため、そのまま無視したり傍観すべきではない。
創価教育学の真価は実際生活の体験証明によって決する以外にない。
せめては再検討を加えて公正なる論議を切望する」（趣意）と、あくまで世の大勢に不服従の姿勢で教育革命を進めることを強調し、さらに「教育改良がすでに遠大無比な計画であるのに、さらに宗教革命にまで深入りするのは、あまりに無謀と言われるかもしれない。
数百年かかるかもしれないが、やがて無視したり傍観した人は必ず後悔されるであろう。
我々は、決して玩味され称賛されるだけの甘い果実にはなるまい。
それよりは、苦い種子になって吐き出されても、未来に残り、やがて人類の幸せの根源になる。
それこそが我々の使命である」（趣意）と、いくら無視されても、さらに何百年かかろうとも必ず根源的な革命を達成すると宣言している[4]。
いかなる時代、いかなる体制下であっても不服従の精神を貫く牧口の姿勢が面目躍如としている。

続く第1章の「緒言」では、「完全に行き詰まりを見せる日本の病根は全て人材の欠陥にある。その対応の為、教育改良も一応進んだが、まだ根本的な立て直しに到達していない。

国際連盟、世界の軍縮問題、世界教育会議と世界の平和と人々の幸福のためいろいろな試みもあるが適切な対策はいまだみえない。

4　前出「創価教育法の科学的超宗教的実験証明」『牧口常三郎全集』第8巻、5～6頁

その原因は社会の分業や、知識体系の膨大さにあるとはいえ、さらに重大な原因はこの世界に起きるさまざまな現象の認識の仕方、研究の仕方が不十分なためではないか。

結果で証明すれば信用度が高い認識、説明が簡単にできるのに、あえて膨大な知識体系をもって認識したり説明しようとするから面倒になる。

それに対して、あくまでも、生活の現場の結果からみて、その主張の正しさを証明する、それが『創価教育学』の認識法であり指導法なのである。

この創価教育法が普遍的な真理であることを世に信用してもらうため、創価教育学の知識体系と、価値論の大要を抜粋し、更にその本源として仏教の極意である超宗教（日蓮仏法）の科学的論証を試みたい。

そこで先ず本源の超宗教と末端の創価教育学が終始一貫していることを明らかにして、そのうえで最高の生活法、最高の教育法という最終、最高の結果を得るためには、最本源の超宗教を実践するに限る、という結論を導きたい。

いやしくも生を願い、且つ人間の受くべき最大幸福の生活を望むものは、見なければならず、聞かねばならず、考えなければならず、理解しなければならず、信じなければならず、実行しなければならぬ」（趣意）[5]と超宗教の信仰実践と現実生活での実験証明を烈々と訴えかけたのである。

まさに、この『創価教育法の科学的超宗教的実験証明』で牧口は根源の超宗教すなわち、日蓮仏法を信仰、実践すべきことを、先ず先決の最重要の課題、最優先の問題ととらえて、第一にその信仰実践を広げ深めることこそが根源の革命、すなわち「超宗教革命」であると宣言したと言えよう。

創立から7年、宗教革命への路線転換

この点から、牧口の創価教育運動の最重要な転換点が、実に創価教育学会創立から7年後のこの1937年（昭和12年）9月、この『創価教育法の科学的超宗教

5　前出「創価教育法の科学的超宗教的実験証明」『牧口常三郎全集』第8巻、7～11頁

的実験証明』発刊であったと筆者は考える。

してみれば、あの『創価教育学体系』は“教育革命の宣言書”、教育革命の書であったが、この『創価教育法の科学的超宗教的実験証明』こそ、“超宗教革命の宣言書”、“超宗教革命の書”であったということはできないかと筆者は考える。

牧口研究に後半生をささげた斎藤正二はこの書について「『実験証明』は小冊子のように見えはしますが､内容的には『体系』(『創価教育学体系』のこと:筆者注）の一冊に比肩するし、もしかすると『体系』全4巻はこの『実験証明』を書くためのステップに過ぎなかったとも見做しうる」[6]と書いている。

有名な「共産党宣言」はマルクスとエンゲルスにより、これより約百年前の1848年2月に出されたわずか23頁の小冊子だった。

だが、その小冊子の内容は「すべての歴史は階級闘争の歴史である」として共産主義革命こそが来るべき世紀の革命運動であることを宣言し、その内容が世界の社会主義者や労働者を革命に駆り立てたのは歴史が物語るとおりである。

「超宗教革命宣言」ともいえるこの牧口常三郎著『創価教育法の科学的超宗教的実験証明』もまた、牧口と戸田により、1932年9月5日に菊判（B6判、A5判より一回り大きい判：筆者注）74頁の小冊子として刊行されたが、日蓮仏法による超宗教革命を世界に広げよという宣言書であった。

そして、“超宗教革命宣言書”であればこそ、この小冊子はもはや教育学を離れて超宗教、すなわち日蓮仏法の宣揚とその弘教を進めるための書となっていることを強調したい。

すなわち「超宗教の科学的実験証明」の書として書かれた小冊子であったといえよう。

その内容だが、根源の超宗教・日蓮仏法を信仰、実践すべきことを、先ず先

6　「創価教育法の科学的超宗教的実験証明」『牧口常三郎全集』第8巻「解題」

決の最重要の課題、最優先の問題ととらえよと勧めた緒言に続き、第2章から第6章まで牧口畢生の訴えが続く。

教育者の宗教革命断行

まず第2章では、先の研究生制度の実験証明委員たちが1936年（昭和11年）10月から約1年間、各小学校や学習塾の教育現場で「創価教育学」をもとに実験証明の授業をすすめ、その大きな成果をあげたことを紹介。

次に、こうした教育現場の実験証明だけでなく、秋月左都夫、古島一雄、犬養毅など教育に直接関係のない政治家がこれを高く評価し、新渡戸稲造、田辺寿利、柳田国男などの学者も創価教育学の目的観が遠大で、その内容が根本的であると証明していることを明かす。

特に「赤化教師」と呼ばれた長野県の青年教師たちが「完全なる転向をなし、以前にもまさる着実勇健なる生活に入る事を得た」上で「明朗勇敢なる生活にまで導くこの種の転向は現在のいかなる宗教でも哲学でも殆ど不可能とされている」と述べている。

そして教育界以外でも、前にも紹介した満州・鏡泊湖学園の理想郷をめざす団体生活、長野県教員赤化事件関係者の十数人の目覚ましい人間変革の姿、さらには時習学館、日本小学館の青年実業者の生活一新の現実など、多方面の実験証明により、創価教育法の大きな価値が認められたことを列挙[7]。

それは決して誇張した成果ではなく、いつでもどこでもだれが実践しても同じ結果が得られる。これこそが科学的な実験証明であるとした。

このように創価教育法の実験証明により、これが日本と世界の教育法の改良に参考になると分かった以上、さらにそれをもって、牧口の多年の教育改造方針、「半日学校制度」「小学校校長の登用試験制度」「国立教育研究所」の設置などを推進し、さらにその根底に教育学の科学的樹立をなすべきと訴える。こ

7　同前「創価教育法の科学的超宗教的実験証明」『牧口常三郎全集』第8巻、27～34頁

こまでは、合理主義者だった牧口の近代的、合理的な教育を日本で初めてつくりあげようとした苦肉の歴史を物語っている。

しかし、そのためには、なによりも先ず、すべからく教育者は先ず超宗教革命を断行し、人生最大の目的観と、その達成の方法を学び、最上幸福の生活に導く教育原理を改めて確立すべきと第2章をしめくくっている（第2章趣意）[8]。

この第2章の結論が物語るように、教育革命を推進する教育者は先ず超宗教の信仰、実践による超宗教革命をすべきと訴える。重要なことは先ず何といっても超宗教革命であり、それが決定的に大切なことだと訴えた。

筆者は日蓮仏法を信仰し実践することが「宗教革命」だと考えるが、牧口の「超宗教」の言葉を借用して「超宗教革命」と表現することをお許し願いたい。

次の第3章では、同一の原因を施せば、同一の結果が導かれるという因果の法則から見れば、教育の実践現場で別々の人が創価教育を試みて同じ結果を見出すことができれば原因である創価教育法の正しさが証明される。

その実験証明の重要性を説く。

その実験証明にあたる現場の教員の選択については、特別優秀な人材ではなく、普通の人格者で、かつ超宗教である日蓮仏法を信仰するだけの純真さを有する、正しい性格の人を選ぶべきとしている（趣意）[9]。

牧口は先ず、超宗教の信仰が必要と訴えているので、これは当然の人選基準になるであろう。

創価教育法がそうした同じ条件設定の下で複数の現場で実験され、同じような成果をみれば、牧口の創価教育法の正しさは証明される、この思いは常に牧口の心に強烈であったように思われる。

第4章では、創価教育法の柱のひとつ、指導主義の教育法を牧口は明らかに

8　同前「創価教育法の科学的超宗教的実験証明」『牧口常三郎全集』第8巻、12 ～ 35頁
9　同前「創価教育法の科学的超宗教的実験証明」『牧口常三郎全集』第8巻、36 ～ 41頁

する。

教員によって指導される子弟が到達すべき目標は、最高、最大のものでなくてはならない。それを教えるためには、最も安心できる経路をたどって到達できるように、実例を示しながら子弟が安心し、工夫しながら進めるようにしていく、それが指導主義の方法であるとした。

全体主義、平等主義を否定

そのためには、先ず第一に、到達すべき目標、目的観の確立が重要になる。その目的観は最高、最大でかつ具体的でなくてはならない。

その最大幸福の生活は全ての人類が受けると同様の利益を自分も受けるという意味で最大なのだが、ここで牧口は重要なポイントをあげる。

この平等主義、全体主義の主張は正しいのだが、それが達成され、いざ自分自身が利益を受けようとすると途端にその人の生命は利己主義に変わり平等主義、全体主義の理想は失われる。

だから世界の平等主義、全体主義というのはほとんど最終的に独善主義に陥り、虚偽となると牧口は喝破している（趣意）[10]。

ここで重要なのは、左右両翼の全体主義、すなわち理想の平等社会をつくろうとする当時の日本はもちろん、世界の左右両翼の国家社会主義を否定していることであろう。

牧口は、名前を出すことなく、天皇制を中心とする日本独自の天皇制ファシズムというべき全体主義も、マルクス・レーニン主義にもとづく国家社会主義による平等主義もここで鋭く否定しているのである。

牧口は言う。ではどのようにして最大幸福の目標を定めるか。先ずはその目的観の種類、目的観の大小、価値があるかどうかなど、多角的に検討して、最大幸福のための目標を取捨選択しなければならない。

10　同前「創価教育法の科学的超宗教的実験証明」『牧口常三郎全集』第8巻、42～45頁

そして取捨選択した結果、目的観が明確になったら、それがなぜ最高の目的観になったのか、その道程を研究するのが当然必要になる。

だが、牧口はここで大胆に飛躍することを教える。
では、一旦さかのぼってその最大、最高の目的が選択されるまでの道程を研究するとしたら、その時間や手間はあまりにかかりすぎることになる。

だったらそれはあと回しにして、先ずその目標が達成できるかどうか実験証明をすれば、それが最高の目的観かどうかがすぐに明らかになるだろう。
実験証明の結果、それが信じるに足る無上最大の目的であると明確になったら、それに向かって進めばいい。
それが創価教育法による指導主義の教育なのだと教える。

例えば釈尊一代50年の種々の説法は、究極してみれば最高の教えである法華経を説くまでの道程であった。いわば塔を建てるまでの足場のようなものである。塔を建てた後もその足場を撤去しないのは去年の暦を今年も使う愚といわざるをえない。
ならばそれら足場のような説法をもとにした宗教各派を超越した仏教の究極・日蓮仏法を信仰することが最上最大の目的であることはまちがいない。

すると今さら釈尊50年の説法を無上、最大の目的に至る道程として研究するよりも、一挙に飛躍して日蓮仏法を実験してその結果を見る、すなわち実験証明することにより日蓮仏法こそ最大最高の教えであることが判明するであろう。

そのように、人々の向かうべき無上最大の目標は、実験証明を重ねることで、その目的に直ちに到達する方法を見つけることができると訴えている[11]。（第4章趣意）

論理の飛躍がここには確かにある。しかし、ここで注意を喚起したいのは、

11　同前「創価教育法の科学的超宗教的実験証明」『牧口常三郎全集』第8巻、46～55頁

これは「超宗教革命の宣言書」であるということ。宗教書であって学術書ではないことを忘れてはなるまい。

あの釈尊が大宇宙の法則を悟った瞬間を具体的にその心情の解説はできないように、牧口の宗教的確信を学問的に解説することはできない。そこには大いなる飛躍があるといえよう。

自然科学の方法から根本原理に迫る

第5章では、牧口の『創価教育学体系』が従来の哲学的教育学とは一線を画し一般自然科学の方法に準じて教育現場からの経験・事実から推理し、教育学の根本原理に到達しようとしたものであるとして、その大要を明らかにしている。

ここで改めて、創価教育学の根底の価値観、価値論を明らかにする。つまり、真理と価値を比べてみればその概念は全く別ものであり、従来の真善美を理想とする価値基準は利・善・美の系列に置き換えるべきと牧口価値論のあの革命的な価値論を展開する。

そこから価値の判定は、生活との関係があるかないか、あるとしてその関係の質、および正反（利と害、善と悪、美と醜）、その関係する量（大きいか小さいか、軽いか重いか、深いか浅いか、濃いか淡いか等々）という3段階を経て評価されるとする牧口価値論を概略で紹介。

そのうえで価値判定はこのように常に相対的であり、絶対の基準や標準はつくることはできない。ただ人生との関係で同種類の事物を比べ合わせて価値の大小、軽重を比較するしかないとする。

さらにこれについて日蓮仏法の祖、日蓮聖人の金言を引用する。

すなわち「伝教大師云く。日出でぬれば星かくれ､巧を見て拙を知ると云々」。この日蓮の言葉は、我らの求める評価法の原理というべきものであろう。

それをみれば結局、価値は相対的なもので、常に内容も質、量も変わることがわかる。

そして従来までの牧口価値論をまとめて

「所詮、価値は人間の生命を増幅させるか減少させるかに対する比重に過ぎず、生活の目的観の遠近、大小がその判定の基準になるが故に、次の評価標準が成り立つ。

一、　生活の目的観が遠大であればあるほど、対象の価値は軽小と判定され、(目的観が) 近少になればなるほど重大と判定される。

二、　価値は大価値に対すると反対の価値に変化する。美が大美に対すると醜となり、利が大利に対すると害となるがごとく、善が大善に対すると悪になる。反対に醜が大醜に対すると美になり、害が大害に対すれば利となる如く、悪も大悪に対すれば善となる。

　されば近小の利を与えて、遠大の利益を奪い、又は損害を与えるものは悪魔であり､反対に『可愛子 (かわいいこ:筆者注) に旅させよ』と、遠大の利益のために、近小の損害を与えるものは、親心であり、善神である。宗教、政治、経済等の正邪善悪の判定は、この標準によれば明瞭となる。

三、　価値判定の標準は人格の水準の高低、及び所属する社会の文化発達の程度によって異なる」と。

以上、『創価教育学体系』第3巻の「価値論」をまとめて紹介し、最大、最高の目的観とそれに到達する超宗教の判定基準としている[12]。

ここまで第2章から第5章まで、牧口は創価教育学会「超宗教革命宣言」に向けて実験証明の方法、認識と評価の方法、指導主義教育の方法、そして牧口価値論を登場させていよいよ、それらを使って第6章から「超宗教革命宣言」の総仕上げに入っていく。

12　同前「創価教育法の科学的超宗教的実験証明」『牧口常三郎全集』第8巻、56 ～ 60頁

「超宗教革命宣言」の驚異的内容

第6章のタイトルは「教育乃至生活の根本原理としての仏教の極意」。

そこでは先ず「無間の時空と精神、物質の両面にわたる大宇宙の因果の法則にしたがった最大の価値ある生活法を明らかにし、それを証明したのが仏教の極意である」と人間生活の根本原理が仏教であると宣言。

ここからはまさに牧口の宗教的確信の表明に入っていく。

その因果の法則だが、自然科学の法則だけでなく、物と心の相互の関係性から価値として認められる因果倶時（一瞬の生命に原因と結果が共に備わっている：筆者注）の法則であり、因果一念（一瞬の生命に仏の生命と、それ以外の9つの生命・九界が原因と結果として同時に備わる：筆者注）、あるいは一念三千（人間の一瞬の生命に現象世界の全てが備わっているという原理:筆者注）という仏教の極意こそが、人間が尊崇すべき根本原理の法則である、と強調する。

ついで、その法則、人間の運命を左右する根本原理の法則があることがわかった以上は、それを信仰し、実践して生活の上に実証し、無上最大の幸福に至る方法を証得することができるではないかと訴える。

だが、この宇宙を貫く根本的な法則がここにあるといっても、具体的にそれが生活上の実証体験をして証明がなければだれも信用しない。

あの釈尊といえども法華経の会座に出現したとされる多宝如来などにより、その真実の法としての証明がされた。だがその証明はまだわずかであったに過ぎない。

その釈尊の白法に代わって大白法が出現すると予言した如く、7百年前に日蓮大聖人の仏法が出現し「今末法に入りぬれば、余経も法華経も詮なし、ただ南無妙法蓮華経なるべし」（今、末法の時代に入れば浄土宗、真言宗、禅宗などの各宗派はもとより法華経も力がなくなる。ただ南無妙法蓮華経のみが人々を救うの意：筆者注）が現実に証明された。

結局7百年前に日蓮が法華経の予言通り日本に出現し、法華経の一句一句をその生涯に示現し証明しなければ、法華経も単なる文学作品に過ぎなかったであろう。

この釈尊という前仏と日蓮という後仏が相相応して出現、相互に証明したからこそ、法華経に説かれた法が無上の普遍妥当性をもった妙法となったと証明できる。

牧口は言う。釈尊の出世の本懐としての法華経を、本当に理解するには、その予言通りに出現して、これを実生活に証明された日蓮大聖人を信じ、その説の如く実践してその価値を体験し、証得する以外にない。

宗教の本質は価値であり、価値は生活体験の証明よりほかに、認識の道はないからである。

ここで、牧口は牧口価値論をもって生活、体験、実験証明の重要性を改めて強調している。

こうして、末法における現今の最高の価値となる宗教として超宗教・日蓮仏法の存在を再度明らかにし、宣揚したうえで、最後第7章の結論に入っていく[13]。（第6章趣意）

国家・社会の超宗教革命を訴える

第7章は「宗教研究法の革新と家庭国家の宗教革命」である。

ここで牧口は価値論を存分につかって宗教をどう研究し評価するか、その研究法を明らかにして、それを当てはめればあらゆる宗教を取捨選択できて、たちどころに人類最高の超宗教とは何か、それが明らかになり、それによって家庭も国家も超宗教革命をすることができるとする。

ここまで牧口は日蓮仏法こそが超宗教であり、国家や家庭を幸福に導く最高最善の教えであると論じてきた。

そのうえで人がそれを具体的に信仰するための具体的な道を明らかにする。

先ず、教育の力は、人々が罪悪を犯してもそれを即座にやめさせる力にはならない。罪悪をおさえる法律や道徳もそれを強めれば強めるほど、悪を犯そう

13　同前「創価教育法の科学的超宗教的実験証明」『牧口常三郎全集』第8巻、61 ～ 73頁

とする人は逃げ道を探しだして、ついにそれを突破してしまうと、教育、法律の限界を明らかにする。

教育も法律も道徳もさらにはさまざまな宗教もそうした非悪防止の可能性の限界は極めて狭い。

しかし、それだからこそ、それに対応できるだけの力を持ち、科学的検証に耐え、なお、現在・未来にわたって社会と家庭の安全生活を保証する力をもった、超宗教が全ての人に求められることになるという。

その超宗教は先ず制裁的威力を持たねばならない。悪人を罰するくらいの力を持たない神が、善を保護する力を持っているわけがない。それでは人間から信頼など得られない。

するとその宗教に価値があるかどうかを判定するには、まずもって罰するだけの力があるかどうかを試してみる必要がある。

試してみればわかるとおり、日蓮仏法にはそれがある。

これが牧口の「法罰観」である。

その上で、こう結論する。

この仏教の極意に合致している制裁的威力をもった超宗教によらなければ現世の濁悪の病弊は根治させることはできない。

そうはいっても、人々はなかなか信用しないだろう。

しかし、我々は毀誉褒貶は問題にしない。超宗教の拡大、宣揚を進め、しかる後に後世の人々の鑑識眼を待つのみとなる。

かといって目的を達成するために非合法的手段をとることは戒めなければならない。

合法的手段によって解決できる対策を合理的に論証すれば、我々の任務は終わる、と牧口はあの2・26事件や5・15事件などのテロや、暴力革命を徹底して

否定する[14]。(趣意)

非暴力による対話にさらに対話を重ねる漸進的な革命、それが牧口の不服従永続漸進革命の道だったと考える。

教育の力の限界を超え、超宗教革命を推進

しかし、ここで最も注目したいのは、今まで牧口は教育革命を目指して戦ってきながら、ここで明確に教育の力の限界を吐露していることだろう。

牧口は言う。教えに足るだけの普通の人間を相手にする従来の教育は、結局、非常に狭い範囲でしか役に立たないのに比べて、もしこの超宗教による法罰により目を覚まさせ、強い刺激によって反省させることができるなら、ここに初めて真の教育ができると（趣意)。

よって、「仏教の極意に基かざれば創価教育法の真の信用は成立たず、之によらざれば教育の革新は到底出来ず。然らば千百の会議を重ねても、世界平和の実現等は到底できない」[15]と結論する。
最終的に超宗教である日蓮仏法の信仰活動を広げる超宗教革命、すなわちその信仰実践と弘教拡大をしない限り教育革命はもとより社会の変革はないと、創価教育学の研究の結果を踏まえて牧口ははっきりと言明した。

また、超宗教革命なくして家庭も社会も国家も救うことが出来ないことも宣言する[16]。(趣意)
これこそが牧口の「超宗教革命宣言」であったと筆者は考える。

最後に、当時の牧口にとって、最も悩ましい質問「日蓮仏法は日本帝国の国体と一致するか」という問題に対して「完全に合致すると断言する確信を持つ」

14　前出 牧口常三郎「創価教育法の科学的超宗教的実験証明」『牧口常三郎全集』第8巻、85頁
15　前出 牧口常三郎「創価教育法の科学的超宗教的実験証明」『牧口常三郎全集』第8巻、87頁
16　同前 牧口常三郎「創価教育法の科学的超宗教的実験証明」『牧口常三郎全集』第8巻、74～87頁

と簡明に答えている。

日本史において「国体」という言葉が大きな意味を持ったのは、せいぜいこの時期十数年だけであり、天皇制ファシズムの理論的支柱として、軍部が学者、文化人、学生そして国民を脅迫し支配しコントロールする道具として1945年（昭和20年）まで使われた末に消滅した言葉である。日本の国のかたち、それが国体だが、当時は日本の国体として万世一系の天皇が絶対の存在として支配する体制を呼んだ。牧口は「法華経」に関する歴史的事実を挙げて日本史に登場する天皇の忠臣が皆、法華経の信者であったとして、それが日本の国体と密接な関係があったことを説明しているとしている。

後日、「天皇も凡夫であり間違いもある」と特高警察を前に平然といってのけた牧口にしてみれば答える必要のない愚問であったろうが、弘教拡大にあたり、一種の〝踏み絵〟として当時必ず出た質問であり、答えざるを得なかったと思われる。

超宗教革命、すなわち日蓮仏法の拡大が主要な活動に

これまでの牧口の運動は、近代的、合理的な教育改造をめざす教育革命と、近代的合理主義を超えた日蓮仏法の信仰という宗教革命が平行してというより、どちらかといえば教育革命に重きが置かれて活動がすすめられてきた。

しかし、創価教育学会結成から7年のこの時から、明らかに超宗教革命、すなわち日蓮仏法の信仰活動や弘教活動が牧口を中心とした運動の主流になっていく。それがこの「超宗教革命宣言の書」『創価教育法の科学的超宗教的実験証明』で明確にされたと考える。

この時から、創価教育学会は日蓮仏法を広めることを目的とし、その流布によって人間生活と、社会全般を根源的に変えていく活動を主流にする団体に変わっていったといえる。

そしてそれが広く深く進めば、おのずから教育革命も最後には達成されると牧口は確信していたといえよう。

この『創価教育法の科学的超宗教的実験証明』刊行は牧口にとっても大きな感慨をともなう成果であったようで、出身の北海道師範学校の在京同窓会「藻岩会」の雑誌『藻岩』（この年の11月刊行）に「師範出くらいの者が、との軽蔑と怨嗟の下に、黙殺されている創価教育学も、元オーストリア大使秋月左都夫に見出され、其の研究補助金で、6名の教師が1年間実験の結果、『創価教育法の科学的超宗教的実験証明』という小冊子発表」したと書いている[17]。

発刊以来7年、黙殺され続けた『創価教育学体系』がようやく世の識者に認められ始めた喜びが少しばかり伝わってくる内容ではある。

幻の創価教育学会発会式

『創価教育法の科学的超宗教的実験証明』が刊行された1937年9月ごろ、ほぼそれと時を同じくして、幻の創価教育学会発会式が行われる。

「学会の正式な発会式は昭和12年（1937年:筆者注）、秋になる。会場は東京・茗荷谷（文京区）の茗渓会館。参加者は数十人に過ぎなかった」と戦前・戦後に学会幹部として活躍した和泉覚（元創価学会理事長）は語っている（秋谷栄之助編『旭日の創価学会70年』聖教新聞社）[18]。

この時参加した矢島周平ほかの証言では、「この時、会場の茗渓会館（東京高等師範学校のOBでつくる茗渓会の拠点の建物、現在と同じ東京・茗荷谷にあった：筆者注）正面玄関に創価教育学会総会と大書きされた縦2メートル、横1メートルほどの立て看板が立っていた。

20畳程度の畳敷きの会場に約50人が参集したが教育関係者は15人程度であった。式次第が黒板に書かれていて、当時の教育学会にとってはかなりの盛会となった。

確か蒸し暑い日であったが、ほとんどの人が正装で参加した。だから時期としては9月ではないだろうか。

17　牧口常三郎「会員よりの便り」『藻岩』創刊号、藻岩会、1937年11月
18　秋谷栄之助編「旭日の創価学会70年」聖教新聞社、1999年11月

最初に教育学会に好意的だった大学教授が立って挨拶したと覚えている。
参加者全員に教育学会のめざす方向や主張を印刷したパンフレットのようなものが手渡されていた。

だが肝心の戸田先生が参加しておらず、出席していた牧口先生から『戸田君はどうしたのか』と聞かれて、主催者が意図的に戸田先生を除外していたことがわかると、牧口先生は何も言わず、そそくさと帰っていった」[19]と具体的に証言している。

この証言によれば最終的にこの会は主役の牧口も戸田もいない名前だけの発会式であったことがみえてくる。主役不在であれば結局のところは流会となって終わったと思われる。

だからその後、小説『人間革命』(戸田城聖著)にも、戦前の機関誌『価値創造』にもこれについては一切、触れられてないので、幻の発会式となったのは間違いあるまい。
注目されるのは、この幻の教育学会発会式に参加した50人のうち、教育者が15人程度の少数派だったという証言。
この証言が正しければ、残り7割の参加者は教育者ではなかったことになり、牧口のもとに集まる会員の内訳が教育者から非教育者に大きく変わっていたことが推定できる。
例えば、この後に教育学会の理事になる稲葉伊之助は商店主だったが、白金小学校の評議員(今のPTAの役員か)をしていた時に牧口と懇意になり、牧口が小学校校長をやめた翌年の1932年(昭和7年)、牧口から折伏を受けて入信している[20]。
創価教育学会創立の年にはすでに日蓮仏法の話は聞いていたが入信できなかったとのことで、ずいぶん早い時期から牧口は教育者以外にも弘教拡大を目指していたことがわかる。

19　矢島秀覚(周平)からの聞き書き
20　『牧口常三郎全集』月報5。稲葉の娘で牧口の三男・洋三の夫人だった金子貞子の証言による。

発会式に参集する会員の職業が非教育者が7割だったという証言からも教育改造運動から宗教革命運動へ、つまり大きな質的変化が起きていたことがみえてくる。

その意味でも創価教育学会がこの1937年（昭和12年）には大きく変わったことを象徴する出来事だったと言えよう。

大きく変わったと言えば、前年の1936年（昭和11年）10月に始まった教育学会の研究員制度（6人の研究員に研究費を支給して牧口教育学の実験証明をしてもらう）の第2期生がこの年10月から始動したが、その後は続かなかった。理由は不明である。

近衛内閣に「教育改造案」を提出か

もうひとつ、牧口の教育改造運動が一つの大きな区切りを迎えたことを象徴する出来事があった。

それは日中戦争開始により、日本の社会も教育も暗闇に入ろうとしたこの1937年（昭和12年）、創価教育学会は牧口が起草した「国家教育改造案」をこの6月に成立した第1次近衛内閣に提出して、政府の教育政策を直接に諌めたという三ツ矢孝の証言である。

この改造案は秋月左都夫および副島種臣の息子で教育学会を陰で支援してくれていた副島道正（貴族院議員）らが力添えをして、貴族院議員で教育学会顧問の古島一雄を通し、時の文部大臣・木戸孝一に提出されたという。

しかし、その改造案は軍部によって握りつぶされ、ついに日の目をみることはできなかったともいう[21]。

そのいきさつについて、当時研究員だった三ツ矢孝は次のように述べている。

「教育を改革しなかったらこの日本は危ない。教育上の欠陥を指摘した意見を牧口先生の手でまとめ、古島（一雄）さんから近衛内閣に提出され、それが

21　三ツ矢孝からの聞き書き

文部大臣にまで渡ったのです。

そこから文部省の審議会に回され、審議される予定だったのですが、審議会で審議される前にその原案は軍部に取りあげられ結局、日の目を見ずに終わってしまったのです。

その時、文部省の審議会の一員だった師範学校の校長に、後に会ってそのいきさつを聞いたことがあります。涙を浮かべてくやしさを話していました。

軍部独裁体制に入る直前で、牧口先生の教育改造運動の最期を告げる出来事だったように思います」と[22]。

この証言について、裏付けになる資料を探したが、確かに、1937年（昭和12年）12月に、第1次近衛内閣は文部省に教育審議会を設置している[23]。

この教育審議会の第1回総会が同年12月23日午前10時35分から首相官邸で開催され、冒頭であいさつが予定されていた近衛首相が風邪の為欠席。文部大臣の木戸孝一がそのあいさつ文を代読している。

そのあいさつ文で近衛は「現今の世界情勢の激変、重大局面にあたり、教育制度全般も根本的、総合的に調査研究をなし、適切な具体案を審議する必要が

子供たちを兵士とする教育に牧口は反対した

22　三ツ矢孝からの聞き書き
23　1937年12月10日勅令第711号

ある。

教育は国家の基本的要務であり、全ての国家活動、国民生活、国民文化はその基礎をここに置く。

したがって庶政の一新も教育の力に依らざれば、成果は望めない。

教育の刷新、振興の意義はまことに重要である。そのための適切なる方策の樹立に向けてご尽力あらんことを」（趣意）[24]と述べて具体案の提案と審議を求めている。

牧口が訴え続けた教育改革の重要性を、ここにきて日本のトップがついに認めたようでもある。

またこの審議会の議事規則によれば、第7条に「建議案を提出せんとする者は案を具し5名以上の賛成者と連署して之を総裁に差出すべし」とある[25]。

賛成者5人以上がいれば建議案を審議会に提案できることになっている。

証言通り秋月左都夫、そして貴族院議員で教育学会顧問の古島一雄、副島道正（貴族院議員）などが賛同者として連署すれば、総裁に牧口の教育改革建議案提出は可能だったことがわかる。

また、審議員には貴族院議員や衆議院議員、海軍省次官などに並んで師範学校校長も臨時委員として入っている[26]ので三ツ谷の証言のとおりたしかに師範学校校長も一審議員だったのも間違いない。

以上の背景や資料を考えれば牧口の建議案がこの教育審議会に提案されようとした可能性は大きいと考えられる。

ただこの時、牧口などが提出しようとした「国家教育改造案」の内容がいかなるものだったか。

軍部の圧力で提案・審議されなかったのが事実なら教育審議会の会議録には記録がないのは当然で、資料は残っていない。

24　国立公文書館　教育審議会第1回総会議事速記録、1937年12月23日

25　1937年12月20日内閣総理大臣決定

26　前同　国立公文書館　教育審議会第1回総会議事速記録

しかし、この年の9月5日に刊行された先述の小冊子『創価教育法の科学的超宗教的実験証明』のなかで「所望の方に『教育国策の根幹的六問題』なるパンフレットを贈呈す」と書かれている[27]。

この小冊子は菊判16頁の実物が今も残っている。その内容は、「半日学校制度」「小学校校長登用試験制度」「師範教育内容改善」「教育国策審議機関設置」「国立的教育研究所設立」「教育指導原理としての科学的教育学樹立」の6点にわたって提案。教育政策上の根本的問題を指摘して、その解決を望むものとなっている。

何のためにつくられた小冊子であったかは不明のままである。

だからこの小冊子か、もしくはそれに近いものが「国家教育改造案」として近衛内閣の教育審議会に提出されようとしたのではないかと筆者は想像するが、あくまで想像でしかない。

『教育国策の根幹的六問題』作成の時期は、それにふれた『創価教育法の科学的超宗教的実験証明』のはしがきに、「その小冊子が欲しい方は申し出を」と書いてあり、かつ牧口がそのはしがきを書いた時期を「昭和12年8月　日支事変（日中戦争:筆者注）の最中　筆者識」[28]としているので1937年（昭和12年）8月以前であることは間違いない。

戦争協力の御用審議会の実態

当時、非常に国民人気の高かった近衛首相が登場したのがこの年の6月4日だったので、それに期待して提出されたと考えれば、近衛内閣の教育審議会が発足した12月以降に建議案として出されたのではないかと想像もできる。

しかし、この教育審議会のその後の議事筆記録を読むと、国内の識者から日本の教育改革の提案を求めながら、実際のところは戦争勝利のため近衛内閣が

27　前出「創価教育法の科学的超宗教的実験証明」『牧口常三郎全集』第8巻
28　前出「創価教育法の科学的超宗教的実験証明」『牧口常三郎全集』第8巻

つくった国家教育の改造案を逆提案して、ここで諮問審議させる御用審議会に過ぎなかったことが見えてくる。

牧口案が握りつぶされたという証言は事実であったとしても当然だったろう。

さらに当時の日中戦争の状況を考えれば、軍部が高圧的ににぎりつぶす可能性も非常に大きかった。

実に教育審議会が始まったこの12月は、日本軍が中国政府の首都・南京を陥落させた時期と一致している。この日中戦争の最大の非常時、極度に緊張した場面で、民間から提案の教育改革などもってのほかと軍部が考えるのは当然だったろう。

この教育審議会のその後の議事録を追うと、小学校卒の青少年を教育する青年学校を義務化して、職業教育、軍事教育を施す方針、やがては小学校を戦争に協力させる少国民の学校、すなわち「未来の兵隊」として将来戦場で勇敢に死んでいく軍国教育を施す「国民学校」に変質させるなどの国策が審議される。

どこまでも、戦争を遂行する兵士を生み出すための国策を生み出すのがこの教育審議会であったことが見えてくる。

それはまさに当時研究員だった三ツ矢孝が証言するように、牧口の教育改造運動の最期を告げる出来事であったといえよう。

ガンディーの心に重なる不服従の精神

この1937年（昭和12年）の『創価教育法の科学的超宗教的実験証明』発刊から、牧口は日本を救い、人々に最大幸福をもたらす超宗教革命という、教育改造とは比較にならないはるかなる剣難の峰をめざして歩みを始める。

あのマハトマ・ガンディーは非暴力不服従運動で宗主国イギリスを服従させインド独立の偉業を達成した。ガンディーはその半生をインド独立に捧げたが、決して反英インド独立戦争を起こしたわけではなく、反英暴動も、テロも英国へのいかなる物理的攻撃も指導・指揮していない。

独立戦争も反英暴動も、そしてテロも起こすことなく、非暴力による徹底した不服従運動により、インド独立という悲願を達成した。

それはまさに「見えない」独立戦争による究極の勝利と呼ぶこともできよう。
インドの民衆は当時の世界一の超大国イギリスを相手に戦争も、武力闘争も、テロも一切しない不服従の運動で独立を勝ち取った。だから、あくまで「見えない独立戦争」に勝ったといえよう。

「滅私奉公」をスローガンにして、全てを戦争目的に収れんさせる岩盤の日本の天皇制ファシズム体制に、牧口もまた、超宗教・日蓮仏法の信仰の力をエネルギーに、非暴力の大善生活実験証明座談会運動を日本全国で数百回開催して不服従で挑みぬいた。
戦争という大悪に対して、大善の生活を追求するその超宗教革命運動は、まさしく見えない反戦運動だったといえよう。

軍部・政府が総動員体制によって総力を挙げ推進した戦争。学校も、団体もマスコミも国家を挙げて推進した滅私奉公による戦争に対して、牧口は不服従を貫き、それは大善生活に反する極悪だと斬って捨て、逮捕・投獄されることになる。

そしてその獄中闘争の中で、永久不滅と思われた鉄壁の「日本天皇制ファシズム体制が消えるかも」と官憲に向かい直接予言した。
すなわち「創価教育学会々長牧口常三郎に対する尋問調書抜粋」『特高月報』昭和18年（1943年）8月分に記録された牧口の証言によれば「（大日本帝国）憲法は（中略）陛下が御定めになった所謂法律であります（中略）政体が変わって、将来憲法も改正されたり廃止されるようなことがあるかもしれません」と述べている[29]。
そして、牧口の死後わずか1年もたたないうちに、その予見は的中し、鉄壁の天皇制ファシズム体制は日本から消滅した。

---

29 「創価教育学会々長牧口常三郎に対する尋問調書抜粋」『特高月報』昭和18年（1943年）8月分、内務省警保局保安課、1943年9月、『牧口常三郎全集』第10巻所収

ガンディーが生まれたのは牧口のそれのわずか2年前で、死んだのは牧口のそれの3年後、つまり2人の生きた時期はほぼ重なる。

非暴力不服従で鉄壁の大英帝国に挑んだガンディーと、同じく岩盤の天皇制絶対主義体制に挑んだ牧口。対比すれば共通点はあまりに多いが、それについてはまた別の機会に述べることになる。

大日本帝国という強大無比な国家権力に対して言論と不服従だけを武器に、岩盤に爪を立てるような困難な道を切り開く壮絶な戦いがいよいよ始まる。

この翌年、1938年（昭和13年）から、牧口の国家権力に対する激闘、まさに死闘の「超宗教革命」の歴史に挑み始める。牧口、時に66歳の秋であった。

（第2巻　完）

主な参照文献・参考資料

第1章

柳田国男『郷土会記録』大岡山書店、1925年4月
畠中惣治郎『帝都紳士淑女列伝』帝都彰行社、1929年7月
『官報』第5003号、印刷局、1900年1月22日、牧口の文検合格通知
『日本紳士録』第23版、交詢社では北豊島郡高田大原1648とある。牧口家戸籍
南榎庵主人「地理学に篤学の諸名士伝」(『地理学研究』第2巻第8号、地理学研究会発行)1925年8月
美坂房洋編『牧口常三郎』聖教新聞社刊、1972年11月18日
『都市教育』第167号(1918年8月20日刊)
灯台刊行会『灯台』第100号、1971年3月
『東京府市自治大鑑』後巻、東京府市政通信社、1926年
東京台東区立大正小学校『わたしたちの入谷』創立70周年記念事業協賛会、1986年2月
『下谷区史』東京市下谷区役所、1935年3月
『大正〜創立70周年記念誌』大正小学校、1986年2月
「函館新聞」1915年8月20日付
『空知教育』第80号、空知教育会、1917年9月
中山治一『帝国主義の開幕　世界の歴史21』河出書房新社、1990年4月
正村公宏『日本の近代と現代〜歴史をどう読むか』NTT出版、2010年8月
『東亜の光』第5巻第3号、1910年3月
牧口常三郎「創価教育法の科学的超宗教的実験証明」『牧口常三郎全集』第8巻、第三文明社、1984年11月
「東京朝日新聞」1918年5月11日付け、同「万朝報」(夕刊)、同「東京日日新聞」
『東京教育』東京府教育会、第339号、1918年7月
「津久井の山村より」柳田国男『定本　柳田国男集』第3巻、筑摩書房
後藤総一郎監修『柳田国男伝』　柳田国男研究会編著、三一書房刊
小田内通敏『聚落と地理』古今書院、1927年10月
「東京朝日新聞」1918年9月5日付
「東京朝日新聞」1918年12月22日付
柳田国男「大正七年日記」『定本　柳田国男集』別巻第4、筑摩書房、1971年4月
柳田国男「村を観んとする人の為に」『定本　柳田国男集』第25巻、1970年6月
今和次郎「神奈川県津久井郡内郷村」『民家論　今和次郎集』第2巻、ドメス出版、1971

年 3 月
牧口常三郎『教授の統合中心としての郷土科研究』改訂増補版、創価教育学会、1933 年 4 月
松田道雄『ロシアの革命～世界の歴史 22』河出書房新社、1990 年 4 月、
「東京朝日新聞」1918 年 9 月 7 日付
「東京朝日新聞」1918 年 7 月 18 日付
中田尚「米騒動の真相を探る～現場に残されてきた事実」『魚津の米騒動～史実に迫る』2020 年 11 月
立花雄一『隠蔽された女米騒動の真相～警察資料・現地検証から見る』日本経済評論社、2014 年 7 月
歴史学研究会編『日本史年表』岩波書店、1966 年 7 月
「東京朝日新聞」1918 年 8 月 10 日付
「東京朝日新聞」1918 年 8 月 12 日付
「東京朝日新聞」1920 年（大正 9 年）11 月 23 日付け
「東京日日新聞」1919 年（大正 8 年）12 月 16 日付け
「万朝報」1919 年（大正 8 年）10 月 26 日付け夕刊、「都新聞」同日付け、「二六新報」同日付け、「東京毎日新聞」同日付け、「やまと新聞」同日付け、「東京日日新聞」同日付け
『東京視察案内』明治図書、1922 年 9 月
「東京毎日新聞」1919 年（大正 8 年）12 月 19 日付け、「東京日日新聞」1919 年（大正 8 年）12 月 17 日付け
「東京日日新聞」1919 年（大正 8 年）12 月 16 日付け
『教育界』第 23 巻第 5 号、明治教育社、1923 年 5 月
『社会主義』第 8 年第 11 号、労働新聞社、1904 年 9 月、『渡米雑誌』第 9 年第 1 号、労働新聞社、1905 年 1 月
「教育改造論」第 1 章『牧口常三郎全集』第 6 巻、第三文明社、1983 年 3 月
ガンディー『わが非暴力の闘い』森本達雄訳、第三文明社、2001 年 3 月
ガンディー『ヒンド・スワラージ～真の独立への道』田中敏雄訳、岩波書店、2001 年 9 月
台東区立西町小学校『閉校記念誌　西町 98 年のあゆみ』1997 年 3 月
戸田家戸籍謄本
越崎宗一著『新版　北前船考』北海道出版企画センター刊、1972 年
戸田城聖『信仰への覚悟～人間革命の原形』静娥書房、2021 年 7 月
『厚田村史』厚田村、1969 年
「北海道毎日新聞」1898 年 4 月 27 日付け、1899 年 5 月 2 日付け、同 5 月 20 日付け
「北海タイムス」1917 年（大正 6 年）6 月 20 日付け
西野辰吉『伝記　戸田城聖』第三文明社、1985 年
「北海タイムス」1918 年 12 月 24 日付
北師同窓会『北師同窓会会報』第 13 号、1923 年 12 月

窪田正隆「三代の会長に巡り会った福運」『牧口常三郎先生の思い出』聖教新聞社九州編集総局、1976年

牧口常三郎・窪田正隆『略解　創価教育学入門』東京精文館、1976年3月、3頁

「東京朝日新聞」1920年11月23日付

東京市社会局編『東京市社会事業施設年表』東京市、1929年7月

東京市役所教育課『大正8年度　東京市学事調査表』大正8年8月

『東京朝日新聞』1908年（明治41年）8月26日付け

陶観光『一府七県学事視察記』明誠館書房、1911年

駒木根重次『駒木根重次自叙伝』昭和12年10月28日発行、非売品

『中央新聞』1922年（大正11年）9月6日付け

椎名龍徳『病める社会』先進社、1929年5月

『千葉教育』千葉教育会、第536号、1936年12月

『東京教育』東京府教育会、367号、1921年1月

『墨田区史』東京墨田区役所、1959年3月

『墨田区史　上』墨田区役所、1979年3月

「牧口常三郎の生涯～三笠小学校の時代」『灯台』第100号、1971年3月

「読売新聞」1922年（大正10年）12月8日付け、杉浦守邦『養護教員の歴史』東山書房、1974年10月

「讀賣新聞」1921年12月8日付け

「東京毎日新聞」1921年（大正10年）12月8日付け、

『婦人衛生雑誌』第364号、私立大日本婦人衛生会、1921年5月

『児童研究』第25巻第9号、児童研究発行所、1922年5月

「読売新聞」1922年7月19日付

萩原弘道『実践講座　学校給食　第1巻　歴史と現状』エムティ出版、1988年11月同上

『実践講座　学校給食　第1巻　歴史と現状』エムティ出版

佐藤柏葉「東京市の小学校を観る（二）」『北海道教育』第35号、北海道連合教育会、1921年7月

第2章

「牧口先生の御一生」『大白蓮華』第12号、1950年

東京府教育会『東京教育』第389号、1922年5月

「牧口先生の御一生」『大白蓮華』第12号、1950年

東京府教育会『東京教育』第389号、1922年5月

岡田蘇堂『受験要項　附試験問題集』秀康館、1921年12月、6頁
「市町村立小学校教員俸給に関する規程　明治30年1月4日勅令第2号」船越源一『小学校教育行政法規精義』東洋図書、1935年10月、529頁
戸田城聖『信仰への覚悟～人間革命の原形』青蛾書房、2021年7月
白金尋常小学校「校長日誌」（東京都・白金小学校蔵）
『教育界』第6巻第3号、金港堂、1907年1月
「アサヒグラフ」1923年（大正12年）4月12日号「小学校めぐり」より
塩野七生『ローマ人の物語X～すべての道はローマに通ず』新潮社、2001年12月
上藤和之『新　牧口常三郎伝』第1巻、七草書房、2021年2月
聖教新聞社編『戸田城聖全集』第4巻、昭和30年4月の中野支部総会での戸田の証言
窪田正隆「三代の会長に巡り会った福運」『牧口常三郎先生の思い出』聖教新聞社九州編集総局、1976年
牧口常三郎・窪田正隆『略解　創価教育学入門』東京精文館、1976年3月
窪田正隆「牧口先生と私～人格高潔､質健高邁の人～生誕百年に寄せて」『灯台』第100号、1971年3月
『忘れない。伝えたい～関東大震災と東京大空襲』東京都慰霊協会、2017年3月
『鎌倉震災誌』鎌倉町役場、1930年12月
『しろかね』百周年記念号、白金小学校刊、1975年11月
『東京市教育復興誌』東京市役所、1930年3月
『江東区史』江東区役所、1957年12月
『関東大震災』東京都慰霊協会2014年1月改訂
『駒木根重次自叙伝』1937年10月28日発行、非売品
竹久夢二『東京災難画信』港屋、2015年6月
『墨田区史』東京都墨田区役所、1959年3月
東京下谷区役所『下谷区史』1935年3月
「読売新聞」1923年1月22日付
「越後タイムス」1924年2月3日付け、「柏崎日報」1924年1月28日付け
鶴見俊輔他『日本の百年5　震災にゆらぐ』筑摩書房、1978年4月
「時習学館」新築落成式の写真
「東京朝日新聞」1925年（大正14年）8月21日、23日夕刊、24日付け朝刊
「東京朝日新聞」1926年（大正15年）3月31日付け
『野球界』第17巻第1号、野球界社、1927年1月
朝尾直弘・上田正昭ほか編『要説　日本歴史』東京創元社、2000年7月
1925年（大正14年）の時習学館会計簿
今井清一編『日本の百年6～震災に揺らぐ』筑摩書房、2008年3月
『日本史年表』岩波書店、1966年7月

山中恒『アジア・太平洋戦争史』岩波書店、2005 年 7 月
『牧口常三郎全集』第三文明社、第 10 巻所収の牧口書簡集の補注
校誌『しろかね』(六十周年記念号)、白金小学校
『港区職員退職者会だより』第 77 号所収「我が白金小学校の思い出」

第 3 章

「私の履歴書」『池田大作全集』第 22 巻、聖教新聞社、1994 年 5 月
『目白学園八十年史』目白学園、2005 年 6 月
創価学会版『日蓮大聖人御書全集』1952 年 4 月
「創価教育学体系梗概」『牧口常三郎全集』第 8 巻、第三文明社、1984 年 11 月
美坂房洋編『牧口常三郎』聖教新聞社、1972 年 11 月
「牧口君入信の動機」柳田国男『定本柳田国男集』別巻第三、筑摩書房、1971 年
「創価教育の源流」編纂委員会編『創価教育の源流第一部　評伝　牧口常三郎』第三文明社、2017 年 6 月
『大日本世界教』社団法人稜威会雑誌部、第 20 年第 9 号、1927 年 9 月
『大日本世界教』社団法人稜威会雑誌部、第 20 年第 7 号、裏表紙の広告
『大日本世界教』社団法人稜威会雑誌部、第 20 年第 5 号、1927 年 5 月
「牧口先生と戸田先生」(『大白蓮華』第 152 号)。
小口偉一『宗教と信仰の心理学』河出書房、1956 年 7 月
「静岡民友新聞」1926 年 2 月 3 日付け
朝日新聞社編『普選総選挙大観』朝日新聞社、1928 年 3 月
今井清一編『日本の百年 6　震災にゆらぐ』筑摩書房、2008 年 3 月
藤沢利喜太郎『総選挙読本～普選総選挙の第一回』岩波書店、1928 年 11 月
鷲尾義直編『政界五十年・古島一雄回顧録』海音書房、1951 年 10 月
歴史学研究会編『日本史年表』岩波書店、1966 年 7 月
山中恒『アジア・太平洋戦争史』岩波書店、2005 年 7 月
中野雅夫『昭和史の原点』講談社、1972 年 3 月
寺崎英成、マリコ・テラサキ・ミラー編『昭和天皇独白録　寺崎英成・御用掛日記』文藝春秋・1991 年 3 月
「時習学館」館債
西野辰吉『戸田城聖伝』第三文明社、1985 年 2 月
山下肇『時習学館と戸田城聖』潮出版社、2006 年 2 月
「『創価教育学』誕生の時期をめぐって～牧口常三郎と戸田城聖の対話を手がかりに～」

(『創価教育』第 4 号、創価教育研究所、2011 年 3 月)
『戸田城聖全集』第 3 巻、聖教新聞社、1983 年 2 月
須藤一「流に漂い生きた五十年」『五十年』札師卒業十四年会、1974 年
牧口常三郎「創価教育法の科学的超宗教的実験証明」『牧口常三郎』全集第 8 巻、第三文明社
『推理式指導算術』1930 年 6 月刊の初版「序」
『特高月報』昭和 18 年 12 月分、内務省警保局保安係、1944 年 1 月
『特高月報』昭和 18 年 7 月分、内務省警保局保安係、1943 年 9 月
東京府総合模擬試験の試験問題用紙（昭和 13 年分）
「帝国信用録」第 34 版、帝國興信所、昭和 16 年 4 月
1930 年 3 月 29 日付け「報知新聞」夕刊、同「時事新報」夕刊、同「国民新聞」夕刊、同「二六新報」夕刊、同「中外商業新報」夕刊、同「中央新聞」夕刊、同「やまと新聞」夕刊
1930 年 3 月 29 日付け「報知新聞」夕刊、同「中外商業新報」夕刊、
駒木根重次『駒木根重次自叙伝』1937 年 10 月
山本晴雄「牧口先生と東京市の教育」『復刻　創価教育学体系』別巻 1，第三文明社、1979 年 11 月
『新進教材　環境』第 1 巻第 9 号、城文堂、1930 年 11 月
為藤五郎『現代教育家評伝』復刻版、大空社、1986 年 1 月
中村正則『昭和の歴史　第 2 巻　昭和の恐慌』小学館、1982 年 6 月
正村公宏『日本の近代と現代～歴史をどう読むか』NTT 出版、2010 年 8 月
中野雅夫『昭和史の原点』講談社、1972 年 3 月
下村千秋「飢餓地帯を歩く」『中央公論』1932 年 2 月号
『白金小学校日誌』

第 4 章

「教育週報」1930 年 9 月 27 日付け
正村公宏『日本の近代と現代～歴史をどう読むか』NTT 出版、2010 年 8 月
中野雅夫『昭和史の原点 2　満州事変と 10 月事件』講談社、1973 年 1 月
『創価教育学体系』第 1 巻『牧口常三郎全集』第 5 巻、第三文明社、1982 年 1 月
「中外商業新報」1930 年 12 月 7 日付
『郷土～研究と教育』第 4 号、郷土教育連盟、1931 年 2 月
『復刻　創価教育学体系』別巻、第三文明社、1979 年 11 月
荒浜小学校「荒浜小学校寄付原簿」1930 年分

牧口常三郎『創価教育学体系』第 2 巻巻末付録
「教育週報」第 296 号、1931 年 1 月 17 日付け
「教育週報」第 300 号、1931 年 2 月 14 日付け
十勝教育会『十勝教育会報』第 147 号、1931 年 1 月
『教育論叢』第 25 巻第 2 号、1931 年 2 月
甘蔗生規矩「牧口氏の『創価教育学』を読む」『帝国教育』帝国教育会、1931 年 3 月
大日本学術協会編『教育学術界』1931 年 3 月
国漢研究会『国漢』第 3 号、冨山房、1931 年 5 月
『教育学術界』第 63 巻第 2 号、第日本学術協会、1931 年 5 月 1 日刊の『校長雑誌』広告
全国小学校連合女教員会『教育女性』(第 7 巻第 2 号)、1931 年 2 月
「東京朝日新聞」1931 年 6 月 27 日付け
『教育時論』開発社、1931 年 4 月 25 日刊
『小学校』同文館、1931 年 5 月 1 日刊
田辺寿利「創価教育学批判」『改造』改造社、1931 年 2 月号
山本晴夫「牧口先生と東京市の教育」『復刻　創価教育学体系』別巻、第三文明社、1979 年 11 月
海後宗臣「48 年前の牧口常三郎先生」『復刻　創価教育学体系』別巻、第三文明社、1979 年 11 月
教育思潮研究会『教育思潮研究』第 5 巻第 3 号、目黒書店、1931 年 6 月
『牧口常三郎全集』第三文明社、『月報』6
「東京日日新聞」1931 年 2 月 19 日付け
中野雅夫『昭和史の原点』講談社、1972 年 3 月
明石信道『旧帝国ホテルの実証的研究』東光堂書店、1972 年 9 月
荒野七重『教育事件とその裁判』ゆまに書房、1991 年

第 5 章

『第三文明』第三文明社、2014 年 2 月号
山中恒『アジア・太平洋戦争史』岩波書店、2005 年 7 月
東京日日新聞社『東日七十年史』1941 年 5 月
「創価教育研究センター所蔵『新教材集録』索引」『創価教育研究』第 5 号、創価教育研究センター、2006 年 3 月
西野辰吉『伝記　戸田城聖』第三文明社、1985 年 2 月
「創価教育学説実際状況」『新教材集録』(日本小学館)第 4 巻第 7 号、7 月臨時増刊号

岡田文秀自叙伝『怒涛の中の孤舟』岡田文秀自叙伝刊行会、1974 年 10 月
『凡人唯力行〜澤田忠治回顧録』日本叙勲者協会、1983 年 1 月
『千葉県報』第 4828 号、1933 年 7 月 4 日
『千葉教育』第 501 号（昭和 9 年 1 月号）千葉県教育会、1934 年 1 月 5 日
『千葉教育』第 510 号（昭和 9 年 10 月号）千葉県教育会、1934 年 10 月
「教育週報」1935 年 8 月 17 日「千葉の小学校校長講習会」の記事
中野重治・国分一太郎編『忘れえぬ教師』明治図書出版、1957 年 9 月
山下肇『自習学館と戸田城聖〜私の幼少年時代』潮出版社、2006 年 2 月
山下肇・加太こうじ『ふたりの昭和史』文藝春秋新社、1964 年 10 月
『進展環境　新教材集録』城文堂、第 3 巻第 14 号、1933 年 12 月、広告
井上寿一『日中戦争下の日本』講談社、2007 年 7 月
高橋亀吉『戦争と日本経済力』千倉書房、1937 年 11 月
歴史学研究会編『日本史年表』岩波書店、1966 年 7 月
半藤一利『昭和史 1926 〜 1945』平凡社、2004 年 2 月
橋川文三編『日本の百年 7　アジア解放の夢』筑摩書房、2008 年 4 月
中野雅夫『昭和史の原点 2　満州事変と 10 月事件』講談社、1973 年 3 月
「帝国教育会創立五十周年記念教育大会開催要項」『帝国教育』第 637 号、帝国教育会、1933 年 11 月
『帝国教育』第 639 号、帝国教育会、1934 年 12 月
『帝国教育』第 451 号、帝国教育会、1920 年 2 月
『進展環境　新教材集録』（城文堂）第 3 巻第 14 号、1933 年 12 月
草原克豪『新渡戸稲造　1862 – 1933　我、太平洋の橋とならん』（新版）藤原書店、2021 年 2 月
小田内通敏「新渡戸先生を中心とした郷土会」『郷土教育』第 37 号、郷土教育連盟、1933 年 11 月
『故新渡戸博士記念事業報告』故新渡戸博士記念事業実行委員会、1937 年 12 月、14 頁
「東京朝日新聞」1933 年 3 月 16 日付け夕刊 8 面、品田奥松の孫・御嶽稔氏提供の写真による
岡林伸夫『ある明治社会主義者の肖像〜山根吾一覚書』不二出版、2000 年 3 月
「読売新聞」1933 年 4 月 1 日付け夕刊 1 面
橋川文三編『日本の百年 7　アジア解放の夢』筑摩書房、1978 年 5 月改訂版
上山春平・三宅正樹『世界の歴史 23 〜第二次世界大戦』河出書房新社、1990 年 5 月
『新教材集録』日本小学館、第 4 巻第 4 号、1934 年 4 月
『新教材集録』（日本小学館）昭和 9 年 5 月号、1934 年 5 月、17 頁
『新教材集録』第 4 巻第 6 号、日本小学館、1934 年 7 月、編集後記
『新教材集録』（日本小学館）昭和 9 年 6 月号、1934 年 6 月、新教材集録編輯部謹告

柴野孫七郎「証言　牧口先生と私」『大白蓮華』第 352 号、聖教新聞社、1980 年 6 月
『創価教育学体系』第 4 巻『牧口常三郎全集』第 6 巻
『新教材集録』第 4 巻第 4 号、日本小学館、1934 年 5 月、「教育時評」
同前『新教材集録』第 4 巻第 6 号、編集後記
新教改題『教育改造』第 6 巻第 7 号、日本小学館、1936 年 7 月
『経国論策七大綱』（国策叢書　第 5 輯）国策倶楽部、1934 年 8 月
内務省警保局『出版警察報』第 66 号、1934 年 3 月
「教育週報」1935 年 9 月 7 日付
林幸四郎「創価教育学会の草創のころ」『牧口常三郎全集』月報 7
小林杜人『「転向期」のひとびと～治安維持法下の活動家群像』新時代社、1987 年 9 月
信濃毎日新聞編集局『信州　昭和史の空白』信濃毎日新聞社、1993 年 1 月
林幸四郎「創価教育学会の思い出」『林幸四郎作品集』私家版、1991 年 1 月
正村公宏『日本の近代と現代～歴史をどう読むか』NTT 出版、2010 年 8 月
北一輝『日本改造法案大綱ほか』みすず書房、1959 年 7 月
尾崎士郎『天皇機関説』文藝春秋、1951 年
美坂房洋編『牧口常三郎』聖教新聞社、1972 年 11 月
『大日蓮』昭和 10 年 6 月号、大日蓮社、1935 年 6 月、「富士宗学要集」会員芳名帳
戸田城聖（妙悟空）『人間革命』精文館、1957 年 7 月
牧口常三郎「創価教育学体系梗概」『牧口常三郎全集』第 8 巻、第三文明社、1984 年 11 月
輔成会『保護時報』第 18 巻第 3 号、1934 年 3 月
司法省『仮出獄取締細則』司法省令第 25 号、1908 年 9 月

第 6 章

司法省保護局編纂『讃功録』1941 年 2 月
河原萬吉『思想犯転向者座談会記録』槃澗学寮東京事務所、1936 年 9 月
「創価教育学体系梗概」『牧口常三郎全集』第 8 巻、第三文明社、1984 年 11 月
「教育週報」第 519 号、1935 年 4 月 27 日付け、予告記事
「教育週報」第 520 号、1935 年 5 月 4 日付け、予告記事
「教育週報」第 521 号、1935 年 5 月 11 日付け
「教育週報」第 523 号、1935 年 5 月 25 日付け、予告記事
「教育週報」第 527 号、1935 年 6 月 22 日付け、予告記事
『評伝　牧口常三郎』第三文明社
林幸四郎「創価教育学会の草創のころ」『牧口常三郎全集』第三文明社、『月報』7

「教育週報」第532号、1935年7月27日付け、消息欄
「教育週報」1935年9月7日付、「消息欄」
『新教』第5巻12号別冊、日本小学館、1935年12月15日
出口英二『大本教事件』三一書房、1970年1月
安倍源基『昭和動乱の真相』中央公論新社、2016年2月改版
朝日ジャーナル編集部『昭和史の瞬間　上』朝日新聞社、1974年5月

第7章

『新教』第5巻12号別冊
歴史学研究会『日本史年表』第5版、岩波書店、2017年10月
『新教』日本小学館、第6巻第2号、1936年
『世界の日蓮』昭和11年3月号、1936年3月
『新教』日本小学館、第6巻第3号、1936年3月
『新教』第6巻第4号、日本小学館、1936年4月
『大日蓮』1936年3月号
磯部浅一の獄中日記（1936年8月7日付け）『地獄のメルヘン～日本文学における美と情念の流れ』笠原信夫編、現代思想社、1986年10月
本庄繁『本庄日記（普及版）』原書房、2005年7月
中野雅夫『昭和史の原点　4～天皇と二・二六事件』講談社、1975年、2月
朝尾直弘、上田正昭他編『要説　日本歴史』東京創元社、2000年7月
橋川文三編『日本の百年7　アジア解放の夢』筑摩書房
北一輝『国家改造案原理大綱』『日本改造法案大綱』みすず書房、1959年7月

第8章

『大日蓮』日蓮正宗宗務院、1932年8月号
「創価教育法の科学的超宗教的実験証明」『牧口常三郎全集』第8巻
牧口常三郎「会員よりの便り」『藻岩』創刊号、藻岩会、1937年11月
秋谷栄之助編『旭日の創価学会70年』聖教新聞社、1999年11月
『牧口常三郎全集』月報5
1937年12月10日勅令第711号

国立公文書館　教育審議会第 1 回総会議事速記録、1937 年 12 月 23 日
1937 年 12 月 20 日内閣総理大臣決定
「創価教育学会々長牧口常三郎に対する尋問調書抜粋」『特高月報』昭和 18 年（1943 年）8 月分、内務省警保局保安課、1943 年 9 月
『牧口常三郎全集』（第三文明社）第 10 巻

あとがき

この『新　牧口常三郎伝』第2巻を書きながら、思ったことがある。

それは創価学会初代会長として徒手空拳で鉄壁の日本の天皇制ファシズム教育体制に不服従の精神で挑戦しゆく牧口先生の行動やそのスタイルが私の知る限りの第3代会長の池田大作先生に瓜二つではないかというほど重なっていることだった。

物事は99％準備で決まるといわんばかりの周到な準備と果敢な行動。

弱いもの、恵まれない立場の人への無限の慈愛あふれる行動。

少しでも関わりのあった人にはどこまでも丁寧に接する誠実のうえにも誠実な姿勢。

そして、小学校卒業以後は経済的理由で進学できず、苦学に苦学を重ねて勉強を続けたこと。膨大な読書量、原稿を書きまくった文筆の才能。人が集まると何かの余興を催して楽しませせることをいつも忘れない配慮。

さらには外交戦の名手であったことなどなど。それ以外にもお酒をほとんど飲まれなかったこともある。

もちろん、お二人が互いに会ったことはないのだが、まさにそれは時空を超えた師弟の関係ではないかとさえ思われる。

牧口先生には戸田城聖第2代会長という唯一無二の弟子がいらっしゃり、その戸田先生という師に不二の師弟の道を貫いたのが池田先生なので、お二人に重なる部分が多いのは当然であるのだが時空を超えた師弟というものがあるのではないかと私には思えてならない。

時空を超えた師弟関係といえば、あの紀元前にヘレニズム世界を統一した英雄・アレキサンダー大王と共和制ローマの最強軍団をアルプス越えで蹂躙した名将・ハンニバル、さらに大ローマ帝国をつくりあげた実質的な初代皇帝シーザー。

彼らの天才としか呼べない奇跡的で歴史的な戦いぶりをみれば、この3者はもちろん会えるはずがない時空のかなたに生きたが、騎兵隊による常識破りの機動的戦法、人々の心をつかんで離さない圧倒的な人間的魅力、世界的な視点と行動力、洞察力など、それはまさに時空を超えた師弟関係にあったと喝破したのは有名な『ローマ人の物語』（新潮社）を書いた塩野七生氏だった。

牧口先生についても調べれば調べるほど、私の知る限りの池田先生との共通点に驚かされたのである。

時空を超えた師弟関係と言わしめるものがあるように私には思えてならない。

日本では未聞の教育革命運動を起こした牧口常三郎先生が、日中戦争が勃発した1937年（昭和12年）に発刊した『創価教育法の科学的超宗教的実験証明』でそれまで進めてきた教育革命による社会革命の路線を超えて、教育の力の限界を明らかにして、もう一重深く日蓮仏法による超宗教革命をもって、教育はもちろん社会の全てを変える革命の原理として、挫折に次ぐ挫折を乗り越えて新たな前進を始める。そこまでを今回は描いた。

この倒れても立ち上がり、また倒れても立ち上がる不服従の戦いこそが永遠の光芒を放ちゆく人間・牧口常三郎の栄光の生き方であったと思う。

その真の姿を描くことができたかどうか、読者のみなさまの評価に真摯に耳を傾けたいと思う。

第1巻については、種々の理由でなかなか購読者が増えず、苦労に苦労したがそれでも多くの方が購入してくださり、なかには『評伝　牧口常三郎』と読み比べて高い評価をしていただき応援してくださった方もいらっしゃった。本当に心から感謝申し上げたい。

また、埼玉県下の書店を一緒に回って第1巻を紹介してくれた盟友・中村正之氏、地元所沢のフタバ書店、武蔵野書店など多くの書店の皆様方、そして出版にあたり御苦労下さった三冬社社長・佐藤公彦氏を紹介してくださった同社顧問の山本文夫氏に心から感謝したい。

【著者プロフィール】
上藤 和之

1945年7月、広島県に生まれる。
1970年3月、京都大学工学部卒業。
1970年4月、聖教新聞社に入社。論説記者、創価学会史編纂部長等を歴任。

著書「革命の大河～創価学会四十五年史」（共編）聖教新聞社、「人間主義の思想」三笠書房、「世界情勢の見方」創価大学自主講座シリーズ、「新　牧口常三郎伝1」七草書房などがある。

"革命の書"『創価教育学体系』発刊と不服従の戦い
新 牧口常三郎伝 2

令和5年2月10日　初版印刷
令和5年3月1日　初版発行

著　者：上藤 和之
発行者：佐藤 公彦
発行所：株式会社 三冬社
〒104-0028
東京都中央区八重洲2-11-2 城辺橋ビル
TEL 03-3231-7739　FAX 03-3231-7735

印刷・製本／日本ハイコム株式会社

◎落丁・乱丁本は弊社または書店にてお取り替えいたします。
◎定価はカバーに表示してあります。

ISBN978-4-86563-095-4